古今之變：現代中國的困惑

歷史學家訪談錄

古今之變：現代中國的困惑

歷史學家訪談錄

李禮＝訪談

中和出版
OPEN PAGE

中

目　錄

自　序

　　當 2021 年春天帶來新的溫暖，一場災難恍惚間慢慢散去，但新的疫情仍在繼續，它已經改頭換面。更為重要的是，越來越多的人發現，忽然而至的這場全球疫情已深刻改變了世界。沒有人能預知，未來是否真的會以西元 2020 年為界，深深劃出兩個新舊世界，但毫無疑問，我們已經無法回到過去。

　　這很可能意味着一個全球化時代的大幅退縮，如果不是暫停的話。病毒帶給世界不安，也讓人們自我封閉起來，甚至目光中多了幾分敵意。這種情緒並非主流，但足以攪起塵埃，特別是當它被互聯網和不同意識形態用放大鏡呈現出來時，不同國家、文化圈很可能由此互相懷疑起來，他們之前的連結和寬容為時尚少，本不牢靠。古老的原教旨主義和新的民族主義或許將再次接管地球一段時間，常抱怨日子平淡無奇的一代人，也忽然觸碰到了一種動盪而不無危險的歷史感。每逢此時，人們總會再次想起一些難以破解的老話題：我是誰？我們是誰？我們的未來會怎樣？

　　實際上，這個問題受到的關注，近年一直與日俱增。在一個史無前例的全球化時代，人們得以在各種語言、空間之間切換，也激發起重新打量自我的興趣。區別僅僅在於，有些人群對這個話題略顯冷淡，有些人群則格外關心，中國人無疑屬於後者，至少在未來

很長一段時間裡如此。我們是誰？中國的未來會變成怎樣？回答它並不容易，而且需要首先面對另一個難題：古典中國是如何變成今天這副模樣的？

這本書可能和這個話題相當密切，儘管它更聚焦一些東西。它主要討論的是晚清以來的中國「現代」之路，目光聚焦於距離今天更近的歷史時間段。讀者不難發現，近現代史內容佔據了本書多數篇幅，更多時候，「古代中國」只是作為一個背景時隱時現，或作為一種傳統與當下對應，因此「古代」的討論相對不足。不過「古今之變」最重大的轉變樞機實際發生於近代，人們頭腦中的問題意識也始於此時。

所謂「古今之變」，並非古人撫今追昔的感懷或王朝更迭所引發的時間意識，而是對再造國家甚至自身「文明」的一種思考。它首先是一種危機意識，當19世紀中後期西方人裹挾新的器物、文化到來時，李鴻章、張之洞這樣的「舊人物」也能立即捕捉到它，並為中國面臨的巨大變局深感不安。此後，它被清末第一代啟蒙者認真思考，並轉化為各種行動。後者試圖重塑一個新的現代民族國家，並把古老帝國裡懵懂的公眾改造為新國民。不幸的是，上述行動起步雖不算太晚，卻異常曲折。在幾個歷史節點，「現代中國」甚至表面上看似成功了，卻很快被發現只是一個個軀殼。

進入21世紀，中國因經濟崛起贏得了世界更多目光，無數人希望將這種關注轉化為尊重，並讓這個古老國家重拾歷史地位，甚至再次贏得「軸心文明」時代的榮光。事實卻並非如此，很多時候毋寧說適得其反。一些人為此憤怒，一些人感到不安。不過彼得‧沃森（Peter Watson）提醒中國人說，儘管中國技術、體育、

商業、海外投資都已經取得了長足的發展。「但是，只有當中國能像西方的偉大文明所曾經成就的那樣，在統轄人生重要的問題方面——比如今天我們該如何一同生活在這個人與人截然不同的世界？——換言之，在法律、哲學，尤其是道德哲學以及人文學科領域提出舉足輕重的新思想，我們才能說這個國家在現代世界中成為一個真正重要的角色。」(《20世紀思想史》〔 *The Modern Mind: An Intellectual History of the 20th Century* 〕) 這位英國傑出思想史學者將此視為中國人的新挑戰，對此一些人可能不以為然，但它正可激發人們去重審「現代中國」的過去和未來。

無論承認是否，我們稱之為「現代」的生活方式，主要來自西方。今天，中國人的衣食住行也不復古典之貌，但「現代中國」就是當下的模樣嗎？中國進入「現代」會遵循一種通用的演化路徑，還是會變成一個相當特殊的例外？這種例外是如何發生的，它是否不可避免？這些疑問、困惑變成了本書的一些討論，卻難以給出令人信服的答案。也許我們唯一可確定的是，它將在很長一段時間裡被反復討論。特別是當「前現代」與「後現代」迎頭相遇之際，沉重的歷史包袱和虛無的美麗新世界相互纏繞，必將折射出種種悖論和光怪陸離的扭曲。

行文至此，幾個幻想未來的晚清「科幻小說」忽然跳入腦海。梁啟超想像1902年之後60年的《新中國未來記》，寫到第五回合就寫不下去了；吳趼人筆下的《新石頭記》裡，寶玉到未來去拜訪了一位明君「東方強」，那個文明國家的疆土卻以中國忠、孝、仁、愛等八德來命名。不過我印象最深的卻是蕭然鬱生的《烏托邦遊記》(1906)，它描寫了乘坐每晝夜可行五萬幾千里的烏托邦「飛

空艇」向理想「行星」的旅程，作者同樣沒有完成。「我們的太空人還沒有到達目的地，小說就停止了。仿佛這幾位太空人的烏托邦之旅，永遠在空中懸而不決。」王德威先生寫道。他在《想像中國的方法》中犀利地指出，晚清作家很可能已註銷了未來的動力。因為他們未來性的觀點，只不過是「昔日」或現時情懷的重現而已。邁向未來成了「回到」未來。他們的作品並未真正地發現一個新地帶，而是中國傳統時間、歷史觀的復辟。

今天的我們，和一百多年前的他們相比，究竟又提高了多少呢？

第 一 章

許宏 | 中國「文明」從沒有自外於世界

> 「一定要把中國文明的形成放在全球文明史這樣一個大的框架裡邊，我們才能看清它的來龍去脈。」

許宏

著名考古學家，中國社會科學院考古研究所研究員，曾任夏商周考古研究室主任、二里頭工作隊隊長。長期致力於中國早期城市、早期文明與早期國家的考古學研究及公眾考古。著有《最早的中國》《何以中國》《大都無城》《東亞青銅潮》《先秦城邑考古》等。

一、民族主義與現代考古學的舶來

李禮：越來越多的人喜歡討論何以中國、或到底甚麼是中國？您也有相關著作，比如《何以中國》。當然您關注的主要是起源，公眾的關注則既包括古代中國，也包括當下。從您的角度看，如何理解這種社會心理？畢竟考古學也一直試圖解決「我們是誰，我們是如何形成」這個困惑。

許宏：對，我有兩個關於古代中國的小書，一本叫《最早的中國》，一本叫《何以中國》。所以搞的現在我好像成了所謂考古學界的「中國」問題研究專家了（笑）。這個問題我印象最深刻的是前幾年臺灣學者王明珂先生到人大講座，我們也跟着「追星」，當我把《何以中國》送給北大的一位教授時，他說現在討論甚麼是中國的書已經有好幾本了吧，這應該反映了我們的某種整體焦慮。是啊，我想起許倬雲先生的《說中國》、葛兆光先生的《宅茲中國》和《何為中國》，還有本人的這兩本小書也算是跟着湊了個熱鬧。這些書雖然都從不同的角度回溯古代中國，但也是回應當代人的的需求吧？很明顯，我們的確都有點焦慮，說重新定位也好，追求文化認同也好，反正是有這個需求。說起來，考古人參與這個話題，按說也不是很新的，這是百年來國人追求自我定位和文化認同的延續。

不過我記得王明珂先生提醒說，世界各地區人類語言、文化與人種的起源、遷徙與分化，在十九世紀後半葉至二十世紀前半葉曾是相當熱門的主題。然而從上個世紀 60 年代以來，這些研究除了

在少數地區與部分學者之間外，基本上已无法吸引學者們的興趣。就是說其他國家的學界已經不再討論這樣的問題了，這可能是一個反襯。

李禮： 20 世紀初，中國開始從傳統的古器物學、金石學轉為西方考古學，除了引入近代科學，像地質學、生物學，還有深刻的時代背景。記得您提到過，考古學者也都是「求變者」，考古學必須放到百年以來的中國社會史裡，才能更好理解。

許宏： 考古學就是舶來品，根本不是甚麼國學，對不對？考古學研究古代的東西，但研究理念、方法和這個學科本身都是非常新的，是一門現代學問。上個世紀初才從西方引進，那時我們跟日本實際上就差一截，日本引進的時間還要早。這樣一個新的學問進來，實際上是和科學理性、追求文明認知這些訴求，以及好多學科一塊舶來的，比如考古學方法論上的兩大支柱，一個是考古地層學，一個是考古類型學，地層學來源於地質學，類型學則是生物學的概念，這二者都是全新的學科。它們是一塊被引進過來的，來到中國正好應一時之需。

考古學當時應該是門顯學，不少人有這種感覺，因為它在中國一誕生，就是要解答國人很迫切想了解的問題：我是誰？中國是怎麼來的？這樣一些本源性的問題。顧頡剛先生他們的「古史辨」，包括胡適先生所言「東周以上無史」，一下給人的感覺是整個中國古史虛無化了。這些思考的背景是最初被西方打蒙了或者說打醒了的狀態。天朝上國那種感覺逐漸退去之後，文獻中的「三皇五帝」

這些以前篤信不疑東西現在不成了，怎麼辦？所以說傅斯年就提出了「上窮碧落下黃泉，動手動腳找東西」，這是他在《中央研究院歷史語言研究所集刊》發刊詞上用的一句話，呼籲脫離書齋鑽故紙堆的方法，到田野邊疆去找東西、找史料，中國考古學是這麼起來的，所以它一開始就是顯學，可以說是學術上的尋根問祖。

李禮：中國現代考古學誕生之初，儘管「仰韶文化」被認為是西方學者發掘的，但本土學者很快主導了考古工作，成果頗多。但同時也融入了太多的民族情感因素，記得張光直先生說過，1950年以前中國考古學的主旋律就是民族主義。我注意到您也指出了這一點，對此您有沒有一些具體的感受？

許宏：現在公認的中國考古學的發端，是1921年安特生發掘河南澠池仰韶村遺址，這是被當時的中國政府認可的學者在中國進行的首次發掘。實際上在19世紀末葉，已經有外國學者在新疆和東北地區做考古工作了，但此前一般被認為是盜掘和掠奪，這種情況當然有，但不能否認他們對中國考古的貢獻。

　　實際上放開了想一想，甚麼是中國考古學？中國考古學是中國人從事的考古學嗎？答案顯然是否定的，我們如果把它定位為在中華人民共和國境內從事的考古活動的話，就不能不承認最初的外國學者在科學方法應用以及獲取歷史信息上的累積之功。那時的測繪手段等我們還沒有，出版的考古報告質量相當好，甚至影響到此後中國考古學的發展。當然現在我們有越來越多的自信能夠認可這些，以前是根本不認的。不過，就中國考古學的總體來

說，這些外國學者的工作就是個序曲。馬上就是仰韶文化發現百年了（1921），考古學界還有較大規模的紀念活動，安特生（Johan Gunnar Andersson）是我們認可的。之後 1926 年「中國考古學之父」李濟先生又到山西去尋找夏王朝的遺跡，根據典籍上線索開始找，到 1928 年，中國本土學者就開展組織國家級的、成建制的大規模考古發掘了，這就是 1928 年到 1937 年的殷墟發掘，在中國考古學誕生不久。

所以說，中國考古學一開始就走上了以本土學者為主的探究之路，這跟世界上大部分地區都不一樣，那裡是歐美學者主導的考古學，對不對？甚至一直到現在也是，美洲不用說了，印度、埃及、兩河流域都是，而中國則具有鮮明的本土特色，是學術上的尋根問祖。由於是本國學者主導考古工作，肯定有利的一面不少，比如甲骨文，一旦進入了民國學術大家的法眼，也就結束了長期以來一直被作為藥引子，被當成中藥吃的命運。我們的學術大家可以通過像《說文解字》這樣的工具書作為橋樑和紐帶，迅速打通古今，辨識出甲骨文。1899 年王懿榮發現甲骨文，甲骨學在 20 世紀的第一個 10 年就開始了，這個是世界上其他地區的古文字研究比不了的。

也大體與此同時，隨着外國侵略，民族主義在中國興起來了。一方面，我們被打得找不着北了，開始有一個救亡圖存的問題，救亡圖存後邊就要有民族主義，民族主義在這裡並非貶義詞。就是說要建構文化認同，對不對？但另一方面，科學理性、文明開化的理念同時也進來了，我們知道要求真逐理，追求歷史真實，歷史語言研究都要科學化。這是當時國人思想的兩大主線，但這兩條主線對於國人來說，並不是一直都能穩妥有機地結合在一起的，而是經

常糾結和擰巴，因為後邊有一個民族情感的問題，民族情感一旦參與了學術探究，把它放到一個甚麼位置，就是值得嚴肅思考的問題了。

最能說明問題的一個例子就是傅斯年先生後來在日本侵略東北之際，組織學者撰寫《東北史綱》，到現在沒有人把它作為嚴肅的學術著作，因為當時要服從於整個救亡圖存這樣大的需要，甚至早年民族辨識的工作已經開始了，但因為面臨這樣大的國族危機而趨於淡化，顧頡剛就曾撰文《中華民族是一個》，倡導民族團結，一致對敵。像西北史地研究實際上也是這個時候興起來的。邊疆的問題比較嚴峻，西北史地因此受到重視。後來的五族共和、中華民族是一家，都是救亡圖存的產物，學者也都強調這寫提法。從這個意義上講，沒有甚麼脫離於社會的純學問，都是要放在大的歷史背景下去看的。

所以在這種情況下，拉長中國歷史，建構文化認同，就成為新生的考古學的一個重要責任。現在所說的民族偉大復興，注重考古學的社會意義，其實和 100 年以前的思潮是有內在的關聯的。

二、跳出中國看中國

李禮： 您是否留意到，我們似乎特別喜歡把歷史追溯得更久遠，它似乎成了民族自豪感的一個重要來源。儘管從顧頡剛先生等人提出「古史辨」後，很多人懷疑，部分中國古文明可能是建構的。

許宏：我給日本講談社版《中國的歷史》系列的第一本寫推薦序，最後那段我引了英國劍橋大學著名考古學家倫福儒教授（Colin Renfrew）的一段話：「現在，（考古學）已成為世界各國許多人都感興趣的一個領域。其部分原因是，它使我們每個人都有機會充分地了解本國的歷史。但是，如果把注意力只集中於本國，那就是沙文主義。考古學還使我們有可能把每個國家的早期歷史看作整個人類更大範圍的歷史的一部分」。

現在我們越來越多地從全球文明史的視野來看中國文明，任何事物，必須把視野放開才能看得真切，對不對？我最近幾年一直愛說的兩句話。一個是只懂考古已經搞不好考古了。因為目前處於信息爆炸的時代，學科之間必須滲透和合作，需要突破學科界限，尤其是科技使考古插上了翅膀，考古學應該是在人文社會科學中跟自然科學最接近的一個學科。

第二就是只懂中國已經搞不清中國了。我想談的就是一種文化呼籲，很多事情只懂中國已經搞不清楚，看不清楚，對不對？所以在這種情況下我們談中國問題，必須把它放在全球文明史的視角下去看。那麼像民族主義在其中起了一個甚麼樣的作用，作為本土學者，當考古面向公眾，該怎麼把握這些，都是必須嚴肅思考的問題。

李禮：不少人注意到您不久前出版的《東亞青銅潮》，這是一種全球文明史的嘗試嗎？跳出中國觀察中國，是這種寫作立意嗎？

許宏：《東亞青銅潮》是我「解讀早期中國」系列小書的第四本，

的確是希望跳出中國來觀察中國的一個嘗試。現在看來，這四本小書雖然在出版時有各自的機緣，但回頭看還是有其內在的邏輯性的。如果說《最早的中國》是着眼於二里頭都邑這一個點，屬於對早期中國的微觀考察的話，那麼《何以中國》就試圖回溯到二里頭之前數百年的龍山時代，抖清二里頭崛起的脈絡與動因，屬於中觀考察。而《大都無城》是視野從二里頭貫通到明清北京城，對中國古都做了動態解讀，就屬於宏觀考察了。《東亞青銅潮》則試圖把東亞青銅文明的緣起放到歐亞大陸青銅文明的大視野下去觀察，就可以稱為大宏觀了。

這本書的副標題叫「前甲骨文時代的千年變局」，我從公元前4700 年前仰韶時代零星的出土銅器開始抖起，對縱貫龍山時代、二里頭時代、二里崗時代的青銅潮前鋒和外緣做了大掃描，對核心區域 —— 中原青銅禮器文明及其衝擊波更是濃墨重彩，用考古材料勾勒出了殷墟時代之前東亞地區接受歐亞大陸內陸青銅文化影響而發生文化社會巨變的宏闊圖景。這本書的風格仍然是材料取勝、述而不作的，但從中可以看到作為廣域王權國家的最早的「中國」，在進入青銅時代後起步，中國歷史上第一次大提速時代也就開始了。從二里頭到殷墟，青銅器的數量增加，體重和形體增大，從僅10 餘厘米高的單薄小爵到高1 米餘重800 多公斤的大方鼎，意味着中原王朝國家對銅、錫、鉛礦開發和供應的控制能力在逐步加強。以商文明為主幹，在東亞大兩河流域的黃河和長江流域形成更大的青銅文化交流網，也帶來了更大範圍的社會整合 —— 地方將資源和物資向王納貢，而由王將作為身份地位標誌的青銅禮器再向下分配，從而確立了對王朝的一元化的納貢制度。這一文化交流

網絡的擴展，正是中國青銅時代文明發展的成果與動力，更成為秦漢帝國版圖形成的前提，奠定了古代中國的基礎。

從新石器時代晚期到青銅時代，中國西北地區是開放的前沿陣地。在絲綢之路之前，還有一條橫貫歐亞大陸的青銅之路。可以說，青銅禮器及其鑄造術，催生了早期中國，而作為外來因素的青銅冶鑄在其中起到了比較重要的催化作用。

三、中國文明的特徵和「短板」

李禮：對於「禮制」您似乎多有研究，比如二里頭青銅禮器的生產和使用。一些學者認為，禮樂制度是中國文明的特點之一。如果說「禮制」本質上是一種等級秩序，那麼等級秩序在早期文明其實都程度不一地存在，為何在中國會成為一種綿延久遠的政治符號甚至制度力量？

許宏：中國古代文獻上說的很清楚，禮制就是等級名分制度，用來確定上下、尊卑、親疏、長幼之間的隸屬服從關係。舉行祭祀、朝聘、宴享等政治性、宗教性活動的建築物及使用的禮器，是禮制的物化形式，它們既是社會地位的象徵，又是用以「明貴賤，辨等列」（《左傳·成公二年》），區別貴族內部等級的標誌物。說起來禮制就是用來辨識身份的，而中國儒家文化從根本上來說就不是講平等的，比如君子、小人分的都很清楚，禮制就是區別人與人之間

的等差，宗法等級制和與此相適應的一套禮樂制度，所體現的就是特權和社會成員間的不平等。

按理說廣義的禮制，哪個早期文明都有，但中國這一套不一樣。人家把青銅這種當時的高科技用來做刀劍，用來做工具和裝飾品等等，古代中國人則把它做成自己認為最重要的東西，那就是祭祀祖先的禮器。很有意思的是，中國最早的禮器爵是酒器。二里頭發現了中國最早的青銅禮器群，正好在這個時候廣域王權國家開始出現了。為甚麼中國人做這類東西，這些禮器別看它小，包括所謂「九鼎」在內，它們的一個特點是具有便攜性，它是可以跟着王族走的，是吧？這套東西代表王權，是身份地位象徵物，這跟西方不一樣。中國二三百年來一次改朝換代，如同割一茬韭菜，從都邑從鱗次櫛比、高度繁盛到屍橫遍野，宮殿在鼎革之際一般都是被摧毀的，都是在否定前朝的基礎上建立新王朝。注意這裡我隨意用的「鼎革」一詞，鼎為傳國重器，鼎易手了標誌着朝代換了。古代中國人把這個看得很重，所以著名藝術史家巫鴻教授說這裡邊有「紀念碑性」，是有道理的。在這種情況下，中國基本上很難有延續千年以上的「聖地」，而禮器在這裡就承擔起了作為政治符號的（意義）。從春秋時期楚莊王問鼎於周王室，成語「問鼎中原」中的「問鼎」，到蔣介石蔣公去臺灣帶到臺北故宮博物院的那些作為中國古代文化結晶的藝術品，都是對王權的追求。

為甚麼後世中國人在相當長的時間裡一直延續着「禮」器和禮制思維，甚至表現出對藝術品的獨佔，我覺得這和中國的政治結構是相表裡的，就是注重建立在家族血緣關係基礎上的權威，從家長、族長到一國的首腦，從周天子到後來的皇帝，完全是為了這樣

一套金字塔式社會結構的穩定,一切都是為了這個秩序服務的。但歸根結底,這些又都是基於定居農耕生存方式的最佳選擇,可以說是不太以個人乃至群體意志為轉移的。

李禮:考古學無疑是對歷史的一種長時段考察,據您這麼多年的觀察、研究,如果有一個長期存在的「中國文明」,它的與眾不同之處或者說特徵到底是甚麼?它的「短板」又是甚麼?比如梁漱溟先生曾認為中國是個過於早熟的文明,由此也帶了一些問題,它比西方文化更高明,卻因「早熟」而沒有得到正常的發展。

許宏:這個問題最不好回答,尤其是像我這樣做考古學研究的,我們的研究對象是形而下的「物」,不敢過多地引申到形而上的層面,有一些想法也只能談談自己的感受。就考古學本位而言,人類本來就是自然的產物,一方水土養一方人,尤其在上古時期人類絕對受到氣候和地緣的極大影響,而形形色色的文化,都可以看作是各區域的人類對當地自然環境與條件的一種適應方式。東亞地區為甚麼到後來形成了稱為「中國文明」這樣一個東西,還需要先從東亞的地形大勢來看,這裡所謂文明的前提是定居和農耕,定居和農耕基本上開始於1萬年前左右。我們說整個歐亞大陸西部,是以地中海為中心的。從人類出非洲開始,地中海東岸就是一個大十字路口,文明的交鋒衝突劇烈,許多領域都走在前列。從克里特文明一直到希臘文明,都是海洋文明,那是商業和農業或農牧相結合,屬於外向型的文明。東西方兩邊各自大的地理、地緣因素不同,導致他們處理和自然的關係的方式的不同,也就是文化底蘊的不同,然

後逐漸開始分道，特色增強。

在東亞大陸，定居農耕發展起來後，由於地分南北，所以有稻作農業和旱作農業的差別，建基於此，各地的文化也各具特點。但整個中國像一個大盆地似的，可以看作是一個大致獨立的單元。在500年前的大航海時代之前，東南方向基本上是隔絕的，除了有些漁民間的對外來往，這些往來也沒有影響到整個王朝政治的大格局。西北雖然沒有隔絕人類活動的天險，但高原、高山、荒漠、戈壁，還是構成一定的屏障。在它的中間，以黃河和長江流域為中心分佈的華北大平原和長江中下游平原之間，沒有像阿爾卑斯山那樣的阻隔，兩條大河又都是橫向的，便於交流和溝通，所在在比較早的時候就形成了一個所謂的鬆散的中國互動圈，張光直先生稱其為「中國相互作用圈」或「中國以前相互作用圈」。這個大圈子在北方少數族群南下之際，由於中原之南還有南方可以作為遷移的後方和根據地，使得農耕文明不至於被徹底摧毀和替代，這是東亞大陸農耕文化圈的一個極大的地緣優勢，這種地緣優勢，又成為華夏文明賴以生存與發展的基礎。我把所謂最早的「中國」界定在東亞大陸最早的具有核心文化性質的政治實體的出現、最早的廣域王權國家的存在，這還比較保守。因為再往前上溯，到六七千年的仰韶時代，甚至作為仰韶時代前身的裴李崗文化，有學者認為就已經開始有這種鬆散的中國互動圈性質的聯繫了，而這個應該是文化上的早期中國。

所以中國文明是地地道道的農耕文明，最初這個大盆地裡邊也根本不是鐵板一塊，南方和北方差得很多，南方是紅土地，北方是黃土地和黑土地，最初也沒有一個叫中國的存在。現在被我們稱為特色的東西，是中原王朝文明誕生前後孕育出來的。這個中心形成

之後碾壓其他區域，淡化甚至消弭其他特質。中原文明為甚麼能在東亞大盆地裡脫穎而出，最後其他文化都退出了歷史舞臺，這肯定是各個區域文明競爭的結果。中原文明最終的勝出，與它地處東亞大盆地中部偏北，得地利之便有極大的關係，這是一個從物流到信息網絡的中心，它有開放的優勢，包括最先、最便利地接收外來文化的影響和刺激。從新石器時代直到青銅時代，與內亞接壤的中國大西北，就是當時改革開放的前沿陣地。中原人從與周邊各族群交往的過程中汲取經驗教訓，最終形成了自身的一套「生活哲學」。

這個勝出的文明給人的感覺很早熟、很世故，它注重血緣關係，注重宗法關係，注重世俗的王權至上而非神權至上，或者可以說就是政教合一。在藝術表現形式上比較質樸古拙，形成「禮樂文明」。最大的特點是非常注重人與人之間的關係，注重人倫道德。甚麼叫政治？說白了就是處理人與人之間關係的藝術。而長江下游的良渚文化、中游的屈家嶺─石家河文化和上游更晚的三星堆文化所代表的人群，感覺都是注重處理人與神之間的關係，到了戰國時期甚至更晚，楚人還「信巫鬼，重淫祀」呢，具有濃重的巫術色彩，結果它們最後都淡出了，而缺乏巫術色彩的、重功利、重血緣的，注重人與人之間關係的中原勝出了。孔子是怎麼出來的？中國文明是哪來的？就是從這條路徑上一步一步走出來的。

我認為中原中心的最終形成的標誌，是二里頭都邑和二里頭文化的崛起，自此進入了青銅時代、以中原為中心的時代和廣域王權國家肇始的時代。後來的中原禮樂文明儘管朝代更迭，但這套世界觀和價值觀一直延續下來，在相對封閉的、以定居和農耕為基盤的東亞大盆地中，它顯然具有極大的文化涵化的優勢，對周邊區域形

成碾壓的態勢。哲學家趙汀陽教授把這種延續數千年的生長方式解釋為有着強大向心力的漩渦。這個漩渦的向心運動不斷把中原周邊各個地方、各種文化捲入到一起而成為一體，形成所謂的「中國文明」。

四、對宗教信仰、中央集權的一些歷史感受

李禮：徐旭生先生曾說，專業祭司壟斷「絕地天通」的宗教溝通，是上古社會幾次主要進化過程之一。我想問的是，宗教信仰為何在中國古代文明發展中後來變得式微甚至缺失了。直到今天，中國仍是世界上最為世俗化的大國。如果從一個古代研究者的視角看，會如何理解這一切？

許宏：這個是考古人不好回答的問題，因為我們的研究對象是「形而下」的東西。我感覺其實全球各地的人群最初肯定都一樣，科學時代之前肯定有個神學時代，原始宗教應該都是相近的。從考古學上來看，文獻記載中所謂顓頊「絕地天通」的時代，我們傾向於把它放到仰韶時代和龍山時代之間，如果強說絕對年代，大體上就是公元前 2600 到前 2300 年這段時間前後吧。「絕地天通」之前，實際上就是說，一開始是各家各戶都可以祭祀的，每家有個祖先神，因為那時還在社會複雜化的初級階段，還都可以祭祀，但後來一些有力的酋長階層或祭司階層出現，就以那些大宗的祖先神作為整個

族群的祖先神了。然後是王的出現、國家出現，有了所謂制度化的政府，這類民間祭祀就不允許了，百姓失去了祭祀權。實際上這個對宗教溝通的壟斷的過程，也就是一個社會複雜化、文明化和國家化的過程。

考古學能觀察到的，有這樣一些現象。建築上，從半地穴式或地面式的小房子、大房子，到高出地面的臺基式宮室；聚落結構上由向心開放的部族居住地，到密閉的、排他的、有序的宮殿區；最常見的陶器由紅陶、彩陶為主變為黑灰陶和彩繪陶為主，彩陶是大眾日用品，彩繪陶（燒製後繪彩）則基本上為貴族所有；聚落的防禦設施從環壕到方形或長方形的城址；墓葬從沒有或罕見葬具、薄葬到棺槨齊備的厚葬；隨葬品從罕見禮器到玉、漆、陶禮器直至各類青銅禮器，從以量取勝到成套出現、注重組合規制。上述仰韶時代向龍山時代過渡階段在方方面面的變化，給人的感覺這是個大動盪、大分化、大改組、大整合的時代。這可以看作是中國文明形成期的第一個大節點，按中國考古學界的提法，大致從此時進入了古國時代或邦國時代。

古代中國為何缺乏彼岸意義上的宗教信仰，是個有意思的話題。一種解釋是中國文明的基盤是純農業，發達的農耕導致人口增長、密集分佈，彼此間人際關係緊張，所以人們的主要着眼點放在解決人與人之間關係的問題上，關注點集中於社會道德倫理層面。「有用」成為考慮問題的出發點，空靈高遠的宇宙由來、彼岸宗教和哲學科學思考等偏於「無用」，也就很少為注重經世致用的古代中國人關注了。我們的一句老話叫「地大物博」，但實際情況很可能是地大物不博，資源並非太豐足，或者儘管豐厚但還是不足以養

活太多的人口。一個另類的觀察是歐美人吃肉基本是挑動物身上最好的部位吃，而中國料理「廣譜食物清單」中，其他族群不吃的鳳爪、豬手和各類動物內臟統統都有，是否暗喻着農耕時代食物來源的短缺。吃飽飯，一直是古代中國人的一個天大的問題。許多特質都是從這裡生發出來的。

張光直先生認為以殷商文明為代表的中國古代文明就是一種充滿巫術色彩的「薩滿式文明」，但這一觀點沒有得到學界的普遍認可。表面上殷商人重鬼神，其實這些鬼神是他們的祖先，其他文明群團的鬼神大多就是鬼神，屬於巫鬼之類，而中原人是祭祖先，這種宗法中的血緣關係，到現在為止在中國人的生活中還是極大的影響，我們缺乏公民意識，彼此之間是稱兄道弟的家人，套近乎都是血緣和擬血緣的那一套，重私德而輕公德。恩格斯等經典作家關於國家的定義最重要的一點，是地緣共同體取代血緣共同體，但是中國的早期國家絕非如此，血緣共同體長期存在。戰國時期的臨淄齊國都城出土的一些標記氏名的陶文看，「同里者大率同氏」，表明聚族而居的傳統實際上在中國歷史上長期存在。

所以血緣這個東西是中國文明的一個極大的特色，原始社會的那些血緣親屬關係沒有徹底被突破，一切政治結構、社會結構都是建立個在這個基礎上的，所以才有所謂「家國一體」，國、家合為一個概念，一直延續到現代漢語還是這樣。

李禮：今天，越來越多人認同中國文明起源多元論。同時，很多人也常常會思考這樣一個問題：為何「周秦之變」後，大一統的中央集權會成為一種主流治理方式？

許宏：最近十幾年來開始更多地看閒書，看到黃仁宇先生講中國大歷史，有那幾句話我完全認可。剛才說過，一方水土養一方人，如何解釋長期存在的中央集權？可能需要考慮以下幾點。

東亞這一片大盆地地貌導致每年東南的季風跟西北的寒流交匯，它們交合得正好的時候是風調雨順，但那種時候是非常少的，碰撞得很厲害的話，就是洪澇災害；沒碰撞着就是乾旱。遇到這些自然災害，第一個要應對的就是賑災，一個地區旱了澇了，糧食不夠吃了怎麼辦，或者上游弄個壩把水攔住了，糧食欠收我跟你借糧你不借，百姓吃不飽，對各國來說都是很大的事兒。那麼，如果你那塊地方屬於我的，這事不就好辦了嗎？統一管理等於說是代價最低的、可以做到利益最大化的。

中國歷史中的大變革，前面說仰韶、龍山時代之交，是可能的「絕地天通」的大變革，構成社會複雜化的第一大節點，而二里頭應該是是第二大節點，二里頭結束了古國（邦國）時代無中心的多元，從滿天星斗到月明星稀，進入有中心的多元，這是王國時代。而秦王朝又是一個大節點，它開啟了輝煌的帝國時代（包括秦漢帝國、隋唐帝國和明清帝國三大階段）。

正如黃仁宇先生說的，賑災之外，就是治水。但治水應該是很晚近的事兒了，最早是東周吧。人定勝天的概念在上古根本就談不上，現在也不可能。時代越早，你受自然束縛就越深，比如大禹治水那個時候，你就跟螞蟻一樣，根本沒有能力去治甚麼水。環境考古學者最新的解釋是，大禹之所以能夠治水成功，可能主要得益於距今 4000 年左右的氣候好轉而並不是人力所為。一旦氣候好轉，季風降雨正常化，植被恢復，大洪水等災害自然隨着氣候的好轉

而好轉。但限於當時的知識水平，先民們可能並不知道氣候突變與洪水災害之間的關係，他們將水患的平復歸功於領導他們治水的大禹，自然是合情合理的。這可能就是大禹治水傳說背後的真實故事。應該說，專家的研究結果比較好地解釋了史前洪水的發生和懷疑大禹能否治水成功之間的矛盾。在東亞大陸，大規模的治水要晚到帝國時期，黃河和長江兩大河流統一在一個版圖裡才好治理。

　　第三個影響中國古代史的要素是防禦北邊。中國這塊大盆地的北邊，畜牧、半農半牧或遊牧的族群一直伺機南下，比如後來的匈奴、所謂「五胡亂華」、拓跋鮮卑、蒙元和滿清。這個構成了華夏族群抱團做大的一個重要的外因。由是我們知道北方族群的南下，構成了中國古代史的一大景觀，沒有中國大北方的參與，一部完整的中國古代史是無從談起的，甚至可以說，整個中國古代史，就是一部「胡化」的歷史。這說的是秦漢及以後的情形，商周甚至更早的時候，我們不清楚王族是從哪來的，但無論從 DNA 檢測還是體質人類學來看，殷商就有濃重的北方因素，這已不是甚麼學術禁忌。

五、從古到今，中國是一個不斷開放的存在

李禮：記得傅斯年先生曾經質疑，到底誰是諸夏？誰是戎狄？早期中國其實主要是用生活方式、文化來區分不同人群，而且他們還

一直不斷地互相融合，比如錢穆先生後來提到，南北朝之後，北方的所謂漢族已經是融合後的一個新漢族了。

許宏：資源競爭導致人群衝突，解決方式粗略地說有兩種大的模式，那就是戰敗的一方走不走，肯不肯走。王明珂先生曾分析過中國西北西南地區的情況。強勢的農耕者（所謂華夏或者漢人）來了，佔據了谷地最好的地方，原來的農業居民被趕到半山腰，成為半農半牧的人，被稱為「羌」人，本來住半山腰的那幫半農半牧的人又被趕到更高的地方，就成了「藏」人，那裡養殖氂牛，農耕的比例更低。「羌在漢藏之間」，華夏人口中的蠻夷戎狄不就是這麼來的嗎？這是一方被驅趕到大盆地的更外圍，或者是從平原的中國被趕到了山地中國的區域。但在認同上，這些差異不是絕對的，而且還是動態的，「夷狄入中國，則中國之，中國入夷狄，則夷狄之」。

　　第二種模式，就是衝突兩方都是居住在東亞大盆地中心的平原地帶，都是農耕起家的，安土重遷，戰敗了也不肯走。我經常思考二里頭為甚麼能起來，即東亞歷史上第一個管控大規模人群的政治實體是如何起來的？二里頭，應該是從公元前 2400 年到公元前 1800 年前後各方「逐鹿中原」的一個說法和結果，這幾百年衝突劇烈，打得一塌糊塗，大家都不肯走，都不想離開這兒的話就得有個說法。集團內部分化就得有所謂「人上人」，而集團之間就得有「國上之國」，於是各集團認可的廣域王權國家出現了，下邊雖然還都是小國，相對獨立，但逐漸被「同化」，認可這個大的「國上之國」，夏商周三代王朝就是這麼起來的，形成了華夏—邊緣這

種模式。

美國科學院院士卡內羅（Robert Leonard Carneiro）教授，以尼羅河流域、兩河流域、印度河流域給中南美洲等古代社會為例證，提出了國家起源模式上的限制理論。也就是由於環境的限制，戰敗的村民無處可逃，或者基於利弊權衡，不願逃走，故而屈服於戰勝者，或者淪為附屬納貢者，或者整個村落被戰勝者吞併。隨着這種過程的反覆出現，較大政治實體的整合情況出現了。強大的酋邦征服弱小的酋邦，政治實體迅速擴大。最後，政治單位的複雜情況與權力集中情況都演進到一定的程度，國家也就隨之產生了。我感覺中原國家的興起，非常相像，資源集中與社會限制這兩種因素在國家形成的過程中應該也起過作用，卡內羅的理論給我們思考中原古代國家的形成提供了重要的啟發。

後來的中國就是在中原國家的基礎上，涵蓋了以前所謂的蠻夷戎狄，逐漸逐漸滾雪球滾出來的。從古到今，中國是一個不斷開放的存在，一直都在吸納新的人群。「華夏」或「漢」首先是定居農耕，這是最底層的基礎，新的人群進來了就得定居農耕，這就是趙汀陽先生所說的漩渦的力量吧。我覺得不一定是「漢化」，漢化還是我們本位主義的思維方式，實際就是適應中原定居農耕習俗了，然後使用漢字，漢字的使用也有凝聚力，它也是一個有效的工具，也是一種霸權，話語霸權，對吧？最後形成漢字典籍的霸權，等於說你有記載而人家那邊沒有記載，歷史也就這麼一直在建構，對不對？歷史一定是勝利者書寫的歷史。

但考古學從某種意義上說，其實能恢復很多被遮蔽的東西，比如說你一看三星堆，它確實跟我們所熟知的中原文明這套東西

是不一樣的。當我們去看，發現自己有一種驚訝的感覺，就說明你有一個思維定勢，說這個地方不該出現這樣的東西。那麼為甚麼不該？這就要反思我們的思想路數了，對不對？為甚麼這個地方不該有這麼高的文明，說明我們以前的歷史建構是有一些問題的，以前的認知框架有問題。王明珂先生說得好：「「『異例』（anomaly），是我們反思自身知識理性的最佳切入點。」所以我一直持謹慎而開放的態度，不敢排除各種理論和史實上的可能性。

李禮：說到開放態度，我注意到您在一篇文章裡提醒說，中國從來就沒有自外於世界，我們現在思考的所有問題都是中西交流碰撞的問題，幾乎沒有例外。考古學跟這些問題則是密切相關的。這是您對自己多年學習、工作經歷的有感而發？

許宏：現在想一想，其實我們的知識是非常淺薄的，我們有全球史的觀念，也就是從五六十年以前開始的吧，對不對？現在對整個全球文明史的把握，也不能說十分確切，這方面的路還有很長的路要走。現在我們說全球化是從甚麼時候開始的，一般朋友會說是五百年前大航海那個時候吧，哥倫布發現新大陸，才導致全球化這個態勢出來的。其實可以說，全球化五千年之前就開始了，因為青銅冶鑄技術的擴散，就是最早的全球化浪潮，已有了這樣一個趨勢。這些東西都在考古學家手下逐漸逐漸變得清晰起來。

　　就對古代中國的認識而言，不識廬山真面目，只緣身在此山

中，一定要把中國文明的形成放在全球文明史這樣一個大的框架裡邊，我們才能看清它的來龍去脈。有學者對整個歐亞大陸青銅文明的態勢做了梳理。距今 5000 年前後，歐亞草原青銅文化已經進入初始期的前段了，而東亞地區僅有零星的發現。到了歐亞草原青銅文化初始期後段，比二里頭還要早，距今 4000 年前後，已經是星火燎原的態勢了。二里頭開始出來的時候，歐亞草原已經進入了青銅文化發達期的前段。所以整個東亞大陸青銅的動向應該是跟內亞地區密切相關的。而再往東，朝鮮半島進入青銅時代已經是東周時代的事兒了，日本則幾乎沒有青銅時代，青銅跟鐵器是一塊傳進去的，這樣一個脈絡是非常清楚的。

以青銅冶鑄技術的傳播為中心，在龍山時代到殷墟時代這一千年左右的時間裡，有大量的外來因素進入東亞大陸腹地，例如小麥、黃牛、綿羊、車、馬、帶有長斜坡墓道的大墓、用骨頭占卜的習俗，甚至甲骨文，我們都沒有在中原找到它源於本地的證據線索。甲骨文源頭的發現現在還有缺環，還看不清楚，突然就這麼發達了，怎麼來的還是個謎。大家知道文字這個東西，如是原生的可能要相當長的孕育過程，但也完全有可能在很短的時間內，接受外來的刺激和影響發明出來，比如西夏文字，契丹文字和日語，都是在很短的時間內借鑑發明出來的。另外，像二里頭這樣的管控大範圍人群的政治實體，究竟是我們獨立自主地發明出來的，還是受到外邊的影響才出來的，這都有待於進一步探究。

一句話概括，那就是中國從來就沒有自外於世界，一定要把早期中國的形成和發展，放到全球文明史的框架裡面去審視。

六、中國考古學的轉型

李禮：在很多人印象裡，考古學家似乎只對遙遠的過去感興趣，不過他們似乎也很難置身於當下之外，比如我們知道考古學曾經捲入所謂「儒法鬥爭」。從民國開始到現在，中國已經有了幾代考古學家，您如何評價他們和百年以來的學術史演進？

許宏：觀史需要距離感，我們迎來中國考古學誕生百年，百年後的今天我們才能初步看清來路。但說句實在話，感覺還是穿行於歷史三峽中，感覺觀史的距離仍不夠遠。我不揣淺陋，對中國考古學史的發展脈絡有一個總體認知，那就是學術史並不是單線演進的。

第一代學人，其高度是後人難以企及的。他們正好處於西風東漸、社會動盪、思想變革的年代，他們一直在思考中國命運的大問題。這代學人學貫中西，如徐旭生、李濟、梁思永先生（我把夏鼐先生往後歸），屬於覺醒的一代。第一代學人從一開始就站在了世界學術界的最前沿，整個層次高度就不一樣。20 世紀 10 至 20 年代，徐旭生、李濟等先生學成歸國，也就是從那時起，到 40 年代可稱之為第一代學人。

第二代學人，活躍或成長於建國後的前三十年（20 世紀 50 年代初到 70 年代末），這三十年整個學科當然有重大的收穫和進展，但由於社會形勢和國際關係，導致我國學界和外界基本沒甚麼來往，相對封閉的氛圍導致包括學界在內的很多領域都受到很大影響。民族主義、修國史成為主要路數，學者們更為關注自身探索，

甚至自說自話，缺少一個參照系。

考古學首先是發現之美，然後是思辨之美，思辨之美更高更美。三十多年前提出中國考古學的「黃金時代」。可現在回過頭看，那不就是考古發現的黃金時代麼？在研究理念和思維模式上是否有所超越？當然一代人有一代人的念想，我們不可苛責於前代學者，大家都是一步一個腳印走過來的。客觀地講，外在環境使然。

第三代學人，包括本人在內的一些考古學者已開始呼籲中國考古學的轉型，由文化史為重心的研究轉向全方位的社會考古。但更多的田野考古與研究的踐行者是年輕人，他們有更多中外交流的機會，英語等外國語通達，有自身的一些思考，但他們還沒有話語權。我認為這是一個過渡期，真正的學術高峰還要假以時日。現在我們這代學人更多的價值在於一種文化呼籲，呼籲中國考古學的轉型。對於中國考古學的未來，我是充滿信心的。

如果把我劃在我的同齡，以及比我大的長者中間，我可能是目前考古學界的少數派，但據說我的聲音得到越來越多年輕學者的認同，而他們代表中國考古學的未來，這是我感到比較欣慰的。

李禮： 最後想請教，如果說當下中國仍處於古今之變之中，您認為考古學對於一個真正的現代國家，意義究竟何在？

許宏： 套用一句老話吧：沒有歷史，就沒有根，而沒有根，就沒有未來。考古學的一個重要意義，應該就是喚回我們失去的文化記憶。這使得我們這門「無用之學」還顯得有點兒價值，無用之用，是為大用。滿足好奇心、求真逐理是人類的本能。可以說，考古學

是一門殘酷的學問，考古發現在時時完善、訂正甚至顛覆我們既有的認知，考古學能夠不斷給其他學科和公眾提供靈感和給養。這也就是改革開放以來，考古學這門本來的冷門學科從象牙塔中走出，走近公眾走向社會的一個最根本的動因。

考古學是一門研究人類過往的學科，但它又是一門全新的現代學科。就中國而言，要探尋面向未來的文明之路，絕不該是對源於農耕文明的傳統文化的「泥古」，也不可能是完全無視自然人文大勢的全盤西化。建基於故有文明之上，同時吸納所有人類文明的優秀因子，才能創發出嶄新的、現代意義的中國文明。作為一名資深考古人，在這一過程中，我堅信考古學會有突出的表現和優異的貢獻。

第二章

趙鼎新 ｜「儒法國家」的形成

> 「儒學就像中國發明的瓷器，堅韌永久，但是又特別脆弱。摔破了就沒甚麼用了。」

趙鼎新

1953 年生於上海，美國芝加哥大學社會學系終身教授，浙江大學人文高等研究院院長，浙江大學社會學系教授，致力於政治社會學、歷史社會學等領域的研究。趙鼎新於 1982 年畢業於復旦大學生物學系。1984 年畢業於中國科學院上海昆蟲研究所，獲昆蟲生態學碩士學位。後赴加拿大留學，1990 年獲麥吉爾大學昆蟲生態學博士學位、1995 年獲麥吉爾大學社會學博士學位。1996 年起任教於芝加哥大學社會學系。作品曾獲美國社會學學會 2001 年度亞洲研究最佳圖書獎以及 2002年度集體行動和社會運動研究最佳圖書獎等。中文專著包括《社會與政治運動講義》《東周戰爭和儒法國家的形成》等。

一、諸子百家與同期西方思想家的差別

李禮：除了大家所熟悉的，比如關於社會運動、社會抗爭的研究，您對中國歷史也有不少自己獨特的看法，比如出版過的那本《東周戰爭與儒法國家的誕生》。我們不妨先從您對歷史的興趣開始，記得您說過，最早對中國古代史的興趣來自文革時參加「批林批孔」小組，那是您第一次接觸到法家這樣的傳統典籍。是這樣嗎？

趙鼎新：其實大家在國內看到的那本小冊子（即《東周戰爭與儒法國家的誕生》）是我花了三個月寫出來的，但是我整整十幾年一直在做這方面的研究，這一研究的英文著作題為《儒法國家：一個解釋中國歷史的新理論》。

歷史興趣在我是天生具有的，我小時候就不停問父母、祖父母、曾祖母他們所經歷的事情。還有，我小時候特別怕死，但當時的中國是一個無神論社會，我也不可能從宗教中獲得解脫。我於是總是想學歷史上的英雄人物，想從歷史中尋找自己存在的意義。但是我有興趣卻沒書看。如你所言，一直到了「批林批孔」的時候我才有機會接觸那些典籍。

最後，我們這一代人都在很大程度上受到了黑格爾的線性史觀、特別是馬克思的歷史唯物主義的影響。雖然我早就不認為歷史遵從着任何一個總體性的規律，但是我始終保持着尋找歷史規律的興趣。

李禮：我想知道，您從上海「上山下鄉」到了寧夏之後，如何被選進工廠「批林批孔」小組的？

趙鼎新：我所在的工廠有一個宣傳幹事，據說他是秦牧的學生，「文革」中跟着秦牧倒霉，被分到了寧夏。他蠻喜歡我，在搞「批林批孔」小組的時候把我也安排了進去。當時一個星期要上六天班，小組的人只用上五天，有一天可以專門看書。而且廠裡還撥了點錢用於購書。但是我馬上發覺我們小組其實不是在研究歷史，而在機械地把法家看作是進步力量的代表，把儒家當作落後勢力，並把某些當代人物乃至廠裡的某些領導寫成當代的「儒家」進行批判。換言之，小組其實很容易成為他人進行政治鬥爭的工具。當然，當時我的理解並不像今天表述得這樣明白。

當時除了看郭沫若、范文瀾、楊國榮之外，我們還看了一些原著。原著中的內容往往會對我們接受的教條形成挑戰。比如，《鹽鐵論》讓我知道了當時支持私人商業發展的不是所謂的法家而是儒家學者。還比如，在「文革」儒法鬥爭的敘事下蘇軾是個兩面派，但是多看了一些材料後不難發覺當時的問題主要是黨爭，蘇軾比較平和的性格使他成了黨爭的犧牲品。打個比方，「批林批孔」小組中有一個朋友很教條，文章寫得像小姚文元，大家不喜歡他，但我卻一點不恨他。這是因為我與他很長時間同住一個寢室，對他了解多一些，因此人家罵他我還為他說好話。假設我們的「批林批孔」小組也分成了兩派，那我可能也會被算成兩面派。

我看問題不極端，遵從常人邏輯，因此很難接受儒法鬥爭是中國歷史發展的主軸這種說法。在「批林批孔」小組一年多的時

間裡，我一篇文章都寫不出來。宣傳幹事對我很失望，罵我不求上進。

李禮：進入「儒法國家」這個核心話題之前，不妨先把儒家、法家推至諸子百家。在很多人看來，那是中國思想史上一個輝煌時代。不過您卻認為，諸子百家與西方思想史先賢相比，可能存在一些局限，也由此造成了相當影響，波及後世。具體而言，您認為中國早期的這些思想家，他們的「局限」是甚麼？

趙鼎新：也不好說局限，一講局限就好像諸子百家不如他們（西方思想家），應該說是有顯著差別。

第一，諸子百家文章最主要對象是國君，而希臘思想家文章的對象主要是當時的知識分子群體。在中國，每個人都想被國君看中，不管是罵還是在捧，一心都繫在國君身上。這是因為國君聽了你的話，你的話才有用，才會變成政策和改變社會。

第二點，希臘社會強調個人，人際關係紐帶較弱，聯繫的緊密度相對較弱。這給希臘思想家提供了一種探索兩個因子在不被其他條件干擾下它們之間因果關係的可能性，給了西方哲學一種片面深刻。這種片面深刻為理論理性和形式理性在西方的發展提供了可能，也為現代科學的出現打下了契機。在緊密的人際關係下，中國思想家看到的更多是多重事務之間的聯繫。他們因此很難把問題進行割裂，並且對脫離情景的因果邏輯不感興趣。中國人的特長是系統性思維和相關思維。比如「天人感應」理論把自然現象與社會想像看成了一個相互關聯的系統，吃紅色食品能補血這類思維方式就

是相關思維的體現。我年輕時覺得中國出不了哲學家。與西方哲學家相比，孔子連定義都不會，人家問他甚麼是「仁」，他總是給你一個不同的具體例子。後來我才懂得，孔子有他的深刻。他顯然認為「仁」這個東西放在不同的場景下是有不同意義的，任何事務都需要放在歷史情景下加以理解，一旦給出一個超越情景的定義就片面了。

第三，與希臘哲學家相比，中國諸子百家有很強的歷史理性，或者說從歷史經驗中找行為準則的衝動。這點不但儒家和道家如此，就是厚今薄古的法家也喜歡用歷史「先例」來論證自己的觀點。中國思想家歷史理性比較強，西方思想家理論和形式理性比較強。文藝復興以後，理論理性和形式理性在西方被重新找了回來，這為現代科學的發展提供了可能，但西方人片面看問題的方式也會給自然科學的應用、社會科學的發展，乃至世界政治帶來誤區甚至是災難。

二、只爭輸贏不講道德：戰爭打出「法家」

李禮：一個主流看法是，秦國因為採取了法家思想和行為方式，得以崛起並統一中國，漢代則繼承了這種制度。不過事情也許沒那麼簡單，還需要更加具體的分析。我注意到您特別關注「戰爭」這個變量。從早期的爭霸戰爭，到後來的全民戰爭，您認為戰爭主導了各國之間的互動，它導致國內、國家之間的政治發生巨大變化，

這種變化也使一個長期居於二流國家的秦國最後勝出。

那麼，您着眼於「戰爭」研究，是出於怎樣的考慮？說到戰爭影響諸國命運進而影響歷史走向，能否談一下其中關鍵何在？

趙鼎新： 戰爭和做生意共同的特點就在於：輸贏清楚。輸贏清楚的競爭一旦在社會上形成主導就會導致工具理性的增長。人類有兩種本能性的指導自己行動的原則，一種是「對的我幹，錯的我不幹」，這就是價值理性；另一種是「合算的就幹，不合算的不幹」，這就是工具理性。（先前所說的歷史理性、理論理性和形式理性都是輔助性工具。使人能更好地發揮價值理性和工具理性。）春秋早期，價值理性是貴族行為的主宰，以至於出現宋襄公半渡而不擊這種行為，即使打仗也要講道德。但是在一場戰爭中，如果一個講道德的對手面對的是一個同樣強大的、怎麼合算怎麼來的對手的話，恪守道德的對手往往會輸掉。這結果就會導致大家慢慢都只爭輸贏不講道德，工具理性成為主導。

但是先秦中國和前現代歐洲有很大不同。在歐洲，在戰爭越打越大的同時，商業競爭越來越激烈，商人的權力也不斷越高。商人與在戰爭中不斷加強的國家之間的衝突和合作為君主立憲、代議制民主、民主國家和工業資本主義的興起鋪平了道路。先秦中國和前現代歐洲最大的不同是，歐洲是軍事和經濟競爭同時主導着社會變遷，而先秦中國主導社會變遷的動力主要是戰爭。先秦中國打仗，打着打着就打出了官僚體制，打出了常規軍隊，打出了國家更強的稅收能力，打出了私有制，打出了小家庭（因為家庭越小，稅收越容易且稅收量可能加大），最後打出了一個系統的理論，就是法

家學說。

在沒有社會力量的牽制下，法家是一個最有效的戰爭動員理論。早期的管仲、晉文公等人都具有「法家」性質。這類思想到了戰國開始系統化，出現了法家。法家改革從魏國首先開始。魏國改革的歷史意義與歐洲出現工業資本主義和民族國家相似。它們都不代表歷史進步，而代表一種「同構壓力」（isomorphic pressure）。因為打仗輸贏清楚，所以打不過人家就必須學。魏國改革之後各國紛紛效仿搞起了法家改革。

但是，秦國統一中國的背後還有其他的因素。第一，秦國的地理優勢。奪取了四川後，秦國佔據了長江黃河兩條河流的上游。這等於控制了兩條順路的「鐵路」，人家逆流，它則順流下去，運輸又便宜又快。第二，秦國面對敵人的面向較少。當時有兩個國家的地緣政治最優越，一個是秦國一個是齊國。但齊國處在一個商業化程度較高的地方，當時臨淄已經可能有二十多萬人了，日子過得不錯，你讓誰去打仗？齊國雖然富有，但齊人卻不是好戰士。秦國人作戰勇敢，地緣政治好，改革又比較成功，最後成為贏家。秦國統一在很大程度上是靠法家改革，所以秦國統治者對這一套很自信，認為馬上能打天下，也能治天下。秦國因此垮得很快。

按照標準的說法，秦始皇焚書坑儒，其實並非如此簡單。秦始皇怕死搞方術，相信陰陽五行。如果去看秦始皇的碑文，他也提孝道，儒家這一套也是有的。秦始皇的腦子可謂是大雜燴，充滿了各式各樣的漿糊，就像現在的一些領導腦袋中裝了各種漿糊一樣。但是有一點歷史學家沒說錯，秦始皇在國家的重要政策領域採取的主要是嚴屬的法家方針。但是古代國家沒有鐵路，沒有現代通訊

設備，也沒有現代的警察和國安部，怎麼可能把人管住？我們看《史記》，在造反之前劉邦在哪兒？躲在山上。項梁在那兒？在山上。英布在那兒？在山上。張良在那兒？在山上……秦朝雖然很專制，但是它能管到的地方有限。因此六國的「異議人士」大有藏身之處。當然，這些人躲着也不是專門為了以後造反。如果是在清朝，這些人就會像遺民一樣在山上等死了。但是秦的暴政和宮廷內鬥給了他們機會。

漢初統治者知道搞秦朝這套肯定不行，但是它們並未領略到儒學的好處。漢初精英的價值觀是個大雜燴，但是國家的統治策略卻是以黃老為主。黃老採取了道家的許多精神，但它也是大雜燴時代的產物。黃老強調無為而治，漢初因此形成了一個以「看不見的手」治國的局面，並出現了「文景之治」。但是，漢統治者不得不面對兩個新問題：經濟繁榮帶來了人口飛速增長、貧富差距加大和地方豪強並起等問題。「無為而治」並不能解決這類問題。此外，黃老是統治術層面上的東西，它不能為國家提供一個意識形態的合法性。儒學就是在這樣的背景下逐漸被提升為國家意識形態。

需要強調的是，漢朝上升為國家意識形態的儒學是經過改造後形成的「官方儒學」。儒學是一個活的東西，其內容和社會影響在歷史上始終在變化。還有，我們一般講董仲舒是漢代儒學的集大成者。但是，董仲舒在他活着的時候是並不是一個特別重要的人物。司馬遷是董仲舒的同時代人物，在他的《史記》中才提過董兩次。儒學作為官方意識形態是逐漸建立起來的，並且在東漢才逐漸完成了所謂的「聖典化」（Canonization）。董仲舒就是在這「聖典化」過程中被吹大的，在《漢書》中董的傳記佔了整整一章。最後，漢

武帝雖然把儒學上升成為國家意識形態，但是他用的人雜七雜八，甚麼樣子的都有，他的大量政策也是以法家為主。漢武帝時期形成的那種以儒學作為統治意識形態、以法家手段進行統治的做法逐漸發展成了古代中國政治體制的特徵，並且一直延續到清末。

三、「儒家社會」的形成和瓦解

李禮：無論如何，儒家官方意識形態一直持續下來，直到清代的終結。在漫長的歷史中，它雖然經歷了種種社會變遷和挑戰，卻在多數時間居於主導地位，您如何看待這一現象？對背後的原因有何分析？

趙鼎新：應該說它受到多次嚴重的挑戰。在意識形態上，它至少受到兩次重要挑戰。用現在比較時髦的話來說，這兩次挑戰都和「一路一帶」有關。「絲綢之路」最早形成在漢朝，武帝打通西域後可以說漢朝給西域輸出大量的商品，而西域在貿易中還給漢朝送來了佛教。佛教在東漢後對儒學思想和基於儒學產生的政治體制形成了很大的衝擊。這個衝擊一直延續到中唐─北宋，直到新儒學的興起和佛教的本土化後才走向穩定。

　　「一路一帶」的第二次高潮發生在唐朝。中國同樣向西方輸送貨物，而西方在貿易中還從海陸兩路給我們帶來了伊斯蘭教。伊斯蘭教在唐朝後發展最大的阻力是逐漸走向強勢的儒學特別是新儒

學，以及與新儒學相伴的兩大制度基礎 —— 科舉制和以村落為基礎的宗法制度。伊斯蘭教徒在生存和發展中不得不面對兩個壓力。其一是要想混出一個社會地位就必須考科舉，其二是要想被更多的人接受就必須在伊斯蘭教義中融入儒學的倫理。這兩個幾乎無形的壓力給伊斯蘭教徒按了一顆「中國心」，促進了伊斯蘭教的本土化和伊斯蘭教徒的族群化。說句題外話，我們現在搞「一路一帶」，但是走出中國後我們首先面對的就是穆斯林世界。在貿易和投資之外我們還會得到甚麼？瓦哈比耶？還是其他伊斯蘭教派？中國已經沒有了儒學和儒學得以生存的制度基礎。新一輪的宗教傳播會對沒有儒學主導的中國社會產生甚麼樣的影響？大家可以好好想一想這個問題。

回到題內。古代社會的主流價值觀都是宗教或類宗教的價值觀，不論它是儒學、佛教、伊斯蘭教，還是基督教。前現代各個文明區別如此之大，一個重要原因就是因為它們有着不同的宗教。宗教出自人懼怕死亡和誇大自我意義的本性，但是宗教同時也需要回應當地的問題，並且宗教想像也離不開本土的經驗。不同地區因此會出現不同的宗教。宗教往往不是為統治者專門打造的，但是一個宗教發展到一定程度後統治者就會想利用它，以加強自身統治的意識形態合法性。宗教人士也會試圖利用國家權力來擴大自己的力量以及打擊其他宗教。宗教和國家因此有很深的關係。不同宗教由於其性質不同會與國家建立不同的關係，其後果之一就是不同文明形態的產生。

相較於其他宗教，儒學作為國家統治工具有着特殊的「優越性」。如果統治者可以理性地自由選擇一個宗教來作為自己統治的

合法性基礎的話，只要該統治者不是呆子，他很可能會選儒學。為甚麼？儒學講三綱五常，它把社會不平等看作正常，只不過要求在社會上位的人作出與之地位相稱的行為即可。用孔子的話說，這就叫「正名」。爸爸是可以主宰小孩的，但爸爸要做出爸爸的樣子來；皇帝可以高高在上，但要做出皇帝的樣子來。這個皇帝就當得比較舒服。不像基督教，講上帝面前人人平等，國君地位總是有點危險。伊斯蘭教強調部落力量，給強勢的部落存在提供了合法性，乃至伊斯蘭地區國家的力量直到今天都很薄弱。印度教給了一個沒有流動的種姓社會一個合法性和功能，使得國家幾乎成了多餘，所以印度長期不能統一。

對於社會精英來說，以儒學為主導的國家也是一個可被接受的選擇。這樣的國家為社會精英提供了一個可以通過讀書來獲取功名的渠道。雖然說臣子面對皇上時必須順服，但是作為臣子可以通過儒學倫理來規範皇帝的行為，還能用孔孟之道來教育將來的皇帝。儒學因此就成了國家與知識精英結盟的基礎。這結盟雖然受到了來自許多方面，特別是思想方面的挑戰，但是它不斷發展，並且維持了兩千多年。儒學的存在使得其他宗教進入中國後慢慢地被邊緣化，並被迫走向本土化。儒學的這個性質也使得儒學在古代中國政治所起的作用越來越重要，並在宋朝以後逐漸深入民間，中國社會成了「儒家社會」。

中國特殊的國家與宗教關係還使得古代中國成了世界主要文明中最具有宗教「自由」的國土。這並不是說中國文化有甚麼特別的優越性。古代西方的國家與基督教的關係較之中國的國家與儒學的關係要來得平等，但是這平等卻給西方國家和宗教之間帶來了很大

的緊張：統治者想擺脫教會的控制，而教會對其他宗教或者是不同教義的教會都具有很低的容忍度，因為教會怕國家支持其他宗教或具有不同教義的教會。基督教世界於是就充滿了宗教戰爭和迫害。古代中國國家與宗教關係有點像傳統中國的夫妻關係。統治者是「丈夫」，下面有着一大堆「老婆」（宗教），儒學的地位就相當於「大老婆」。大老婆在傳統中國家庭中的特殊地位使得其他妻妾無法與之抗衡。儒學精英因此對其他宗教並不怎麼嫉妒，而國家也因此能對宗教採取實用主義態度。你愛信甚麼教就信甚麼教，只要該教的倫理體系不和儒學產生嚴重衝突並且不會成為造反武器即可。這一機制給了傳統中國宗教生態的高度多樣性，但同時也促進了其他宗教的儒學化。

李禮：剛才說到「儒法國家」一直持續到清末，有個問題似乎沒有展開。在此我想順便請教，您是如何理解清末革命和帝制中國瓦解的？另外，1911 年之後，「儒法國家」真的就消失了嗎？

趙鼎新：如果不站在中國中心主義立場的話，你會發現直到晚清中國還在擴張，還在加強統治能力。內邊疆在改土歸流，新疆建立了行省，大量的移民進入邊疆地區。直到 19 世紀末，清朝還在加強對新疆和內蒙的控制，其軍事實力也還是在增強。但是，清朝碰到了先前的中原王朝所未遇到的問題，它的挑戰者不再是來自北方的遊牧部落，而是正在經歷工業革命的西方。

我們寫近代史往往會把 1840 年的鴉片戰爭作為一個分水嶺，但是鴉片戰爭對於滿清來說是一件非常小的事情。中國是一直到甲

午戰爭後才真正產生危機感的。但是即使在甲午戰爭後革命也不是必然。如果中國最後一個皇朝的統治者是漢人的話，革命也許就能避免。滿清政權始終面臨着兩個難以調和的問題：救滿清和救中國。清統治者在改革強國的同時還想加強滿人的權力，以抗衡在甲午失敗後不斷上升的漢人民族主義思潮，邊緣化袁世凱、張謇、湯化龍這樣的漢人精英的權力。辛亥革命的成功主要在於漢族精英和滿族精英的矛盾，而不是所謂的救亡圖存。

但是，清朝晚期的改革，再加上辛亥革命、五四運動和共產主義革命的確是把儒學的根給徹底刨掉了。任何意識形態的社會影響必須要有制度來加以維繫，儒學也不例外。宋朝以後，維繫儒學在中國主宰地位的制度一個是科舉制，另外一個就是宗族制。晚清改革把科舉制廢除了。宗族制在民國時期就走向衰落，土改後被進一步摧毀，改革開放在大量農民進城後幾乎被徹底摧毀了。

世界上所有的宗教在現代化的衝擊下都有所衰退。這個衰退，西方學者搞錯了，把它看成了「世俗化」。其實在最近到幾十年裡，除了民族主義之外的所有大型世俗意識形態（從社會主義到自由主義）在世界範圍內都在走下坡路，取而代之的是宗教的復興。但是，其他宗教在復興，偏偏儒學復興不起來。為甚麼呢？這背後的原因就是現代化並沒有摧毀其他宗教的制度基礎（比如和基督教相應的教會組織和資源），這些宗教因此都能逐漸適應現代社會，並在現代條件下找出生存和發展的道路。唯獨儒學，這個在傳統世界無比強勢的思想體系在現代化過程中衰退成了一個無根的哲學，因為它的制度基礎已經被摧毀了。

儒學就像中國發明的瓷器，堅韌永久，但是又特別脆弱。摔破

了就沒甚麼用了。

四、從社會學考察歷史：發展不等於進步

李禮：進入歷史領域後，您的一些研究視角讓人印象深刻。比如使用行軍距離的統計來區別不同戰爭，用「主動進攻次數」分析戰國時期各國實力；考察楚、晉爭霸時，用夾在兩國之間的鄭國與它們結盟的次數，來考察兩個強國究竟誰更具實力。諸如此類的統計、分析，生動且富有解釋力。很多人和我一樣，想知道當一位社會學家投入到歷史研究，有無一些特別的心得？

趙鼎新：有幾點吧。首先，不管怎麼寫，一本再好的著作，它描述的首先是作者的眼睛，而不是客觀事實。這當然不是說我們的作品和事實無關。但是關聯的大小在很大程度上取決於我們的素養。因此，要做一個優秀的學者首先要鍛煉個人的素養，包括學習各種定量和定性的研究手段。

第二，一個學者不應該把自己看得太重，太在乎自己。千萬不要把自己的價值、品味和道德觀放一個至高無上的地位。當然這很難，我改行做社會學，就是帶着愛和恨進去的。其實有愛有恨是好事，因為它們會給你動力，但是千萬不要自己的愛恨太當一回事，這樣不但會活得很痛苦，而且可能會給自己一個很片面的視角。只有不把自己看得太重，我們才可能與歷史保持一定距離

感。有距離就可能會看得更清楚一些。比如，在我們國家當代的敘事中，我們中國總是在捱打在吃虧。但調遠距離，從鄰國的角度看中國，我們會發現在東亞這片土地上中國在大多數時間裡處於強勢地位，鄰居小國的民族英雄也往往是「抗華」英雄。我不是說鄰國的歷史就客觀，而是我們要將心比心，學會換位思考。

第三，要清醒。為了研究早期中國歷史我反覆讀了《左傳》《史記》等古籍。讀這些古籍時，我首先想到的是這裡面所記載的事情僅僅是當時發生許多事情的「一丁點」，並且這一丁點也是在強烈的意識形態和個人喜好的驅動下被選出來的。我為甚麼以先秦戰爭中的一些基本事實（比如誰和誰打戰，哪個季節打的，誰贏了，等等）出發來開始我的研究？其根本原因就是這些基本事實與意識形態的關係較小一些。從這兒出發我們可以把《左傳》和《史記》中很多說不清楚的東西先放在一邊，採用自下而上的方法，逐漸重構一個更為可能的歷史。

李禮：正如我們看到的那樣，研究歷史的方法日益多元，比如近些年，文化史、社會史、經濟史都很熱。您如何看待這一現象？

另外，最後我想請教，您覺得自己的「史觀」是甚麼？

趙鼎新：傳統的主流史觀有進步史觀和道德史觀。持有進步史觀的學者會認為歷史展現的是人類不斷的進步，甚至會認為歷史背後有着一個客觀的、能把人類社會推向美好終結的邏輯。我認為人類應該有一些共同和共享的價值。但是，進步和落後的定義從來和強權難以分開，昨天被認為的進步在今天看來也往往是無知和狂妄。

持有道德史觀的學者熱衷於從歷史中找正義找道德。從歷史中找道德本身沒甚麼不好，但搞過了，特別是和權力與利益結合後就會促使造假。當權力和利益需要烈女時，社會就會突然出現大量的為夫殉節的烈女；當權力和利益需要雷鋒時，社會上就會到處是活雷鋒；而當權力和利益需要天才和特異功能時，具有各種「天才」和「特異功能」的人就會鋪天蓋地而來。

在西方盛行的多元史學是對進步史學和道德史學的一個反彈。當下西方史學的一個主流觀點就是：歷史是多元、沒目的和非進步的，每一個歷史都是自己的歷史。在這一史觀的引領下，西方歷史學家研究題目越做越小，於是就出現了「只見樹木不見森林」的情況。問題是，歷史題目做得再小，該題目中所含有的信息仍然是無窮的大，或者說研究者在寫作時仍然必須有取捨。但是研究者一旦有取捨，他的價值觀和旨趣就會從後門走進了研究和寫作。因此，當代史學雖然在慶祝人類文化和歷史形態的多樣性方面，以及在打破主流敘事方面都做出了很大的貢獻，但是它並不能保證研究的客觀性。特別是，歷史如果真無規律可循，那我們研究歷史幹甚麼？

我的史觀是甚麼？要講清楚這一點，我得首先交代一下我對人類本質的理解，以及對社會變遷規律和動力的理解。

學社會學之後我經常會思考人猴之間的共性和差異。猴子是政治動物，人也是。猴子是地域動物，人也是。有些猩猩能製造簡單工具，具有經濟動物的一面。人與猴的唯一區別是，猴不虛偽，人虛偽，比如說一群猴子將另一群猴子打敗，勝者肯定不會說它們代表正義。猴子還很簡單，它死了就是死了。但是人怕死，狂妄到死後還想繼續保持其生命的意義。這就是說人類除了是政治動物、經

濟動物、軍事動物外，還是意識形態動物。在我看來，這是人猴最根本的區別。這四點——即經濟、政治、軍事、意識形態——都是稀缺資源。在資源有限的條件下，我當官了，你就不能當；我佔領了這塊土地，你就不能佔領；我在意識形態方面處於強勢，你就處於弱勢；我做生意賺多了，你可能就少賺甚至是賠本了。

這四個層面產生的競爭有着不同的性質。比如，軍事競爭和商業競爭有一個共同特徵：輸贏準則很清楚。在經濟和軍事方面，如果輸掉還不知道，那你就是傻瓜了。傻瓜也無所謂，比如商業競爭，如果賠了你還以為賺了，你公司很快就會倒閉。在輸贏很清楚的情況下，如果你要贏，你生產就要比人家快，效率比人家高，成本比人家低。這一性質就會給社會帶來一個很重要的非企及結果（unintended consequence），即積累性發展（accumulative development）。

從馬克思主義到社會達爾文主義再到自由主義等等，各種進步史觀都是十九世紀歐洲人自我感覺良好的產物。十九世紀的歐洲人打仗厲害再加上生產能力強，歐洲的思想家就把他們在經濟和軍事方面的優勢當成了歷史進步，把其他地區的國家看成野蠻或落後。可怕的是其他國家的精英還不得不接受進步史觀，承認歐洲進步並向歐洲學習，因為人家武器造得比你好，商品比你價廉物美，你不學就完蛋。這就是所謂的同構壓力。人類歷史上有很多重大的同構節點，都發生在軍事和經濟競爭佔主導的時期。比如戰國時代的法家改革，一個國家搞了改革，別的國家不搞就不行。並不是法家代表進步，而是打仗的需要。

因此，雖然每個歷史都有着特殊性，政治、經濟、軍事和意識

形態四個層面競爭的性質在一定程度上卻能規定歷史的形態。比如，經濟和軍事競爭的性質決定了歷史是積累性發展和有方向的。只是歷史的積累性發展是經濟和軍事競爭的非企及結果，它沒有任何本體性的進步和道德意義。歷史不會有一個統一的終結，因為除了經濟和軍事競爭外，人類還在政治和意識形態層面上展開競爭。政治競爭雖然輸贏會比較明確，卻不會直接促進社會的積累性發展。意識形態層面上的競爭既沒有明確的輸贏準則（想像一個基督徒和佛教徒辯論哪個宗教更優越會有甚麼結果），也不會促進社會的積累性發展。因此，當意識形態競爭和政治競爭在社會中成為主導時，該社會就不會有很強的積累性發展動力。軍事和經濟競爭因為輸贏清楚且能促進積累性發展而會給人類社會帶來很大的同構壓力，但是意識形態層面上的競爭因為其輸贏準則不清楚會給社會帶來多樣性。這四個層面競爭之間的無限可能性關係，會給社會帶來同構性和多樣性之間的巨大張力，給歷史增加了不可預測性。

人類在性質不同的四個層面上進行競爭，就好像許多人在一架有四個基本音符的鋼琴上即興演奏各自喜歡的樂曲，奇奇怪怪的聲音給了歷史無窮的多樣性。但是儘管如此，歷史卻是積累性發展的。只是這發展不等於進步，也不見得會把我們帶到一個美好的未來。這就是我的史觀和我對社會變遷規律的理解。

第 三 章

許紀霖 ｜ 我們依然處在古代中國的延長線上

> 「一個原子化個人所組成的社會恰恰是專制主義
> 的溫床，專制主義最大的敵人是一個有共同體
> 的社會。」

許紀霖

華東師範大學紫江特聘教授、歷史系博士生導師、教育部人文
社會科學重點研究基地中國現代思想文化研究所副所長、華東
師範大學—不列顛哥倫比亞大學現代中國與世界聯合研究中心
中方主任，兼任上海市歷史學會副會長、中國史學會理事。主
要從事 20 世紀中國思想史與知識分子的研究以及上海城市文
化研究，著作包括《中國知識分子十論》《大時代中的知識人》
《近代中國知識分子的公共交往》（合著）《啟蒙如何起死回生》
《當代中國的啟蒙與反啟蒙》《家國天下》等。

一、中國和現代有一種緊張關係

李禮：「何為中國」這樣的討論，最近幾年變得相當熱，不僅國內如李零先生，海外如許倬雲先生有專門論著，不少研究、著作仍在進行。您對這個現象有何看法？是否可以這樣理解，這是因為當下對中國的認同出現了一些危機或者說「斷裂」？另外，在您看來，到底甚麼是「中國」？

許紀霖：實際上這和中國這些年的演變，文化演變有關係。八十年代的時候，中國最重要的就是融入世界，當時最大的一種焦慮感是八十年代所說的，叫被「開除球籍」，被地球開除了，自我孤立。所以那個時候急於融入世界，融入世界就不存在一個自我認同的問題，關鍵是怎麼在全球化浪潮裡異中求同，那個時候叫與世界接軌。

　　但是差不多從八十年代到今天，差不多過去 40 年了，中國接軌融入世界，這個問題一半已經實現了，那麼當你融入世界以後，成為了世界中的一個中國以後，另外一個問題出現了：就是「我是誰」。科耶夫（Alexander Kojève）一次講到他有個憂慮，擔心全球化以後會出現一個同質性的國家，就是國家的面目、各個民族的面目變得模糊不清，這是最令人恐懼的，這個世界同一化，同一化是最乏味的，也最容易產生專制。世界的美妙在於它的多元性、多樣性，同時又能和諧相處，大家可以分享一些共同得以相處的一些價值，但是各自有自己的文化。這是 18 世紀到 19 世紀之間，我非常

欣賞的德國古典思想家赫爾德（Johann Gottfried Herder）的理想，世界就是一個百花齊放的一個大花園。

那麼今天為甚麼「何為中國」這個問題能夠突然成為熱點？就是因為當中國深刻地加入到全球化過程以後，自我是甚麼就變得很突出。我是誰？這和一個孩子的成長經歷相似。我記得有一個朋友，他的女兒是在美國成長的，那個時候母親老是希望她學漢語，她不願意，因為她那個時候還沒有融入，她一定甚麼都要像美國人，怕被說是不是美國人，後來她經過自己的努力考進 MIT，然後像美國人一樣，美國人擁有的她都擁有了，那個時候不用母親督促，她卻開始非常狂熱地學習中國文化，了解中國的歷史，因為她要具有一些美國人所沒有的，來顯出她的個性。

我想今天中國已經到了這個階段，當中國融入世界以後，中國的一半已經和世界接軌了，但是在這個世界裡面中國是甚麼？這個問題就凸現出來，這就是一個認同。所以，認同這個問題通常是在進入第二階段，自我比較成熟之後會凸顯出來。五四的時候自我認同不強烈，要到上世紀三十年代以後。何為現代中國這個問題就很尖銳了。

李禮： 從正面解釋看，這也許是一種成熟。不過我想問問危機。您是否認為，大家會突然覺得雖然共處一國，但是對這個國家、外部世界的理解大不一樣，出現了一些危機意義上的感受？或者說焦慮。每個人的價值觀和想法如此不同，而且差別越來越大。

許紀霖： 認同一方面和全球化有關，另外一面就是中國今天由於

價值觀的分離，利益的分化。中國人今天找不到一個共同的認同，共同的價值觀，中國是甚麼？建立一個甚麼樣價值意義上的中國？所以「何為中國」這個問題就變得突出。

我對這個問題的思考，實際上差不多在四年以前，華東師範大學現代中國與世界聯合研究中心和美國加州大學伯克利校區東亞研究院聯合開了一次研討會，這個研討會我設定的議題是「何為現代中國」？我關心的是甚麼叫現代中國（modern China）？過去我們對現代中國的歷史研究，發現「現代」和中國似乎是衝突的，現代似乎是普世的，中國是特殊的，現代似乎是西方來的，中國是本土的。這兩個似乎在過去的敘述架構裡面，從傳統到現代，中國和現代有一種緊張關係。那麼這種緊張關係裡，怎麼構成了一個我們所理解的現代中國？現代意義上的中國？

李禮：您可能注意到，一些學者曾指出的，中國沒有完成古今之變，認為中國還沒有走完古典到現代的轉變，對此您有何評價？剛才提到的「現代中國」，和這個話題也大有關係。

許紀霖：我一般不太願意用這種方式，從古今中西這樣一種二分法來思考現代的中國。實際上今天的中國，西方的東西已經內在化，成為中國的一部分；古代的東西也沉澱下來，也內在化了。我們今天依然處於古代中國的延長線上，所以今天的中國是處於一個 ── 我稱為一個十字架、一個焦點 ── 古今中西的交匯所在。而且如果古和今、中和西兩部分很清楚的話，那事情也好辦了。問題是它們已經是內在交匯在一起，很難辨別清楚，這就是現在中國

的各種各樣的複雜性，所以在思考甚麼是中國的時候，我先是開始從自己的專業角度，思考甚麼是現代中國，但是越是思考這個問題，那就越會回到我們剛才說的延長線。

歷史是不能割斷的，所以只能回溯看中國這歷史是怎麼過來的，它的基因是甚麼？它的文化內在構成是甚麼？然後到了近代以後它發生了一個甚麼樣的蛻變和轉型，你才能真正理解「現代中國」究竟意味着甚麼。所以開始對古代有興趣，過去我從來很少研究古代史，或者關心古代史，但是恰恰是因為這樣一個因素的推動，我現在對古代那部分越來越有興趣，但是我不是為研究古代而研究古代，是為了解思考「現代中國」。

李禮： 記得您在華東師大，好像講過中國古典文化之類的大課。

許紀霖： 我講的是中國文化概論。中國文化的過去、現在和將來。我講課的方式完全和別人不一樣，別人把中國文化看成是一個死的東西來講，我是把它看成是一個活的傳統，通常當我講中國文化的時候，講中國過去的哲學、政治、制度、宗教、社會，不但把它和今天的中國做比較，還試圖用現在的角度、現在的用法，來回溯這個傳統的價值和意義，所以我把它命名為叫「中國文化的過去、現在和將來」。

二、新天下主義針對的是中國特殊論

李禮：您提出的「新天下主義」，有一些人認為，某種意義上這也可以被稱為一種新的「國家主義」？

許紀霖：毫不相干。

李禮：各種國家主義近代以來一直絡繹不絕。是否他們認為，某種意義上您是對那些存在諸多問題的國家主義的一種修補、完善，從而提出一種國家、個人、社區能夠結合在一起的國家主義？

許紀霖：這是兩個話題。新天下主義的問題意識並不設定在和國家主義相關的話題，因為「新天下主義」的提出，我做了一個非常清晰的解釋，我所有文章最大的好處就是清晰，不大容易產生誤解，除非不去讀或故意誤解。我的「新天下主義」針對的是兩個問題，任何文章都有特定的問題意識，我通常感到遺憾的是很多人不太願意了解我的問題意識是甚麼，想當然地就以為新天下主義是甚麼，不是甚麼。實際上「新天下主義」針對的是兩個問題。第一個，中國特殊論，我要指出中國的文化傳統，包括儒家、道家、佛教，都是普世文明，都不是從中國特殊的民族和國家立場來思考和做價值判斷，而是採取了一種人類主義的立場。所以我希望當我說新天下主義的時候，希望中國文明重新回到這樣一種普世文明的立場上。這是針對的第一個問題。

第二，「天下主義」在歷史的實踐中有弊端，就是中心化、等級化。它們構成了一個以中原為中心的等級秩序，「新天下主義」所謂「新」就是以近代民族主義的各個民族國家一律平等的這樣一種新的現代元素，來平衡、對沖天下主義的等級化，所以我稱之為叫去中心、去等級化，從而產生一種共享的普遍性，那個普世文明是一種共享的普遍性。我特定的問題意識，就是針對中國特殊論。

「新天下主義」還有一個制度的肉身是「帝國」，帝國與高度同質化的民族國家不同，是多元宗教、多元民族、多元治理。中國這麼大一個疆域和人口，國家的治理更多的要以一種傳統的帝國的方式回到它的多元性，而不是同異性，這是我新天下主義特定的問題。

李禮：「天下」這個概念經常被廣泛使用，比如儒家。順便一問，您如何評價今天中國的「新儒家」？

許紀霖：我從來不評價別人。現在這幾年越來越不願意把精力花在自己之外的評價上。更簡單地說，如果我覺得願意評價的話，它已經構成了一個思潮，這個思潮第一足夠大；第二，它本身有內在價值，我才會認真對待。

李禮：新儒家的思潮，肯定是有了，內在價值看來您不認可？

許紀霖：關於新儒家，我已經討論過儒家先政的問題，但是我沒有討論過新儒家的「天下」問題，我只是覺得他們在「天下」的論

述上，沒有甚麼新的東西值得我認真對待。

李禮：新天下主義，表面上只加了一個「新」字，看見「天下」兩個字，很多人大概首先會按照過去那套觀念去理解它。

許紀霖：問題就出在中國人過於懶惰，有一種思想的惰性，望文生義，不願意、不尊重對手，這是一個普遍的毛病，然後拿起來就評，這個毛病各家各派都有，是一個普遍的思想病症。更多的是誤讀，這個問題到現在更嚴重了，因為現在思想界黨派化已經到了極致。我很不喜歡黨派化，無論他屬於哪一家。

三、我是一個現代的愛好者

李禮：當您把興趣轉向古代中國，並且越來越深入後，會不會發現自己會熱愛上傳統文化？或者說古典中國的一些東西？

許紀霖：我不是一個古典主義者，我骨子裡是一個「五四」的精神支持者，是一個現代的愛好者。但是我心目中的現代和古典並不是對抗，恰恰是融合的，也就是說我所愛的那個現代是有古典韻味的現代，它從古典延長而來，在今天這個時代裡面又賦予新的內涵。

我對傳統的古典沒有興趣，就像我不太喜歡看古裝戲一樣，對

純粹的古典一點興趣都沒有。

李禮：您對兩者的協調更有興趣？

許紀霖：我不大喜歡看《權力的遊戲》，我反而喜歡看《紙牌屋》。

李禮：如果要找一個古典、現代協調較好的地方，會是哪裡？日本會不會比較理想，還是臺灣？

許紀霖：我更喜歡臺灣吧，覺得臺灣繼承的大中華的歷史文化，沒有割斷傳統，也不保守，臺灣有很強的五四傳統，但這種五四傳統發展到現在，已經對古典產生了某種溫情，這個溫情並不是說全盤接受，只是它能夠善待傳統。

李禮：這和您對待「傳統」的態度大體相似吧？

許紀霖：當然，我自己對古典有一種善待。但這也有個歷史的演變，實際上年輕的時候很激進的，我看看自己八十年代、九十年代時候寫的文章，那真是全盤反傳統，文化上是很激進的，甚至還和林毓生先生商榷過，商榷過他的傳統的「創造性轉化」。這個文章收在我第一本書《智者的尊嚴》集子裡面。現在回過頭來看，當然想法有很大的改變。

　　當然我這點受到王元化先生的影響太大，1993 年王元化先生重新思考杜亞泉的價值，給我有一個很重要的觸動，讓我重新反觀

傳統、古典的價值和意義。我發現越是深入地了解中國的傳統，你越會知道它好在哪裡和壞在哪裡。

李禮：杜亞泉先生對「調和」的想法頗有考慮。近代中國始終有一種「調適」的思想變革線索。

許紀霖：很慚愧，在這之前，我對杜亞泉一點不了解。雖然他對我們家族很重要。

李禮：對。他是您家族裡的一位先人，算是遠親吧？

許紀霖：怎麼說呢？如果按照現在來說，還是蠻遠的，是我祖母的伯父。當年的大家族和我們現在小家庭不一樣，一個長輩對全家族都負有提攜的責任。當杜亞泉從紹興來到上海，在商務印書館做《東方雜誌》主編、理化部主任的時候，他把我們全家都帶到了上海，包括我的爺爺和外曾祖父，都是在商務編譯所做編輯，曾外祖父杜就田後來還擔任了《婦女雜誌》的主編。杜亞泉提倡「接續主義」，把傳統和現代接上，不喜歡走極端，更願意古今中西融合，這些氣質作為一種無以名之的精神基因，大概也影響了我。

李禮：有不少人用「調和主義」來形容他們這批人。

許紀霖：也可以，差不多的意思。我想最好的一種現代，是能夠接上古典美的那種現代。我也曾在九十年代迷戀過後現代，迷戀過

尼采，但是後來覺得後現代是一種斬斷，與傳統的斬斷。特別是尼采，最後他自己就是上帝，抱着一種價值虛無主義，最後只能相信的是自我的意志。這個東西離我比較遠，我還是相信人類是要有些長久的價值，而這些價值不是創造出來的，而是演化出來的。

李禮： 從年輕時那種狀態，到回過頭來更加關注傳統，除了王元化先生影響，還與個人的生活經歷有關吧？是甚麼讓您和年輕時的自己區別開來？

許紀霖： 這和閱讀有關，對傳統讀得越少，越會把它妖魔化、簡單化。後來閱讀多了以後，你會覺得中國文化畢竟是軸心文明；第二個影響就是史華慈（Benjamin I. Schwartz），他對中國文明是持一種尊敬的態度的，他有句名言：「有些人熱愛中國，但我尊敬中國」。熱愛是一種情感的態度，尊敬不僅是一種情感，裡面還包括一些理性，甚至某種宗教，所以這話很有意思。史華慈從來沒感覺到中國文明和西方文明這麼遙遠，差距這麼大，他反而覺得中西這些軸心文明，他們所面臨的問題是同樣的，只是回應的方式不一樣，軸心文明背後的關懷是一致的，所以不同文明之間才能對話。

　　所以我也蠻喜歡西方文化，但是當我了解了中國文化以後，我更喜歡在比較當中來閱讀，越深入下去，越覺得中國文明不簡單。

四、中國「再嵌化」的困難

李禮：提到「文明」，記得您曾論及嚴復、梁啟超那批知識精英，說他們既追求國家富強，也有追求現代文明的面相，但「追求富強」所導致的種種後果卻令人遺憾。遺憾甚麼？能否具體說一下？

許紀霖：我骨子裡是一個文化主義者，離我最遠的是技術，富強和技術。富強骨子裡是工具理性，今天我們看得很清楚了，這些工具理性，這種理性人是可以通過發明機器人、AI 得以完善，但是唯獨有一個 AI 這些實現不了，就是人的價值、人的尊嚴、人的情感，乃至於一種在困境當中的決斷力。

而一個文明是不可能建立在技術的算計基礎上的。黃仁宇先生對現代資本主義有一個很準確的一個解釋，叫做「數目字管理」。

李禮：某種意義上，相當於今天流行的大數據。

許紀霖：對，數據。實際上他們有一種烏托邦，由於現代性就建立在這套資本主義的基礎上，一套計算的工具理性的技術，以為通過這套合理的、科學的，近乎完善的計算，人可以實現自己的最優化，資源的最優化，人的幸福快樂的最優化配置。

事實上我們都清楚全然不是那回事！這幾個世紀在這方面的進步，人類的進步是最大的，但也就是這時，人類所面臨的災難也最

嚴重，問題不在於理性，理性是中性的，計算是中性的，而是能夠駕馭這樣一種工具理性背後的價值，現在不斷弱化。所以在這個意義上來說，價值是最重要的，文明就和價值有關。我越來越堅信這一點。

李禮：您所說的文明或價值，和今天人們通常所說的「普世價值」，有甚麼區別？

許紀霖：是這樣，「普世價值」今天被妖魔化，也被簡化了，它被誤認為是西方價值，無論是贊成它的人還是批評它的人。但是我恰恰還要重申一下，亨廷頓（Samuel Huntington）對普世文明有一個理解，他說普世文明指的是各個不同的文明之間大家共享的那部分，所以我稱為叫共享普遍性。共享普遍性，它不能有某一種特殊的文明作為代表，它恰恰是各種不同文明的共享價值。

李禮：在一些著作，比如《家國天下》，您提到了「脫嵌」，「脫嵌」的現實後果之一，就是使人變成利維坦下虛無主義的個人，這也是大家在當下中國的日常生活中能夠感受到的，虛無主義仍然很強烈。

利維坦和虛無主義成了今天很多人的枷鎖，不過這個話題您沒有更多展開，是否還有文本之外的觀照？或者所謂春秋筆法？

許紀霖：我倒從來不用春秋筆法。查爾斯·泰勒（Charles Taylor）給我非常大的啟發，現代社會實際上人都處於脫嵌狀態裡，因為過

去我們從屬於某一個共同體，是吧？在傳統社會裡面，不是宗教的就是家族的，或者是某一些共同體裡面。但現代社會最重要的就是從這樣一個共同體裡面脫節出來，成為一個獨立的人。

我們過去歡呼獨立的人、自由的人多麼好，但是我們發現當一種獨立自由的人，從各種的意義網絡裡面脫嵌出來以後，這些人本身就變得非常虛幻，不真實了。因為他最後就成為一個原子化的、個人化的狀態，而一個原子化個人所組成的社會恰恰是專制主義的溫床，專制主義最大的敵人是一個有共同體的社會，而不是馬克思所說的「一袋馬鈴薯」，由無差別、又無有機聯繫的的人所湊合而成的「社會」。

對美國社會，很多人有誤解，以為美國就是一個個人主義社會，它恰恰相反，美國社會充滿着社群精神，有各種各樣的社群，從傳統的家庭、教會，到現代的自願組織。托克維爾（Alexis de Tocqueville）在訪問美國以後對此感到非常的驚訝，他認為社群和宗教，這兩個構成了美國社會自治的基礎。沒有社會自治就沒有民主。所謂獨立的個人，獨立是相對的，個人依然歸屬於某個或多個自願選擇的共同體裡面，構成了一個非常豐富的社會，很難想像個人如果沒有社群和社會，可以單槍匹馬去面對強大的國家。今天的問題在於如何再嵌化，怎麼重新構成各種有意味的社會共同體，個人如何鑲嵌其中。

李禮：這是個難題，可能是一種理想狀態。從操作角度講，中國不是一個宗教國家，也不再是一個儒教意義上的宗法社會，很多東西已經消失了。該如何重新結合、結構起來呢？

許紀霖：不是理想，這是一個實踐。中國從八十年代開始脫嵌化過程，到九十年代是大脫嵌。而最近這十年，中國開始再嵌化，你看社會各種各樣的慈善公益組織、宗教組織和興趣團體，非常活躍，這就是一個再嵌化的過程。

人們重新回到了社會，甚至重新回到家庭。美國的閻雲翔教授發現這兩年中國的家庭化有回歸的趨勢，因為在城市打拚競爭的年輕人，僅僅憑小夫妻的財力無法在大都市中成家生子，必須調動雙方兩個家庭的力量共同協作買房、撫養孩子，才有可能在「北上、廣、深」生存下去。

李禮：中國再嵌化的困境或難點，您認為是甚麼？理想的結果是一種甚麼狀態？

許紀霖：一個健全的社會，必須是建制化和合法化的，但是我們現在缺乏合理的建制讓已經出現的社會合法化，因此產生了很多灰色地帶。

最可怕的社會是一個烏合之眾的社會，而不是一個有組織的社會。有組織的社會是可以良性博弈互動的，但一盤散沙的烏合之眾，最容易被煽動，發生從順民到暴民的暴亂。雖然也有一些社會小團體，但它們依然是一個個分子化的組織，與原子化個人同構互不相關。一旦暫時權力失控或者管制失靈，社會就會大亂。這是真正的危機所在。而最好的社會就是如哈耶克（Friedrich Hayek）所說的，有一個自發的、自發擴展的秩序，不用通過行政權力，可以自發形成有機的秩序。

五、紅舞鞋一旦穿上不會停下來

李禮： 您研究過幾個代際的知識分子，就五四、新文化運動這一段歷史來說，這麼多年大家的看法仍差異很大。如果今天讓您再評價，會是一個甚麼態度？

許紀霖： 五四、新文化運動，帶有一種青春的激情，五四既是理性主義的，也是浪漫主義的，類似德國的狂飆運動。五四人對傳統有一種毅然的斬斷，雖然今天來看不符合理性，但那個時代的知識分子，因為傳統的毒素都內化於內心，他們急於把自己分離出來，與這些毒素分離，於是有這種斬斷的偏激。

我最尊敬他們的，當魯迅他們和傳統決裂的時候，是與內心中的某一部分決裂。不像今天有很一些人在講到中國傳統的時候，似乎自己是與傳統不相干，全然沒有意識到自己依然是傳統的一部分。

李禮： 您剛才說自己是五四之子。很多人注意到，50 後、60 後這批學者的家國情懷裡，仍帶有一些傳統知識分子氣質。這種情懷今後會不會成為「絕唱」？

許紀霖：「家國天下情懷」是很中國的。但這種情懷如今越來越稀缺。今天不少人成為錢理群老師所說的精緻的利己主義者，他們更重的不是情懷，而是利益。如果他們關心「家國天下」的話，更多

是從利益考量，有用沒用，是否可以獲得某種回報，愛國也成為了一門生意。但是真正的家國天下情懷對於中國知識分子來說，只是一種純粹的精神關懷，與利益無關。

李禮：所謂「有機知識分子」，可能就會變成那個樣子？

許紀霖：有機知識分子是相對傳統知識分子而言，葛蘭西作這兩種知識分子區分的時候，是說過去的知識分子都不代表特定的利益，他沒有被利益化，而是代表普遍良知，這叫做傳統知識分子。到了 20 世紀的時候，隨着階級的分化，知識分子也已經被高度利益化、階級化了，他總是要和某一個利益集團、某一個階級結合，他稱為有機知識分子。

當然這個問題和剛才談的是兩個不同的問題，今天的年輕一代不是有機化的問題，他也拒斥有機化。他只是想在各種利益網絡關係裡面獲得自我利益的最大化。

李禮：對現在的很多青年學者來說，這些情懷雖然很好，但是天天面對工作 KPI 等教學和學術考核，活在被算計的體制結構裡，客觀上也難免「有機化」。

許紀霖：今天的青年知識分子是生活在一個物慾的世界裡面，他們的成功、他們的意義都和物慾有關，各種生存標準，評價標準都高度物慾化，這個物慾是一個廣意上的物慾，而真正精神性的東西很少，今天年輕人都很無奈，非常不滿意，但是又只能跟着這個

潮流走。

我非常同情他們，如果我是他們，也只能被迫地接受這一部分現實，但是我會留一塊給自己。年輕教師一入職，壓力就很大，幾年裡面要完成幾篇論文，拿國家課題，否則無法升等，飯碗都成問題。對此我只能表示同情，會給他們一些建議，力所能及地幫助他們。但是，我會給他們忠告說，你一定要給自己留下一個真正屬於自己的空間，也就是說，你要能夠在幾年時間裡面，不惜工本地寫一、兩篇對得起自己的好文章。這個文章不是僅僅用來完成這些指標，而是你真正自己想做的，盡自己最大的能力把它做好，一定要給自己留一塊自留地，如果這塊東西沒有了，你就被物化了。

人的生命存在價值就和這塊自留地有關，而與各種成功指標無關。用美國哲學家麥金泰爾（Alasdair MacIntyre）的話說，追求的是內在利益，而非外在利益。內在利益與自己內心的渴望、內在的價值有關，它是不能用任何功利的東西去衡量的。

李禮：這確實很重要，要不然人會變得痛苦起來，當然可能有人會認為您站着說話不腰疼，反正您已是成名學者，寫甚麼都行，到處都能發，他們則要困難很多。

許紀霖：那他們就錯了，這個體制誘惑你的東西無窮無盡，即使做了教授的，還有長江學者、政協委員、文史館員、資深教授等等無窮的誘惑在前面，一直到你死。人的貪慾是無止境的，一旦慾望形成了習慣，這個紅舞鞋穿上是不會停下來的，不要以為到某一刻你會滿足，永遠不會。

李禮：所以很多時候還是要下一個判斷和決斷。

許紀霖：無欲則剛，適可而止，能夠守得住一些東西，這才是最要緊的。

六、化約主義是一種最懶惰的思想方式

李禮：您主要研究近代思想史和中國知識分子，大家對此已經相當了解。如果問這個領域 1949 年以後的核心「問題意識」，那應該是甚麼？您有沒有想過？

許紀霖：我現在基本不研究 1949 年以後。用力比較少，簡單地說，民國知識分子比較讓我迷戀，而當代知識分子更多讓我痛心，所以我更喜歡研究讓我迷戀的這部分，而遠離那些讓我痛心的那部分。

李禮：記得我們以前聊過，您不太願意接觸和政治離得近的話題，但在您研究的這個領域，某種意義上離政治非常近。治學中如何把握政治、學術之間的距離？或者說保持一個很好的狀態？

許紀霖：相對於政治而言，我更喜歡的是文化。但文化永遠離不開政治，尤其在中國。但我更願意在政治背後看到文化，在文化背

後去看政治。

李禮：聽說您原來寫過詩歌和小說？

許紀霖：我寫過劇本，寫過散文，但沒有寫過小說。

李禮：想問一下，您的劇本大概寫的是甚麼內容？

許紀霖：那是 1978 年，我為我所在的政治教育系寫了一個劇本，打敗了中文系，拿到了華東師大話劇會演第一名，代表華東師大參加全市的會演。但是現在回過頭看來這作品太簡陋了，不值得再提了。我骨子裡是一個文化人，對政治有一種遠觀的興趣，缺乏內在的興趣。大概因為是愛惜羽毛，覺得搞政治的都需要一雙沙特（Jean-Paul Sartre）所說的「骯髒的手」。這點也是我對知識分子的自我理解是有關係的，知識分子首先是一個文化的存在，而不是政治動物。

李禮：您說不太關心政治，不過 1949 年的知識分子，您覺得他們該怎麼自處呢？政治，你不去問它，它自然會問你，是吧？

許紀霖：我非常欣賞一句話，不知道最初是誰說的：以出世的態度入世，以入世的態度出世。

當你入世的時候，你是不功利的，是以一種非常超然的、文化的心態來入世，沒有任何功利的慾望。倒過來，以入世的態度出

世，即使你出世，從事學術的時候，也有一種悲天憫人的關懷。我很欣賞梁漱溟的話：我是一個問題中人，不是學問中人。學術在當今世界從某種意義上是出世，躲在象牙塔裡面，但我從來無法做純學術的學術，那種技術性很強的活兒，我沒法做，我最關心的是學術背後的文化意義，特別是對當下社會的意義。我的姿態永遠在出世與入世之間，游離在這兩者之間，希望在兩者之間保持一個適當的平衡。

李禮：這個境界其實蠻難的，尤其對年輕人來說。

許紀霖：但是你要知道八十年代的文化人基本都是這個姿態，所以我身上有非常濃鬱的八十年代人的文化特徵。那是五四和啟蒙一代知識分子的共同底色，介乎於文化與政治之間，但骨子裡是文化人。這與文革時期的紅衛兵充滿政治情懷、今天年輕一代學人純粹是知識動物，是完全不一樣的。

李禮：八十年代這個立場和姿態，相當有警示力，這些氣質確實帶着那個時期的印記，現在很難再有了。

許紀霖：對，現在失傳了。

李禮：別人對您的印象，可能還是自由派知識分子形象更多一些，如果自己給自己定義，會是甚麼？

許紀霖：我是一個無法精準定位的知識分子，也不願意被一種簡單的框架定位。如果說一定要定位，毋寧藉助丹尼爾·貝爾（Daniel Bell）的話，我在政治上是自由主義者，經濟上是社會主義者，文化上是保守主義者。

李禮：那麼您更喜歡哪一個自己呢？或者說在價值取向上更願意成為怎樣一個人？

許紀霖：我喜歡研究內心世界比較複雜的知識分子，這是功夫活兒，因為只有內心豐富的人，才配得上理解他們。雖然內心充滿緊張感，但更符合世界的本質，人的內心小宇宙與外在世界的大宇宙是相通的。因此，我更願意自己複雜一點，不被簡化為某種人格化的符號。

李禮：拒絕「化約」。

許紀霖：不錯，化約主義是一種最懶惰的思想方式。也是意識形態的需要。知識分子需要與各種化約的意識形態劃清界限，成為一個有深刻思想和豐富靈魂的精神人。

第四章

佐藤慎一 | 轉換世界圖景的清末啟蒙者

「曾經誕生大思想家的時代結束了。日本也一樣，即便有評論家、有學者，但是也不存在能夠影響很多人的思想家。」

佐藤慎一

日本知名歷史學者，研究領域主要包括中國思想史等。1969年畢業於東京大學法學部，1972年任東北大學法學部副教授，1979年至1981年任加利福尼亞大學伯克利分校客座研究員，1987年任東京大學文學部助教授（中國哲學），1993年任教授。2001年至2004年任東京大學人文社會系研究科科長、文學部學部長，2006年至2007年任東京大學副校長。主要著作有《近代中國的知識分子與文明》（中譯本2006）；編著有《近代中國的思想者們》（大修館，1998），合著有《「封建」、「郡縣」再考 —— 東亞社會體制論的深層》（岡田英弘、張翔、佐藤慎一，思文閣，2006）《中國的思維世界》（溝口雄三、小島毅、佐藤慎一，中譯本2006）；譯著有柯文的《知識帝國主義》（平凡社，1988年）等。

一、站在中國與西洋的接觸點上

李禮：佐藤先生是從甚麼時候、出於怎樣的緣由開始關注近代中國知識分子的？隨着多年研究的推進，您對這一群體的印象有着怎樣的變化？如果說這個群體有所謂「共通性」，您覺得那是甚麼？

佐藤慎一：我出生於 1945 年，1964 年 4 月考入東京大學。那是日本邁向經濟高速發展之路的開始，那一年的秋天，東京舉辦了奧運會，還開通了東海道新幹線。當時東京大學的外語教育，英語屬於全員必修課，第二外語是從法語、德語和中文這三者中選擇一個。我選擇了中文，這是因為我認為自己要比同一世代的普通學生對中國的歷史和社會的一般關注度更高。而那一年東京大學入學的 2660 名學生中，選擇中文作為第二外語的，只有 42 人。順便說一下，後來成為《朝日新聞》記者、寫下了關於中國著名作品的船橋洋一君也是我中文課程同班的同學。

這裡附帶說一下，隨着中國的發展，選擇中文作為第二外語的學生人數也在逐漸增加，2011 年入學的 3000 名新生中，選擇中文的超過 900 人（約佔全體的三分之一）。但是，受到日中關係惡化的影響，後來又每年遞減 100 人，2014 年度入學者選擇中文的減少到了 600 餘人（約佔全體的五分之一）。由於現在第二外語還可以選擇西班牙語、意大利語、俄語和韓語等，所以五分之一的學生選擇中文，仍然可以說對中國抱有很高的關注度，但是另一方面也要注意到急劇減少的趨勢。

　　在日本的大學，對中國的歷史、文學和思想比較關心的，文學部的學生佔壓倒性多數，而我是在法學部的政治學科。我在法學部參加了教授日本政治思想史的丸山真男先生的研究班討論會，受到了決定性的影響，這是我立志做學問的契機。丸山先生分析了荻生徂徠等江戶時期的儒學家的思想，清晰地闡明了從把政治視為「自然」的世界觀向把政治視為「人的作為」的世界觀轉換的過程。我想如果用他那種（既不同於馬克思主義也有別於實證主義的）方法來分析近代中國思想的話，是不是可以勾勒出不同於以往的中國思想史形象。

　　在東京大學學潮正酣的 1969 年，我從東京大學畢業，然後直接留校，在法學部做了助手，並着手開始中國近代思想史的研究。在思想史研究中，有諸如民眾思想的研究類型，但是由於我深受丸山先生的影響，理所當然地就把知識分子思想的研究作為我最初的選擇。在當時的近代中國思想史研究中，士大夫是作為「遲到的存在」、「應該克服的存在」來對待的，不過我對此並不認同。如果對照生於 20 世紀後半期我們的知識水準，他們的書寫乍一看的確給人一種陳舊的感覺。但是如果將他們放到他們所處的時代狀況中去考察他們發言的意義，就能感受到他們的發言並不能一概地被視作「陳舊」，那裡還有不能被拋棄的要素。我想打撈出他們那些不能被拋棄的思想的可能性。

　　當時的中國正處在「文化大革命」之中，中國的中國思想史研究偏於一端，試圖把中國思想史描繪成反動的儒家與進步的法家之間相攻相剋的儒法鬥爭史觀，而說到近現代思想史，又以毛澤東思想為絕對正確的大前提，那麼近現代思想史就成了那種絕對正確的

思想產生過程的描述。也就是說，中國研究者所描述的中國近現代思想史，就是以毛澤東思想為目標、只有一條道的革命思想史，脫離這唯一道路的思想家全部被貼上「反動」、「反革命」的標籤。由於文化大革命有很強的吸引力，當時很多日本的中國研究者也都贊同這樣的觀點。而我則無法贊同。革命思想史可以作為描寫近現代中國思想史的「一種可能性」，這一點我承認；但是應該還有其他的可能性，而我本人想去追求其他的可能性。

我最初的作品，是寫於 1972 年的論文《清末啟蒙思想的形成 —— 以世界形象的轉換為中心》，在這篇論文中，我分析了站在中國與西洋的接觸點上去思索行動、克服中華式的世界觀（認為中華文明是世界上唯一的文明、把中國放在世界中心位置的世界形象）、從而為形成新的世界觀做出貢獻的六位知識分子，他們是王韜、鄭觀應、何啟、嚴復、康有為和梁啟超。在當時的中國，他們被統稱為「變法派」或者「改良派」，被視為是相較於革命派的「遲到的存在」，而我則對他們在世界形象的轉換過程中所承擔的角色予以高度評價。所謂的革命派，在政治上比梁啟超他們更激進，然而就知識的基石而言，我以為梁啟超等人則背負了更多的責任。

二、士大夫變為知識分子的過程

李禮：中國傳統士大夫轉變為現代意義的知識分子，很多人對這段歷史非常感興趣。佐藤先生如何看這一過程？對於此前那些比較

普遍的看法，您是否有不一樣的見解？

佐藤慎一：中國的士大夫，在英語中譯為 Scholar-official（學者―官僚）。也就是說，在王朝體制下的中國，作官原則上限於修學問（儒學）者，而修學問者的目的則是為官，從而經世濟民，這樣的雙重意義就把學問與政治結合到了一起，而把學問與政治結合起來的機制就是科舉。

我認為科舉是發掘優秀人才的非常好的機制。首先，科舉要考察的始終是本人的文化能力，與家族背景和地位無關；其次，它是極為開放的機制。男子，無論是貧困的農家子弟，還是朝鮮人、日本人，都可以參加應試。對貴族制持批判態度的近世歐洲知識分子認為，科舉是一種公平的制度而加以禮贊，據說英國在 19 世紀中期首次創制出公務員考試制度的時候，仿效的就是科舉制。正因為科舉制是優越的制度，它才持續了上千年。

20 世紀初，士大夫失去了其可能存在的政治和社會條件：王朝體制覆滅，科舉制被廢除，儒教失去了它的權威性 —— 在這樣的歷史背景下，士大夫開始了向近代知識分子轉換的過程。我認為在這個轉換過程中有兩個主要的對立軸。一個軸是圍繞與政治的距離所採取的方式的對立。有一些人認為，知識分子負有經世濟民的責任，積極參與政治應該是知識分子的責任。而另有一些人則認為，知識分子的職責是研究學問，知識分子應該從現實的政治中超脫出來，專心鑽研學問。

當時另一個軸則是圍繞思想自由的對立。有知識分子認為，知識分子的職責是以明示真理、引導大眾為前提，把自己信奉為真理

的某種特定的思想體系絕對化，排除所有與那種真理對立的其他思想體系；而有的知識分子則認為，思想自由才是社會發展不可或缺的條件，應該拒絕賦予特定的思想體系以絕對的特權，要貫徹多元主義的態度。

近現代中國知識分子的轉換過程應該視作是這兩個對立軸的複雜組合。有些人認為知識分子負有經世濟民的責任，並且奉馬克思主義為唯一真理，認為那才是「革命知識分子」，並且僅僅關注「革命知識分子」的產生過程。但是我認為，應該同樣也關注其他諸種可能性。

李禮：眾所周知，日本對近代中國知識分子產生了重要影響。但是很多人認為這種影響主要是通過日本作為西洋現代思想的「中介」發生的。當然，不少日本思想家對清末流亡日本的中國傑出人物，還是有着相當直接的影響，您如何看待這個問題？

佐藤慎一：我認為日本對近代中國知識分子最大的影響，在於和製漢語的大量流入。從幕末到明治時期，日本人在學習西洋思想和學問的過程中，創造出了大量使用漢字的翻譯語彙，日清戰爭（甲午戰爭，後同）以後急劇增加的中國留學生原封不動地接受了這些和製漢語。人使用語言進行思考，但作為思考工具的語言卻完全被替換了。這個意義無論如何強調都不為過。中國人不再使用儒教經書賦予意義的語言體系進行思考，從這個意義上說，我認為和製漢語的大量流入，對中國傳統知識分子向近代知識分子的轉換起到了至關重要的作用。

關於具體的每個日本思想家對中國人的影響，日本還沒有研究。在日本，日本思想研究和中國思想研究之間隔着壁壘，日本思想研究者對於同時代的中國思想狀況幾乎不了解，而中國思想研究者對於同時代日本的思想狀況也知之甚少，這是實際情形。要打破這個壁壘，有必要中國思想研究者和日本思想研究者進行共同研究。以狹間直樹為首的京都大學人文科學研究所展開的，關於梁啟超的共同研究就是成功的範例。共同研究的成果《梁啟超──西洋近代思想的受容與明治日本》（みすず書房，1999）也已經刊行了，那裡能明顯看到福澤諭吉和德富蘇峰思想對梁啟超的影響。

雖說如此，簡單地受影響與深為傾倒的崇拜是不一樣的。留學英國的嚴復對斯賓塞崇拜得五體投地，但我以為對日本思想家如此崇拜的現象，在中國留日學生中間並沒有發生。

三、如何理解清末「革命」

李禮：很多人用「激進（急進）」這個詞來評價清末的中國知識精英，佐藤先生的大著《近代中國知識分子與文明》中也特別指出「法國革命觀」對他們的影響，我對這一點很感興趣。在您看來，那時的中國人特別是知識精英是如何理解革命的？您如何理解清末革命的爆發？

佐藤慎一：「革命」這個詞出自《易經》，本來屬於中國傳統的概

念。由於明治時期的日本人把 French Revolution 譯成「法蘭西革命」，「革命」這個詞中就被添加了企圖打倒惡的舊體制、創造全新的政治秩序這種新的含義。志在推翻清朝的中國人當初把自己的企圖叫作「起義」或者「造反」。他們使用「革命」一詞來闡明自己的思想和行動是在日清戰爭以後，這明顯是受到了日本的影響。

中國人在接受新事物時，總會以「實際中國古已有之」這樣附會的理論來說明，有這樣的思維慣性。這也許是因為他們把中華文明必須具備「全部」有價值的東西當作了前提。無論是佛教的接受還是科學技術的接受也都如此。在對「革命」這一概念的接受上同樣是這樣，1905 年撰寫《中國革命史論》的革命派陳天華把秦末農民叛亂視為革命的先驅，認為中國有應該繼承的革命歷史。而另一方面，1903 年寫出了《革命軍》、對鼓吹革命思想貢獻卓著的鄒容則認為，像法蘭西革命那樣創造了近代社會的革命是「文明革命」，而中國歷史上存在的革命只不過是以專制君主替代專制君主的「野蠻革命」，在中國不存在值得繼承的革命歷史傳統。

認為革命在中國歷史上是否有先例，這樣的問題在後來的歷史中以變形的形式呈現了出來。當說這個革命是新民主主義革命的時候，那意味着它在中國歷史上史無前例（不僅如此，世界史上也是沒有先例）；而當說這個革命是農民叛亂的繼承的時候，那就是繼承了中國史上應該被繼承的先例而進行的嘗試。

改革思想在中國人中間發揮影響力是在日清戰爭失敗（1895）之後，而革命思想在中國人中間發揮影響力則是在義和團事件（1900）之後，二者間的間隔很近。革命思想迅猛傳播的原因之一是對「瓜分」的恐懼。當時歐洲列強在不斷推進對非洲的瓜分，放

在那樣的事態中，他們害怕中國也像非洲那樣被瓜分，因此對變革現狀產生了強烈的熱情。

當時的一個原因還在於，清朝是異民族滿族的王朝。清末的革命運動包含着驅逐滿族這樣的「排滿革命」和以打倒皇權建立新的共和體制為目標的「共和革命」這兩個面向。而在革命運動不斷展開的過程中，把眾多的中國人匯集起來的壓倒性貢獻，則在很容易被理解的排滿革命這個面向上。對於打倒王朝體制之後如何構建共和政體這個問題，革命派知識分子的思考極不成熟。在 20 世紀初期這個歷史節點上，列強中屬於共和制的國家只有美國和法國，大部分的大國都是君主制國家，共和制是否是政治上優越的體制這個問題，不僅是中國人，它對於人類來說都是沒有解決的。而君主制的全面崩潰則是在第一次世界體制之後。雖說「如果」是歷史的大忌，但是如果清王朝是漢族王朝的話，中國近代史則可能走不同的道路。

有人認為辛亥革命是以中國同盟會為旗手的革命，其指導理念是孫文的三民主義，我則持不同意見。在辛亥革命之前的階段，同盟會已然處於分裂狀態，孫文的邊境革命路線接連失敗。贊成孫文三民主義的，即便在同盟會中也僅限於興中會的人。而在武昌辛亥革命爆發的時候，孫文身在美國，他是從報紙上才得知了起義的事實。繼 1911 年 10 月 10 日武昌新軍起義之後，各省相繼宣佈脫離清朝的獨立，獨立的省代表匯集起來成立中華民國臨時政府，從而實現了辛亥革命。從武昌起義到 1912 年 2 月 12 日清朝覆滅，僅歷時四個月。並且各省基本上以不流血達成了獨立。1909 年，為了響應加強地方自治的要求，清政府在各省新設了諮議局，諮議局議

員大部分屬於鄉紳階層（地主階層），議長等領導階層多由有日本留學經驗的改革派擔任。他們決不是革命派，但是宣佈獨立的正是這些人。他們之所以對清朝不抱希望，是因為如果清朝繼續存在，就有爆發真正革命的危險。他們非常清楚如果爆發了像法蘭西革命那樣的革命將會引發多麼糟糕的政治混亂。在「瓜分」的危機中一旦爆發那樣的混亂，中國將陷入異常糟糕的事態。因此他們選擇了在打倒清朝的基礎上盡快恢復中國秩序的路線，擁立能夠使秩序恢復的強有力的領袖人物袁世凱。我認為應該把辛亥革命看作是為了防止真正革命爆發於未然狀態的革命。

四、誕生大思想家的時代結束了

李禮：我知道您長期關注中國思想史和知識分子研究，在這個領域，是否有甚麼問題、研究，曾經被您特別關注過？

佐藤慎一：我在前面提到，我並不認同把中國近現代思想史描述成以毛澤東思想為目標的革命思想史，所以我雖然讀了「文化大革命」時期及其後續時期中國研究者所寫的中國近現代思想史研究著作，但並沒有受到甚麼影響。

首先讓我覺得「這本書很有趣」的，是讀了李澤厚先生的《中國現代思想史論》（東方出版社，1987）的時候。特別有趣的，是他那篇《啟蒙與救亡的雙重變奏》論文。在這篇論文中，李澤厚先

生把中國的現代思想描述成面向「啟蒙」與面向「救亡」的交錯重層的過程。李澤厚認為，一直以來統括為「五四新文化運動」的表述中，應該區別作為「救亡」運動的五四運動與作為「啟蒙」運動的新文化運動。我認為這是他獨具慧眼之處。

李澤厚先生把其後中國思想的展開作為「救亡」壓倒「啟蒙」的過程來理解，也不得不充分承認「救亡」是最優先的，但是指出「啟蒙」受到輕視引發的諸種問題，主張對於中國來說，首先應該致力於去做的，是復活「啟蒙」。無論是馬克思主義還是毛澤東思想，在中國都是「救亡」的思想，作為「救亡」思想是成功的，所以發揮着巨大的影響力。

李禮：您特別強調「文明」這一角度，作為對以前政治色彩濃厚的思想史研究的一種修正，獲得了不少共鳴。開始時，您是如何去理解這個角度的？思想史研究今天在很多人看來，仍經常顯得相當空泛，您對此怎麼看？

佐藤慎一：就像前面所說的，《清末啟蒙思想的成立》這篇論文是我的第一篇作品，而《文明與萬國公法》是我的第二篇作品，都是1970年代的作品。那決不是「新的」作品，所謂「文明」這個角度，大概當時（中文版出版後）在中國讀者看來是耳目一新的吧。

文明與文化是不同的，這是我的前提。文化是民族等集體所具備的個別的東西，而文明則是超越個別民族的普遍性的東西。而另一方面，帝國也是超越了個別民族與國家的存在，所以帝國與文明緊密相連。就中華帝國而言，中華帝國是與儒教這種普遍性思想緊

密連接在一起的。到了近代，中華帝國解體，儒教也遭到了激烈的批判，其間中國知識分子非常關注如何摸索出新的普遍性。因為與所有的個別之物保持距離、進行普遍主義的思考，才是知識分子本來的使命。

曾經誕生大思想家的時代結束了。日本也一樣，即便有評論家、有學者，但是也不存在能夠影響很多人的思想家。我想這在中國是一樣的。在這種環境中，年輕人對思想史的關注度也會很低。但是不是只有大思想家的思想才是研究對象。比如我也可能會去探討安倍首相的「思想」，並且我認為這也很有必要。安倍首相是在怎樣的框架內去理解現在的國際關係的？或者是在怎樣的框架內來理解近現代歷史脈絡的 —— 等等問題，都在深層影響了他的政策走向，當然對他的好惡感情另當別論，我認為應該把他作為研究對象。

我認為在思想史構思上重要的是：不要從結果上倒推，不要將現代的價值觀投射到過去，而是要把自己放置到那個思想家所處的狀況中去追逐他的體驗，盡可能在內心去理解那種思想的意義。比如，圍繞 1880 年代在中國鋪設鐵路的是非，引發了很大的論爭。現在看來，鐵路很便利誰都知道，於是很多研究者把這種見解投射到過去，來界定鐵路建設的推進派是進步派，反對派則是反動派。我認為這樣很容易貼標籤，沒有意義。因為在當時人口過剩的中國，勞動力驚人地廉價，使用大量勞動力比引入產業機械花費的成本更低。如果鋪設鐵路，那麼運輸業中的大量勞動力都將失業。於是很多運輸勞動力秘密結社，成為當時組織性最強的勞動者。如果這些運輸勞動力大量失業，極有可能發生暴動。而實際上就有那樣

的先例。鴉片戰爭的結果是上海被迫開港，長江沿岸的物資聚集到上海，由上海裝船出口運到外國，這樣一來，鴉片戰爭之前的廣州運輸線路就衰退了，廣州線路上勞作的大量運輸勞力就失業了，結果他們成了太平天國軍的中堅力量。不讓太平天國那樣大的叛亂第二次發生，這是 19 世紀後半期中國政治家的基本想法。政治家們考慮到一旦鋪設鐵路，就極有可能再次爆發叛亂，因此反對鐵路建設就理所當然了。

今日看來並不合理的思想和行動，在當時的狀況中卻非常合理，這種情形並不少見。我認為對歷史情境的復原是思想史的有趣之處。

（本文為書面訪談，譯者為陳言女士。書面訪談和許知遠對佐藤先生進行的現場訪談內容整合後，曾收入《東方歷史評論（11）：潰敗的前夜：從甲申到甲午》，《晚清中國知識精英的圖景：佐藤慎一訪談》〔採訪：許知遠、李禮，翻譯：馬宏健　整理：葉亮、王君妍〕。）

第 五 章

楊奎松 ｜ 中國革命,從溫和到激進的轉變

「 在歐美日本社會主義、無政府主義等各種新思想、新觀念的影響下,中國青年知識分子的思想觀念已經開始發生了潛移默化的改變。其中一個最值得重視的改變,就是相當一批人的等級觀、階級觀被顛覆了。」

楊奎松

著名歷史學者,北京大學退休教授,華東師範大學紫江學者、終身教授、中國當代史研究中心主任。代表作包括《革命》《鬼子來了:現代中國之惑》《忍不住的「關懷」:1949 年前後的書生與政治》。

一、從戊戌到清末：革命為何難以避免

李禮：印象中，您的興趣似乎主要聚焦於中國現當代革命，但我注意到您的一些著作也涉及晚清、民初，即革命的「由來」問題。比如早先出版的《中國近代社會主義思潮研究》，以及近年的《「鬼子」來了：現代中國之惑》。總體上，您如何看待近代以來持續不斷的中國「革命」現象？

楊奎松：我是研究歷史的，歷史研究的一個主要功能，是盡可能還原歷史事實的真相，告訴人們過去發生過甚麼，許多對後來影響重大的事情是怎麼發生的，以及它們為甚麼會發生等等。也就是說，歷史學家研究的其實是實然問題，而非應然問題。歷史上哪件事該不該發生，或發生的事情在今人看來是好是壞，嚴格說來未必是歷史學家必須回答的問題。

再者，從歷史研究的角度，歷史上的事情，好或不好，都是相對的，很難一概而論。革命就更是如此。英國革命、美國革命，好像今天也沒有幾個說不好、不該的。法國革命比英、美革命要暴力，但也是有說好的，有說不好的，說好的今天也多有批評。但很少有人說法國人當年不該爭人權，不該主張「自由、平等、博愛」，不該反帝制、建共和。中國革命恐怕也是如此，不能一聽「革命」兩個字，就認為都是暴力。即使存在暴力，也有程度的不同。何況，我們今天講「中國革命」，也不能一概而論，不做界定。民主革命、民族革命、社會革命，是一種革命嗎？

李禮：很多人腦海裡有一種歷史感受，近代中國似乎有過幾次避免暴力革命、轉入政治改革的機遇，比如 1898 年變法、1900 年之後的新政。可惜都沒有抓住，這導致之後幾十年很多事和革命攪在一起，似乎只有破，沒有立。您對此如何評價？也順便請教一下您對戊戌變法和清末革命的看法。

楊奎松：首先，我們今天使用的「革命」一詞，指的是「Revolution」。該詞的基本意思，是徹底改變，不意味着一定就是暴力改變。當然，在中國，要徹底改變舊的制度、體制、文化，往往會引發暴力。但即使在中國，革命也不都是血腥的，或者說暴力的程度也有很大不同。

　　比如，1898 年的戊戌變法，在我看也是革命。儘管它暴烈的程度，遠不如後來發生的一系列革命。但是，我們不能因為它暴力的程度低一些，就把它說成是不革命或反革命的。指出戊戌變法其實是具有革命的性質的，也確實訴諸過暴力手段，流過血、死過人，有助於後人了解，在中國徹底改變舊制度、舊體制，會多麼難，中國的革命為甚麼總是要流血。

　　說戊戌變法也是革命，並不是無中生有。無論從康有為等追求的目標來看，還是從其變法激進的程度來看，包括從主事者最後選擇激烈對抗，失敗後或流血或逃亡的結果來看，我們都很難簡單地把它看成是一場根本排斥暴力的改良運動。還在變法過程中，時任直隸總督的榮祿就曾當面質問過康有為：變法不錯，但一二百年之成法，豈能遽變？他怎麼答？康毫不含糊地回答說：「殺幾個一品大員，法即變矣。」不難看出，康梁他們從一開始就做好了流血的

087

準備，要麼流變法者的血，要麼流拒變法者的血。因為，在他們內心裡，就像譚嗣同說的那樣：今日中國除非鬧到新舊兩黨流血遍地，否則不會有復興之望。這也是為甚麼，一個由上至下的維新變法，康有為等竟推動光緒皇帝在三個月裡一氣頒佈了一百多道變法詔書，平均每天一道還多。稍有常識者都清楚，如此激進，非招致反動不可。康有為、梁啟超、譚嗣同等人當時真的幼稚到對此危險渾然無知嗎？未必。

注意一下梁啟超幾個月前關於主張急進，「以種族革命為本位」，不以立憲為本位的言論；注意一下他們在變法過程中發現后黨阻撓，光緒權位不穩，馬上就計劃暗殺；注意一下康有為變法失敗後，剛剛逃亡到香港，就向日本人「借兵」，要「略取武漢」「攻佔南京」「再移軍北上」……不難看出他們急於求成，是抱定了不惜訴諸革命暴力的決心的。譚嗣同最後以死明志，也反映了這樣一種心理。

確實有人認為，如果戊戌的變法不那麼急進，亦或慈禧施行新政後，孫中山等不挑動反滿，中國後來很可能就不會走暴力流血的路。但這種看法恐怕是太過一廂情願了。我們多少了解一點當時世界大環境、大背景及其發展的大趨勢，和中國社會當時的主要問題，應該就不會得出這種假設來。

十九世紀末二十世紀初，當康、梁和嚴復等還在致力於學日本搞君主立憲的時候，開始席捲歐美乃至東亞的社會政治思潮，已經不是民主主義，而是民族主義和社會主義（包括共產主義和無政府主義）了。這也是為甚麼，還在戊戌變法前夕，梁啟超就提到過「以種族革命為本位」的問題，以及 1902 年中國學生大批湧入日本

後，許多人幾乎馬上就變成了激烈的反滿分子、無政府主義分子，以及社會主義思想的追隨者，甚至就連梁啟超一度都轉向反滿革命並崇尚社會主義了。

更重要的是，晚清革命在中國不可避免，並不是因為國人有了人權和平等的意識，開始厭惡皇權和帝制了。而是世界範圍民族主義的浪潮興起後，使得原本就存在的滿漢民族矛盾不可避免地白熱化了。

從 1901 年以後開始如雪片般四處傳播的反滿文字中可知，大批漢族知識青年都受到民族主義的思想影響，開始認定，260 年來，佔人口絕大多數的漢人，一直受着從長城外打進來的極少數滿人的統治和奴役。正是這樣一種心理迅速構成了 20 世紀初中國革命爆發的主要思想基礎。

在這裡需要注意的一個問題是，反滿革命的宣傳最初確實非常激烈，如鄒容的《革命軍》等，是揚言要「誅絕五百萬有奇披毛戴角之滿洲種」的。但兩年後，就連鄒容自己也改變了這種態度。因為當時大家多半信奉的還是十九世紀末興起於歐洲的「一個民族一個國家」的思想，因此也就比較認同孫中山「驅除韃虜」，即將滿人趕回到長城以外去的主張了。

這場革命有沒有可能避免呢？理論上如果滿清統治者清楚地意識到危機所在，主動退讓，也許不是不可能。但這恰恰就是為甚麼，在中國，在各國，革命從來都難以避免的原因所在。因為握有政權、享受着種種既得利益的統治者，通常都不大可能看得懂歷史發展大勢的。最好的情況，也就是像西太后那樣，在走投無路的情況下，會想到可以由自己掌控變法，來化解危機。從今天來看，西

太后此舉不僅解決不了中國當時的民族矛盾問題，而且還極大地加速了革命的到來，因為新政把原本不想革命的漢人，也都推到反滿革命一邊去了。

先前的反滿運動，基本上局限在海外華僑及閩粵等地秘密會黨中間。晚清廢科舉、興學校後，原本還依賴於清王朝來謀得上升空間的廣大普通讀書人，一夜間全被拋到社會上去了，而年復一年進入新學堂讀書的大批少年學生，同樣都要自謀生計，這就毀掉了讓漢族年輕知識人臣服於滿人統治的幾乎是唯一的理由。更何況，他們用來謀生的知識和技能自此基本都來自西學，無論在新學堂，還是在出國留學中，他們也更容易受到各種新思想和新觀念的刺激和影響，更容易把漢人所遭遇的種種災難和屈辱，一概歸結為殘暴無能的滿人統治的結果。

在這種情況下，清末新政施行不過幾年之後，反滿革命接連爆發，清王朝最後於一夜間即被幾乎全體漢人，反滿的、不反滿的，包括被拿着清廷俸祿的漢族權貴所棄，可以說不可避免。

二、辛亥革命並非共和民主革命

李禮：那麼您怎麼看「革命」的烈度，何為激烈，何為不激烈？辛亥革命比起此前的歐美「革命」，有何差異？

楊奎松：一般來說，政治革命爭的是政權，目標敵人只是少數統

治者，範圍不大，而且受實力對比等條件制約，還有妥協迂迴的可能，故通常都不會太過激烈。民族革命爭的是獨立和文化主導地位，暴力的程度和範圍因民族關係情況和力量對比情況不同而會有很大不同，故有的可能很激烈，有的可能不用訴諸暴力。比較而言，我們今天談到的較激烈的革命，應該指的是「社會革命」。社會革命爭的是平等，尤其是經濟平等。一旦涉及到「等貴賤，均貧富」的問題，就很容易把窮苦階層的社會大眾調動起來，革命也就容易變激烈了。因為把「富」「貴」者視為敵人，並以剝奪財產、地位為手段，不僅革命的對象和範圍可能無限擴大，而且革命烈度也往往難以把控。

就不同性質的革命會有不同激烈程度問題，我們可拿英、美、法、俄四國革命做一簡單比較。英國革命是典型的政治革命，爭的是權利，貴族和國王經過長期較力，一步步接近民主，雖有暴力，但流血不多。美國革命帶有民族革命性質，揭出的旗號是人權平等，但真正目標其實是獨立。因此，出面組織領導革命，向宗主國要人權、要平等的主要是社會精英階層，一旦在軍事上挫敗英國，雙方達成妥協，北美各殖民地也就順勢通過協商妥協，逐步建立起世界上第一個聯邦共和制國家了。法國革命也是政治革命，旨在爭人權自由，卻因過分強調平權，一度使平民的意志佔據了主導地位，結果把政治革命引向了社會革命，出現了過度暴力和血腥的局面。俄國十月革命是典型的社會革命，一上來就剝奪了地主和資本家，並且將資產階級，甚至上層小資產階級一概視為敵人，革命自然就變得很激烈了。

如果對照上述四種情況，可以看出，中國的辛亥革命實際上還

是一場民族革命，並不像後來許多國人以為的那樣，是一場推翻帝制的共和民主革命。孫中山固然早就提出要學美國「創立共和（民國）」，但辛亥前中國既沒有發展出公民權利意識的社會基礎，更沒有經歷過思想啟蒙和由上到下各階層爭取權利的鬥爭。辛亥期間在推翻滿人統治的武裝起義的過程中廢帝制、建共和，只是大勢所趨，別無選擇。但它不可能真的帶來憲政民主，不論是英國 1648 年式的，還是美國 1789 年式的，亦或法國 1792 年式的。因為當時中國還沒有形成一個由有着共同利益，並對自身權利有着共同訴求的納稅者群體。

之所以要特別指出這一點，是因為只有明了這一情況，才有助於我們理解辛亥後的中國，為甚麼革命仍舊停不下來。因為，如果政治革命的任務沒有完成，也就意味着人權、民主、自由等等，都得不到保障，最基本的權利平等實現不了，其他任何平等都是空的。在 20 世紀上半期國際權利平等思潮的衝擊影響下，一定會引發持續不斷的矛盾和鬥爭。

三、「五四」之後「憲政」方案為何式微

李禮：1898 年那場變法以日本「君主立憲」為藍本，20 世紀初清末新政的憲政嘗試，在辛亥革命後也一度得以延續。那麼，為何到了「五四」之後，這些曾經的「憲政」方案卻都式微了？

楊奎松：這種情況與十九世紀歐美資本主義發展、擴張，所暴露出來的嚴重危機有關。僅就歐洲英、法、德等國自身而言，因貧富懸殊、階級分化，逼成的社會運動、罷工示威，乃至城市起義，就接連不斷，此起彼伏。1848 年馬克思、恩格斯的《共產黨宣言》，就誕生在歐洲接二連三的暴力革命的背景下。那之前，溫和的改良的社會主義主張和試驗還很流行；那以後，無政府主義、共產主義，革命社會主義的激烈主張，影響極大。這是當時的社會現狀和社會環境造成的。這些激進理論的建構者，所以認定暴力革命是必須的，是因為此前的各種鬥爭都顯示，掌握在特殊利益集團手中的國家政權本身，就是暴力壓迫的機關；要根本改變社會貧富懸殊、少數人壓迫剝削多數人的現狀，就非得用暴力手段推翻壓迫階級，直至根本廢除國家不可。受到這種情境和思想的衝擊與影響，那些對中國問題充滿危機感，想學西方的志士仁人，稍一接觸歐美社會，就會動搖他們原來單純想照搬西方民主憲政的想法。

我們知道，孫中山最初組織興中會，進行反滿革命時，其入會誓詞是「驅除韃虜，恢復中華，創立合眾政府」。這裡面沒有社會主義的內容，只體現出民族主義和民主共和的思想。但是，1905 年他再建同盟會時，誓詞中就加上了社會政策方面的內容，變成了「驅除韃虜，恢復中華，創立民國，平均地權」。所以會有這樣的變化，就是因為他在 1895 年廣州起義失敗後，於 1896 年秋至 1897 年夏流亡英國 9 個月，還在大英博物館的閱覽室裡蹲了兩個月，對歐洲社會變革產生了新的認識，開始認同社會主義思想了。

1905 年創建同盟會之前，他曾親赴歐洲第二國際總部，告訴其領導人說，在他的領導下，中國革命不僅會成功，而且中國還將

成為世界上第一個社會主義國家。他的理由是，歐洲資產階級統治已經穩固，無產階級想要推翻資產階級恐怕要花上一百年的時間。而他將吸取歐美歷史教訓，將民族、民主及社會革命「畢其功於一役」。中國民族民主革命成功之日，就是社會主義開始實現之時。

包括康有為、梁啟超，他們在國內時也只識得民主政治之皮毛，或多少受到某些民族主義（梁啟超稱之為「種族革命」）思想的影響。流亡日本，特別是遊歷歐美後，兩人都對他們過去想要模仿的歐美日本民主憲政，包括對工業發達後因社會分化所帶來的貧富懸殊，開始感到失望。梁啟超一度認定，資本主義即將壽終正寢，20世紀社會主義必將取資本主義而代之。康有為更是斷言資本主義沒有前途，必致「貧富不均而人格不平」，他尤其擔心歐美工人結社反抗會「釀鐵血之禍」。據此，他很快將此前他提出過的，人類只能由「據亂」到「昇平」到「太平」的所謂「大同三世說」，與西方共產主義烏托邦兩相結合，在1903年前後初步成就了一本專門論證國家、階級，甚至家庭等終將消亡的《大同書》。

換言之，進入20世紀以後，凡思想上多少與當時的世界能接上軌的政治家，不管誰來設想中國的社會改造，幾乎都會想要避免重蹈資本主義的覆轍。以中國人習慣於找捷徑的性格，許多人所以轉而醉心社會主義，其實就想要找到一條既能避免重蹈資本主義社會分化、階級鬥爭的覆轍，又可以得到資本主義工業發展利益的超越之路。

李禮：您深入研究過「社會主義」在華傳播歷史，能否認為20世紀初以來的中國革命，很大程度是無政府主義和各種社會主義思想

影響的結果？

楊奎松：從 20 世紀初到「五四」前後，中國持續發生過三次社會主義思想傳播的熱潮。一是 1902—1907 年，主要發生在流亡或留學在日本的數萬中國人中間；二是 1910—1912 年辛亥革命期間，主要在北京、上海、南京、廣州等幾個大城市裡；三是 1919—1922 年「五四」期間，幾乎遍及全國各個城市。第一次熱潮中無政府主義的思想傳播影響最大；第二次社會政策思想與無政府主義思想影響各半；第三次對中國思想界衝擊最大，各種改良社會主義思想、無政府主義思想、俄國布爾什維克革命共產主義思想，都得到了相當廣泛的傳播，並直接間接地帶動了各種社會運動。

當然，孫中山和康梁兩派人實際上既不相信無政府主義，也不認同共產主義或革命的社會主義。他們固然都訴諸過暴力，一方是志在驅滿興漢，另造漢人的國家；一方是志在武裝勤王，以求由上至下再啟變法。形式上，他們一度圍繞着要不要「革命」的問題，爆發過一場激烈的論戰。但這場由康、梁一派人挑起的論戰，很大程度上其實是他們自認「正統」，痛惡孫中山這種「宵小之輩」出來攪局。因此，他們對孫中山最激烈的指責，就是聲稱孫依靠「下流社會」，如「賭徒、光棍、大盜、小偷、乞丐、流氓、獄囚」之流，「排滿」是「禍國」，搞「社會革命」是「肇攘奪變亂之患」，欲重演赤眉、黃巾之變。

實際上，孫中山對社會人群和社會改造的認知，與康、梁並無本質不同，他一樣相信「上智下愚」。在他看來，世間之事，只能用「先知覺後知」的辦法，調動「後知後覺」者按「先知先覺」者

指引之路，領着廣大「不知不覺」的底層大眾去實現。因此，孫中山發動革命起義固然多靠「下流社會」，如會黨等，但其「建國方略」，包括所謂「民權革命」「民生革命」的方案裡，都是自上而下，堅持要由他這樣的先知先覺者來主導、來「訓政」，以漸次來推行的。他的「社會革命」，也不過是打算在重建漢人國家後，在他領導下，政府用和平贖買的辦法購得大量土地，一方面用於平均地權，做未雨綢繆之策；一方面便於大量引進外資，來幫助中國開發工業。在他看來，中國只有「大貧小貧」問題，不存在社會分化問題，因此他從來不贊同在中國搞甚麼「均貧富」。

如果我上面所說基本符合史實的話，那麼我們理當可以得出結論說，不僅康、梁的革命談不上多暴力，孫中山的革命也絕不可能有康、梁宣傳所說的那麼激烈。

四、接受蘇俄

李禮：到了 1920 年代，中國革命的「烈度」反而更強了，除了政治革命任務未完成，是否還有一些深層次原因？作為其中一個歷史節點，五四運動究竟改變了甚麼？

楊奎松：假如我們把晚清以來的中國革命視為一個持續的進程的話，確實能夠發現，革命的烈度和廣度，在「五四」前後出現了明顯的變化。之前的革命，康、梁一派人就不用說了，即使孫中山革

命黨所發動的革命，充其量也只是一些城市中的暗殺或少數人的起義。辛亥革命大概是最具血腥的革命了，武漢和廣州等幾個城市都發生了滿人大批被漢人殺害的情況。但這種情況也僅僅發生在少數城市，而且持續的時間很短。而在 1920 年代中期以後，革命的範圍、烈度和規模，顯然都遠甚於辛亥之前的革命了。

2019 年是我們通常所說的五四運動發生的 100 週年，很多學者都在撰文紀念或研討。但是，「五四」帶給現代中國最大的衝擊和影響是甚麼呢？是學生的愛國熱情，還是對「民主」「科學」精神的推崇，亦或是「打倒孔家店」的文化革命勇氣？我覺得都不是。

愛國的學生運動即使不算甲午年的公車上書，至少從 20 世紀初留日學生那裡開始，就沒有停過。「民主」「科學」問題，大量的研究成果都同意說，作為思想啟蒙，它們在「五四」後基本被救亡的情緒壓倒了。至於「五四」新文化的反傳統作用，恐怕「五四」還沒結束就消失了，或者用余英時的說法，「五四」反傳統原本就沒有脫離傳統的思維模式。

那麼，相對於中國現代歷史，「五四」時期最重要的影響是甚麼呢？在我看，就外部環境的衝擊和影響而言，最關鍵的是俄國 1917 年的十月革命。因為俄國與中國毗鄰，再加上列寧領導的這場革命一開始就是以世界革命為目標的，因此，它向中國輸出革命原本就是題中應有之義。1919 年負責指導世界革命的共產國際的建立，1920 年和 1922 年兩度召集東方民族革命分子會議，以及1920—1922 年中國多個共產主義小組織自發組成，它們以及其他各種激進組織的代表相繼前往蘇俄尋求共產國際的承認和支持等，都再明顯不過地反映出中國革命正在脫出舊的軌道，而轉向一個新

的方向了。

但是，這和「五四」有甚麼關係呢？

以往學界的研究多強調外部作用，如俄共、共產國際派人來華，提供各種幫助等。傳統黨史則更強調內因，說俄共來人前中國已有一部分人做好了各種「準備」。這兩種說法在史實上都不很準確。

事實上，俄國十月革命雖然發生在 1917 年 11 月，但俄共特別是共產國際向東亞三國輸出革命是在其紅軍從西向東推進到遠東地區後，即 1920 年春派維經斯基等到中國與李大釗、陳獨秀等接觸後才開始的。而還在差不多兩年前，中國一些激進知識分子就已經開始對俄國革命表示認同了。這在當時國際國內輿論條件下，還不是一件那麼輕而易舉的事情。因為之前舉國輿論都還在歡呼俄國的二月革命，突然間又冒出來一個列寧和布爾什維克，一舉推翻了二月革命建立的臨時政府，歐美政府及其輿論都接受不了，中國政府和中國的知識界、輿論界自然也都接受不了。

俄國新政權最讓人接受不了的，一是它宣稱建立了一個社會主義國家；二是它宣稱它是世界上第一個平民（工、兵）政權。前一個宣告在多數歐美國家政府看來實屬大逆不道，但對中國人可能還不致造成太大震驚。畢竟梁啟超 15 年前就有過這類預言，孫中山 12 年前還向國際社會公開預告過他有志於將中國變成世界第一個社會主義國家。不過，對於大多數中國知識人來說，後一點卻是最難接受的。當時來自歐美通訊社的大量報道都顯示，俄國布爾什維克新政權，就是建立在康梁等最害怕的那個「下流社會」基礎上，旨在「等貴賤，均貧富」的強力機器。

那麼，為甚麼還是會有越來越多中國的知識人以及青年學生會認同他們，甚至自發地開始組織共產組織，亦或自費派代表前往蘇俄去考察，去爭取承認呢？在我看來，一個最重要的原因，是相當一段時間以來，在歐美日本社會主義、無政府主義等各種新思想、新觀念的影響下，中國青年知識分子的思想觀念已經開始發生了潛移默化的改變。其中一個最值得重視的改變，就是相當一批人的等級觀、階級觀被顛覆了。他們不再會像康梁那樣，固執地堅持「上智下愚」說，甚至不再認同傳統的「勞心者治人，勞力者治於人」的觀點，因此也不再那麼討厭所謂的「下流社會」了。

我想，這恐怕是就是你提到的那個歷史表象下的更深層次的原因吧。

五、觀念的改變和歷史後果

李禮：那時中國知識分子思想觀念上的改變，能否請您開展一下，說得更具體一些？這種改變又導致了怎樣的影響或者說歷史後果？

楊奎松：簡單地說，無論中外，古代國家都是講等級講尊卑的。不同民族或國家等級制形成的原因不同，表現形式也各不相同。中國兩千年專制集權官僚體制，一方面建構了君臣父子「家天下」的政治文化，一方面通過「學而優則仕」的科舉制度，設立了「萬般皆下品，唯有讀書高」這一社會等級尊卑的分界線。直到 20 世紀

初，絕大多數人都相信，除了皇帝以外，社會上主要就是兩種人，一種是上等人，一種是下等人；勞心者基本上都是高貴的，勞力者基本上都是低賤的。不難想像，如果「五四」時期所有人仍舊抱持着這樣一種思想觀念，列寧領導社會底層的工人、士兵推翻社會中上層精英領導的政府這件事，中國的知識人和青年學生如何能夠理解和接受？

「五四」時期許多知識人和青年學生所以很快就接受並理解了俄國革命這一事實，最主要的，就是因為多數人在觀念上已經不再歧視辛勤勞作的底層勞苦階級，並且也開始不再以「十指不沾陽春水」為榮了。

這一變化是怎麼來的呢？自然也是十九世紀以來歐美社會運動及其激進思想的影響。

早在十九世紀後半期，西人在華辦的英文報紙，以及傳教士辦的中文報刊，就開始報道歐美種種社會運動，特別是勞工階層結社、遊行、罷工，乃至與政府巷戰的消息。進入二十世紀以後，包括在日本和在中國出版的不少中國人辦的報紙刊物，也開始注意介紹和傳播與此有關的各種思想和主張了。

在中國人中，最早開始鼓吹勞動光榮，相信勞工聯合必定能夠戰勝資本家的，是在日本和法國受到無政府主義思想影響的一批年輕的知識人和學生。他們中有些人還在辛亥革命前就開始在廣州和香港從事所謂的「工團運動」，一些工友還參與了幫助革命黨製造炸彈、運輸武器的秘密活動。辛亥革命後，上海的徐企文曾創立過一個「中華工黨」，並因此付出了生命的代價。一戰開始後，中西報刊關於歐美勞工組織合法化、工黨勢力強大，以及通過勞動立

法，限制勞動時間、限制童工、照顧女工之類的消息更加密集，這些都極大地衝擊了，甚至改變了國人的傳統觀念。

這裡舉兩組數字吧。先說「勞動」這個概念。

我粗略統計過 1910-1921 年「勞動」這一概念在中國報刊標題上出現頻率的變化。1911 年以前，中文報刊與英文報刊上出現的比例是 9：49；1911 年是 31：77；1912 年是 44：91；1913 是 47：89；1914 年是 52：78；1915 年是 42：54；1916 年是 42：66；1917 年是 75：110；1918 年是 115：203；1919 年是 346：466；1920 年是 536：557；1921 年是 505：452。. 這一比較及其變化可以說明兩點，一是有關「勞動」問題的報道和文章在從辛亥前到「五四」時期，出現了更大的增長。這種增長進至 1917 年以後，幾乎是飛躍式的。二是這方面的報道和文章，早先主要還只是出現在各種英文報刊上，辛亥以後中文報刊亦開始跟上，1919 年以後雙方數字已明顯接近，1921 年中文報刊的篇目數量已超過了英文報刊。. 我這裡統計的報刊還只是發行持續較長的報刊，而且只限於中國大陸，不包括日本，也不包括香港。也就是說，它能夠反映的只是大陸範圍內思想較平和的那些讀書人的興趣。這類報道和文章日漸增多，清楚地說明許多並無激進思想的讀書人也越來越關注這類話題，並且多少都能夠正視甚至接受在歐美出現的這種社會等級尊卑觀念的轉變了。

讓我們再看一下「勞工」一詞出現和變動的情況。非常明顯的是，直到 1918 年前，中文報刊幾乎不使用「勞工」一詞，談論歐美的工人運動的，幾乎只見於英文報刊；出現在中文報刊上中國工廠勞動者的消息，多半都和「鬧事」「偷竊」之類明顯帶有貶義的

報道有關，使用的概念，也是「工人」，而非「勞工」。然而，這一情況在 1918 年年底突然發生了改變。在天安門中山公園舉行的慶祝第一次世界大戰勝利的群眾集會上，北京大學校長蔡元培破天荒地發表了題為《勞工神聖》的公開演說。自此之後，「勞工」一詞幾乎馬上就開始頻繁地出現在中文報刊的標題中了。1919 年，中文篇目的數量已經佔到英文篇目數字的四分之一了；1920 年更進一步佔到二分之一還多。

這之後發生了甚麼，我想我們不用再講了。相信多數讀者都知道，還在 1918 年夏秋，北大教授李大釗已經連着寫了幾篇文章在歡呼俄國布爾什維克的勝利了。他的觀點明顯地在變得激進，11 月講演時他已經把俄國十月革命直接視為「庶民的勝利」了。而這個「庶民」，並非是一些人講的「Democracy」的漢譯，而是「勞工主義」的意思。他解釋得很清楚，俄國革命的意義根本在於它是「勞工主義勝利」，而這恰恰是未來人類發展的方向，因為未來人類新世界，必定是「人人都成了庶民，也就都成了工人」的。

由此或可得出我的一個結論了，那就是，「五四」時期中國社會發生的最具重要性的思想變化，既不是民族主義從此高漲，更不是民主主義及科學理性獲得啟蒙，而是社會平等意識普遍發展起來，勞動者的社會地位在許多知識人的心目中迅速提高，人們對未來社會發展方向的看法開始發生改變。這也是為甚麼，「五四」時期不少知識分子會力主要「與勞工階級打成一氣」，大批青年學生會努力去擁抱「泛勞動主義」「新村主義」，會去組織「工讀互助」「平民教育演講團」「勞動補習學校」等。如此也就不難了解，何以 1920─1922 年會有許多學生熱心「研究」「馬克思主義」，何以各

地會有多個共產組織生長出來，何以中國後來能夠走上俄國十月革命的道路了。

李禮： 謝謝，這些分析可能會讓很多人對那一段歷史，有了新的理解。

第六章

謝泳 ｜ 對國家的迷戀，知識分子的百年際遇

> 「沒有無缺點的社會運動，也沒有無缺點的社會思潮，一個社會思潮的優點多，我覺得就值得肯定。」

謝泳

1961 年出生，山西榆次人。著名學者，廈門大學教授。曾任《黃河》雜誌副主編。2007 年調入廈門大學人文學院中文系任教授。研究領域主要包括中國現代知識分子、中國現代文學史料等，是上述領域國內最受關注的學者之一。著有《兩南聯大與中國現代知識分子》《儲安平與〈觀察〉》《逝去的年代》《中國現代知識分子的困境》《血色聞一多》《錢鍾書交遊考》等。

一、有皇帝和沒有皇帝時代的知識人

李禮：我們要聊的是近代「知識分子」和他們的命運，如果按許紀霖先生等人的劃分，近代以來的知識分子可能有六代人。今天看來似乎有一個共同特徵，就是他們的很多訴求某種意義上最後都變形或失敗了。這些人在中國歷史上命運浮浮沉沉，如果將他們放到一百年左右的時段觀察，一定有不少偶然性之外的東西。

您長期關注現代中國知識分子，特別是民國中後期和 1949 年新政權之後。今天我們似乎也可以上溯到更早的時候。很多人知道您對魯迅，對胡適、儲安平這些知識分子的評價，我想聽聽您如何看待晚清比如維新黨人、立憲派知識精的看法，他們引進思想，着手政治啟蒙，可以說直接影響到了後來「五四」那一代人。

謝泳：我們現在所謂知識分子研究和過去說的讀書人，還是有點區別。知識分子的概念在中國學術界是從 20 世紀 80 年代後期才從西方傳到中國來的，這個過程我就不細說了。一般來說，對這個知識分子的定義實際上強調兩點：一個人如果你只講你的專業，比如一個醫生或一個工程師，這不叫知識分子，一定是在專業之外對社會有關懷，而且這個關懷的指向，通常指的是批判態度。如果一個醫生你老是歌頌這個時代，那在這個概念裡，好像不屬於知識分子。

中國知識分子天然對國家、對社會的進步有關懷的情結，這是中國傳統，但整個近代以來的知識分子，有這麼幾種情況，代際分

析不一定準確，但我覺得線索還比較明晰，是一個可以梳理歷史的角度。將中國知識分子用代際來觀察的視角，比較早的人是李澤厚。1980 年代，李澤厚寫了一本書《中國現代思想史論》，書裡對知識分子有一個分類，他當時將中國近代以來的知識分子分為五代。許紀霖也用了這個視角，將時間後延，包括了上世紀 80 年代活躍的知識分子。學術上以代際劃分知識分子的觀察，大概以 20 年為一代，前後差個兩三年也是正常的，這個劃分是為研究方便而取的一個思路。

　　我過去雖然做過一點中國現代知識分子研究，但說實話，也不成甚麼體系，多是個案和隨感。「五四」以前的知識分子，我沒有做過甚麼細緻研究，我只涉獵過「五四」後的一部分知識分子。剛才說的康有為、梁啟超那一代知識人，大概相當於 19 世紀的「60後」、「70 後」，不過他們和我的研究對象大約差了 100 年左右。每個時代總有幾個耳熟能詳的代表。比如戊戌變法前後，主要是康、梁，在思想文化界有較大影響；到「五四」前後，就是魯迅和胡適的年代了，胡適比魯迅小 10 歲，基本可放在一起觀察，他們算是「80 年代」的人，不過是在十九世紀；再往後就到了費孝通、錢鍾書和儲安平這一代，他們是 1900 年前後出生的，不過這已是二十世紀了。

　　西學傳到中國，尤其到了 19 世紀末以後，整個教育體系和整個社會文化傳承方式，因為有西方學術進來，實際上已經發生了比較大的變化。比如像康梁這一代人，他們主要的思想來源，我覺得還屬於傳統的中國知識精英，就是我們常說的士大夫氣質。科舉是 1905 年廢止的，康、梁實際都趕上了科舉末期，他們整個知識結

構的形成，基本還是傳統的中國學問。中國傳統知識分子受儒家文化影響，天生有參政意識。不要說康梁這樣有自覺政治意識的，就是一般的知識人，也有比較強的家國情懷。

康梁他們的優勢是甚麼？就是比較容易接近社會的最高層，或者說就是皇帝。用現代術語來講，他們接近政治權力的中心。梁啟超後來在北洋做過官，做過司法總長。他和後來的知識分子不太一樣，康、梁那一代還屬於有皇帝時候的知識分子。到了魯迅和胡適的時代，他們則屬於沒有皇帝的知識分子，沒有皇帝的知識分子對世界的看法，對國家的看法和對國家的認同，在情感上還是有一些差異。比如康、梁的很多理想還要寄託在皇帝的身上，還是希望能通過高層來獲得推動變革的動力，這是傳統知識分子和現代知識分子的明顯差異。

從知識結構上觀察，如果從中國傳統知識來講，康、梁以後，整個知識分子對中國傳統學問的掌握，應該說是一代不如一代。比如魯迅、陳獨秀和胡適的傳統學問，當然不好和康、梁那一代讀書人比，一個基本判斷是，他們的中國學問沒有康梁那代深厚，這是一個基本事實。胡適、陳獨秀、魯迅這一代的傳統知識雖然較前輩稍弱，但他們的西方知識超過前者。到了錢鍾書、儲安平、費孝通這一代，即 1900 年到 1910 年代出生的知識分子，差不多是第三代了，他們的國學知識較上一輩也是遞減的，但西學知識卻是遞增的，現代思想和國際知識已完全是世界性的了。

我覺得這是一個比較明顯的代際特點。康、梁屬於傳統知識分子向現代知識分子轉型完成得比較好的，傳統學問沒有成為他們觀察西方世界的障礙，魯迅、胡適以後，特別是錢鍾書、費孝通、

儲安平以後的知識分子，完全就是現代知識分子了，他們成長的時代，西方知識對中國已產生了強大的衝擊。

關於戊戌變法，陳寅恪有一個看法 —— 當然陳寅恪的看法和自己的身世有關：戊戌變法前後，陳寶箴在湖南做官，陳三立跟在陳寶箴身邊。陳寅恪寫過一篇有名的文章：《讀吳其昌撰梁啟超傳書後》。當時吳其昌寫《梁啟超傳》，陳寅恪讀後講了兩個看法：他說梁啟超寫戊戌變法回憶的時候，還沒有脫離出當時情感的漩渦，所以他的敘述不一定都真實，以後還需要歷史學家來考證，來辯駁；另外吳其昌是清華國學院出身，是梁啟超和陳寅恪的學生，這個感情也比較重，所以傳記也有偏頗的地方。陳寅恪當時表達的意思是，以他的判斷，康、梁以後中國社會的變革，他說不是進化論、一代比一代好，倒覺得此後 50 年來中國的變化適於「退化論」。在陳寅恪看來，戊戌變法以後，整個社會好像還不如有皇帝的時候。陳寅恪後來講他「少喜臨川之新」，「老同涑水之舊」，也是這個意思。陳寅恪的意思是：政治變革，保守可能比激進要好一點。

二、沒有無缺點的社會運動和社會思潮

李禮：知識分子近百年的大歷史脈絡，您剛才做了一個大概梳理。康、梁生活在一個有皇帝的時代，胡適他們生活在一個沒有皇帝的時代，這種描述很有啟發。當然，康有為師徒分歧很多，梁啟超後

期的變化很大，1920 年代歐洲回來寫完《歐遊心影錄》以後，他多了不少世界主義氣息。總體上梁啟超比較好地完成了從士大夫，到現代知識分子的轉型。

剛才您提到康、梁那代人開始的西學遞增，西學應該是近代知識人完成自我轉型的一個重要基礎。即使早期康、梁這批人，之所以能夠崛起而成為一代知識領袖，一開始就有西學的「加持」。梁啟超一開始見到康有為，儘管是舉人見秀才，為甚麼一下被折服？康有為重新解讀經學、對古典的再詮釋當然是重要原因，不過不能不注意到，那時康已吸取不少西學知識，他去香港和上海租界的經歷，很大程度上改變了他的命運。康有為開始思考西方治理背後的政治、學術原因，因此大量購買江南製造總局出的新書和《萬國公報》。到萬木草堂開的時候，今天我們可以去讀《長興學記》等記錄，課程裡已有西方政治史、哲學史，可以說康的西學當時在士大夫裡已非常領先，所以 1898 年康、梁的行動並不偶然。雖然 103 天的戊戌變法確實比較激進，常被後人詬病。但不能不承認維新黨人當年在思想理念上確實是最先進的，比如康有為在上書中明確提到，要立憲法界定公和私。這和表面上也贊成變法的其他人，還是非常不一樣。

到五四這一代知識人，西學更好，某種意義上對傳統放棄得也更加決絕，批判更加狠烈，說過很多很激進的話，比如中國古書一本都不能讀，40 歲以上的人全要殺掉。當然只是那個語境上產生的，並不代表他們真要這麼做。當然，五四運動前後知識分子陣營很複雜，比如裡面還有學衡派，幾股勢力的較量最終影響了 1920 年代以後中國政治走向，包括政黨型國家的出現。

我想請教，您如何看五四那批知識分子和他們的政治行動，如何評估他們對這個國家造成的影響？

謝泳：我們觀察晚清知識分子時，要注意過去知識分子生產的時代，他們和今天所謂讀書人生活的時代，完全不是一個概念。說實話，今天教授連個縣委書記都很難見了，但那個時候的知識分子，包括到五四時代的知識分子，不是這個狀態。陳寅恪晚年回憶時講過一個細節，說有一年到故宮去參觀，見到光緒皇帝讀過的一本書，恰是湖南時務學堂的章程，陳寅恪對清朝有好感，所以他很感慨，說看見章程上有油污痕跡，他將此事講給他的父親陳三立。陳寅恪的意思是光緒皇帝了解梁啟超他們的新思想，那個時候知識人是在中心的，以後知識分子就越來越邊緣化了。到了 1949 年後，實際上沒有甚麼地位了。

五四運動，如果按我們現在的理解，實際上有兩個「五四」，5 月 4 日上街的是一個，我們強調它的愛國主義；但胡適和後來的學術界講「五四」，更多指的是這個運動之前，胡適從美國回來以後提倡白話文以後，他稱之為「中國的文藝復興」，這才是真正的五四新文化運動。這個時期的知識分子，像胡適、陳獨秀和魯迅，他們和傳統知識分子比較最明顯的區別就是有了公共輿論。梁啟超在日本辦過報紙，已經與現代知識分子的活動方式一樣了，康有為還是以遞摺子的辦法，直接通過官員或者通過固定渠道把自己的想法傳達給皇帝，梁啟超要喚醒民眾，這個意識非常重要。

五四以後，中國有了近於現代意義上的大學。戊戌變法以後的北京大學前身 —— 京師大學堂，雖然與嚴格意義上的現代大學有

差異，但那個格局非常近了，京師大學堂聲、光、電化課程都有了，外語也有，和現代大學非常接近，但還不是嚴格意義上的現代大學。嚴格意義上的現代大學要到 1920 年代，就是清華大學改成大學部的時候，它的樣式，比如說科系的設置、教授的聘任制度、院系制度的設立等標準基本成熟。五四前後知識分子主要活動的區域，一個是大學，還有一個是報刊，加上出版界。比如魯迅雖然在教育部，但也教書，並參與編報紙，像《新青年》《每週評論》《學衡》等。至於胡適他們，已經是現代知識分子。

要通過大學，通過現代傳媒如報紙和刊物，把自己的思想影響社會，這是五四知識分子比較明顯的一個特點。不過五四知識分子作為一個大的群體，也有差異。現在大家傾向於認同的是胡適為代表的自由主義。因為五四前後中國知識分子實際上是兩群人。以教育背景分別，一部分有留學歐美背景，像胡適、蔣夢麟等；還有一部分人，知識背景是留日的，像陳獨秀、周氏兄弟、錢玄同等。清末時，中國留學生留日比例為高，因為日本和中國距離較近，語言上障礙相對小，中國人過去學習、生活相對容易。歐美留學背景的知識分子，後來比較容易選擇自由主義的道路，留日背景的知識分子，相對左傾，比如陳獨秀、郭沫若他們。到了二十年代前後，學過文學史的都知道，主流是以胡適、徐志摩為代表的新月派作家，像沈從文等，都是這條路上的人；留日背景的知識分子如陳獨秀、周氏兄弟、郭沫若等，到後來的太陽社、創造社，五四知識分子分化，最後就是左聯。

今天官方紀念五四，學界也紀念五四，我個人對五四的看法，覺得還是回到胡適的判斷比較符合當時的歷史現實，也符合 19 世

紀末 20 世紀初中國整個思想文化界的潮流。諸位知道，今天多數現代觀念，都是五四以後才開始深入人心，開始被整個社會廣泛接受，包括一些非常簡單的觀念，比如自由戀愛、婚姻自由、父子關係、個人獨立、個人意識，在五四之前，這些都還沒有成為中國人的正統觀念。五四以後這些觀念深入人心，慢慢演化到建立起現代的知識觀念系統。

「五四」可能有偏激處，或者說歷史發展有曲折，但這是中國現代社會的一個重要的思想收穫期，包括白話文，因為現在強調國學、強調中國傳統重要性，我們可能對胡適提倡白話文、對拋棄中國傳統的一些做法，有不同意見。比如胡適對中國古典詩歌的一些評價，可能有過激的地方。但諸位可以設想，如此眾多的現代知識，如果全用駢體文、四六句子來介紹，肯定沒有白話文對思想、對大眾的巨大影響。白話文的提倡可能對文學有傷害，對中國古典詩歌這種文體有傷害，但對整個社會傳播現代知識，普及現代思想，無疑有重要貢獻。衡量一個社會運動的標準和尺度，我以為只要優點多一點就是對的，大家就會選擇。沒有無缺點的社會運動，也沒有無缺點的社會思潮，一個社會思潮的優點多，我覺得就值得肯定。

三、民國知識分子的分野與生存狀態

李禮：說到白話文，我想起章太炎先生，他和梁啟超都共同參與

過《時務報》，梁的文章除了筆鋒常帶情感，寫得也相當淺白，傳播力、影響力也因此特別大。黃遵憲曾批評章太炎寫得太古奧了。章雖然後來到日本繼續辦《民報》，但他更多以一個革命家和國學家示人，作為一個報人實際卻不太成功。

觀念對人類的影響，其實一直存在兩種看法，一個認為權力和看得見的實際行動，比如槍桿子誰打倒誰，這才是真正影響歷史的東西；但還有一派，則相信觀念發生在潛移默化當中，從長遠看它才是改變歷史最有力的東西。我印象裡自由主義者持後一種觀念的更多一些，包括哈耶克，有過很精彩的論述。我本人也贊同這種說法，雖然很多時候結果會遲滯很長時間才會到來，但觀念最終是推動歷史的一個根本性力量。

很多現代觀念都是經過「五四」傳播下來，記得殷海光後來回憶說，對他一生的重要影響，五四運動是其中之一。不過殷海光所承繼的自由主義，在中國實際上卻一直開花，沒有真正結果。儘管在胡適這一代人那裡，一度氣象萬千。比如新月派，如果看看新月派的那些文章，真的充滿了現代政治抗爭色彩，他們對政府的批判，力度非常大。

我想請教一下謝老師，自由主義思潮在 1930 年代到 40 年代，一度看起來還是很有聲勢。從新月派到 1940 年代西南聯大的教授群體，對政府一直多有抗議，他們是作為很重要的一種反對力量存在的，不過這批人隨後發生了巨大轉變，很多人可以說重新走向國家主義。1949 年新政權成立的時候，相當多的中間路線知識人真心擁護。這是您比較着力研究的一段歷史。其中的變故，您是如何理解的？

謝泳：1949 年以前，觀察中國社會，有三件事情我覺得還是做得比較好的，而這三件事情都不是本土文化自然生產出來的，都是從外面引進來的東西。過去講中西文化相遇時候，我們比較強調的是衝突，但是實際上仔細看晚清的歷史或民國的歷史，我覺得可能融合的地方更多。

基於人性的一個基本判斷，好的東西人憑常識就能判斷出來，有時候不需要理性思考。今天也一樣，比如手機，不需要電視上天天提倡手機有甚麼好處，你一定要用，因為大家能感覺到它的好處，包括以前的電話、電腦這些東西，道理都很簡單。思想文化方面，實際上也是這個原理。再比如服裝，西裝當然也有缺點，不過肯定是優點多。如果現在還穿長袍馬褂，你要開車就不方便，現在提倡漢服那顯然也是脫離實際。中國好多東西確實有，但現在看起來，成為主流、成為穩定的日常生活常態的東西，多數卻是從西方來的。有現代社會意識的人，尤其如此便捷的現代交流方式，應該知道哪些制度底下人的生活狀態更好一點，人更自由，這是常識，不需要討論。

中國和西方接觸以後，學了西方大學制度，我們沒有嚴格意義上的現代大學，中國文化的知識系統是綜合知識，通過私塾保持它的普及性，知識體系相對穩定，它的優點是傳播容易，相對公平。古代社會，家庭或家族找幾個塾師來教書，沒有甚麼太多區別。如果向上流動，就是科舉制度。現代知識需要現代大學制度，這個制度中國沒有，但中國知識分子到西方一看，大學是現代社會組織，覺得這個東西好，馬上就學過來。西方大學制度到中國來，開始負責的都是傳統科舉出來的人，多是舉人或者進士。諸位知道，任何

技術轉型和社會生活的轉型，第一動力一定是傳統行業和新對象最接近的地方，教育制度也如此。中國傳統教育向現代教育轉型基本沒有障礙。中國大學早期模仿日本和德國，後來模仿美國的大學，1949年前中國的大學裡，比如說教授治校、學生自治、學術獨立，思想自由等，基本是模仿性的。那個時候的大學老師都有個樣子，學生也像樣。

除了大學，中國也沒有嚴格意義上的現代新聞制度，李禮兄是這方面的專家。中國有邸報制度，但那不是現代新聞制度。現代言論自由觀念建立以後，媒體的獨立性和政治勢力是沒有關係的，有關係也是軟關係，凡獨立機構在現代政體中一定是登記制度，登記制度是甚麼意思？就是所有的法人和自然人都有權利去從事這種職業。1949年以前，任何個人，如果你想要辦報紙，管理機構都允許你來辦，你辦得好不好，你垮了或者做成大的報業托拉斯，那是你的事情。北洋、國民政府時期都有查封報紙、暗殺記者的事例，但沒有人認為個人辦報紙是錯的，或私人力量進入新聞領域是錯了。

那時的出版行業也是這樣，誰想辦就辦，只要有資本，你認為自己可以從事這個行業，你就自由進入。早期出版業在傳播近現代文化方面，起了非常大的作用。像中華書局、商務印書館，都是私營的。因為這些制度存在，知識分子活動的基本環境才有保障，所以民國知識分子活躍程度非常高。

關於自由主義知識分子，其實也不複雜。一般來說，在政治上主張憲政體制的人，大體就是自由主義。在文化上，他們傾向於多元主義，就是各種文化並存。在經濟上，自由主義通常推崇私有財

產神聖不可侵犯的傳統，倡導自由市場機制。民國大學裡當然各種思想都有，但以主流來說，做人做事、學校管理的模式，基本是美國自由主義模式。報界也大體如此，像《大公報》辦得相當不錯，它雖然有缺點，還是代表了社會正義，維護了公平。我過去做過儲安平和《觀察》雜誌的研究，他們遇事不能說一點人情沒有，但確實很獨立、客觀、理性、公正。他當時就敢寫《這個樣子的宋子文必須走開》這樣的文章，等於直接批評國家的總理。

因為自由主義天性偏向於保守，不太主張在社會變革中採用激進方式。這個思潮在中國社會變革中，後來實際上比較邊緣化了。留日的那部分知識分子，像太陽社、創造社出來的人就比較激進，容易和革命潮流融合，激進主張、思潮和情緒自然也就導向了革命，容易被某些政黨吸收和接受，中國知識分子的思想脈絡大體就這是這樣。

從個人家境方面觀察，也有一些可以考慮的角度。自由主義知識群體，成員都比較穩重，家境也不錯，有正當職業，在社會上有穩定地位。左翼知識分子多數居於社會邊緣，流浪是他們的生活常態，容易導致浪漫主義，像郭沫若、蔣光慈、丁玲等，個人生活較少有長期穩定狀態，漂流生活一般來說比較喜歡劇烈動盪的生活，他們後來左傾也是情理中的事情。

到了 20 世紀 30 年代以後，世界左翼思潮興盛。1949 年後時代轉型，政治制度也發生了變化。原來和左翼政治思想最接近的知識分子回到了主體當中，成為後來研究者所謂的延安知識分子，他們大體都是左翼知識分子，都是有革命經歷的知識分子。我非常贊同這樣的說法，就是自由主義傳統其實並沒有徹底消失。改革開放

以後，中國大學裡比較有吸引力的那些教授，不是 50 年代和 60 年代受教育培養起來的革命接班人，而是有自由主義氣質的民國教授，當時多數學生直接隔過了五、六十年代成長起來的知識分子，直接對接上一代老輩學者，1900 年左右出生的知識分子，80 年代還健在，他們身上保存了自由主義傳統，這算是中國自由主義知識分子的一點餘脈。改革開放以後，中國大學裡整個思想狀態，我個人以為自由主義傳統雖然並不沒有獲得合法性，但在思想潮流方面，它卻受到了人們的尊敬，畢竟當時中國著名的學者多是這個傳統的代表。

四、對國家的迷戀

李禮： 我注意您寫過一些文章，對當代知識分子多有批評，認為知識分子價值體系被摧毀後一直沒恢復過來。1950 年代對知識分子的改造堪稱百年來影響最大的一次，甚至是斷裂式的，此後很多傳統不復存在。不少人也為此困惑，因為幾年前被改造者的人生和工作狀態還完全是另一番模樣。當然在強大的國家面前，個人力量顯得非常渺小，難以抵擋改造。

不過在另一方面，自嚴復以來，知識分子一直寄希望於國家強大，對新國家的擁抱似乎也包含了一種對富強的渴求。近現代史有一個重大的背景，就是中國作為雅思貝爾斯（Karl Jaspers）所說的軸心文明的一種，一直頗受世界尊重，至少很長時間如此。而 19

世紀中葉之後突然成為一個被侮辱、被傷害的對象。中國知識精英這一百年來心態都需要在這個背景下解釋，他們希望中國回到那個被世界主流尊重的狀態，希望國家重歸中心。直到現在，中國人仍對國外怎麼看我這種事非常敏感。史華慈教授用追求富強來描述嚴復那代人，如今依然多多少少還存在這種心理，就是如果可以讓國家強大，犧牲一些個人自由和利益是可以接受的，這種觀念甚至在很大程度上還是一個主流觀念，這可能是思想改造的「基礎」。

對於從延安到 1949 年後對知識分子的改造，很想聽聽您對這一段歷史的看法，無論是國家層面還是個體心理意義上的。

謝泳： 其實很難講清楚這個事情，我是 1960 年代初的人，馬上 60 歲了，還算有一點人生閱歷。人這種生物，內心觀念力量支配你行為的時候，能強大到甚麼程度？有時候很難講。甚麼意思呢？比如說如果有一種信仰能支撐的話，那也得修煉到那種信仰真正發揮力量的程度。自由主義思想還到不了這個層面，人還是在趨利避害的前提下做選擇。

1952 年以後先是思想改造運動，然後接着院系調整。當時朝鮮戰爭已經爆發，中國和美國成為仇人。美國的學校自然不可能再辦下去了，比如燕京大學。國家力量推行變革時，個人基本上是擋不住的。除非理念和信念到了信仰程度，達到了宗教境界，在內心形成了巨大力量。多數知識分子做不到這樣。大學裡普遍的政治學習，從常識判斷，正常人不可能接受，這一套從常識的角度判斷都不合理，但所有大學老師都得這麼做，這種體制的強迫性，很少有人能主動抵抗。只有極少人是獨立的，認為這不對，我不認同，但

最後也頂不住。比如北京大學教國際法的周炳琳先生，他就不認同，拒不作檢查，但他回家後女兒勸他檢討，說這是組織上的要求，最後周炳琳也沒有辦法。

知識分子整體的轉向，是生存環境的強迫性決定的，個人信仰或觀念力量決定行為的現象，不能說完全沒有，但缺乏普遍意義。我覺得隨波逐流才是常態，但這裡面有幾種情況，有一部分是機會主義，對他來說，認同這種價值能夠有更多的機會，比如原來就偏左的知識分子，慢慢有了民主黨派背景，1949 年以後政治地位慢慢開始提高。

中國自由主義知識分子傳統的中斷應該是在 1957 年。之前很多人也還正常，當時的政治學習、政治表態等活動有形式主義的一面。當時的思想改造，可能多少還有些讓人願意接受的東西，勉強認同一段時間就過去了，生活還是要按常態的機制發展。獨立的人也有，但比較少。陳寅恪和錢鍾書算是特例。1950 年以後，中國社會發生的知識分子之間互相揭發、互相批判的事特別多，名人幾乎無一例外，說難聽一點，好像都找不出一個乾淨的人來。但我們現在找不到錢鍾書揭發過誰，批判過誰的材料，至少目前找不見。還有陳寅恪。陳寅恪和錢鍾書的獨立言論，在他們的舊詩和筆記裡，這些材料現在已有很多研究。

李禮：回顧幾代知識分子的命運，最終發現，國家似乎變得越來越強大，個人還是被碾壓下去了。直到今天，無論甚麼立場的知識分子，每當看到中國強大的「場景」，內心深處仍會湧出各種異常激動的情緒，這種東西就像無意識一樣，貫穿在這一百多年裡。

　　究竟如何讓個人和國家變得更好？記得在一次沙龍，我說起兩種路徑的對比，也願意把它作為今天的結尾。一種是國家強而帶動個人強，另一種路線則是個人強從而國家強。從梁啟超、嚴復這代人開始，多數人選擇國家強而個人強，這其中當然有儒家思想傳統作為背景的原因。或者他們認為這兩條路最後一定會殊途同歸，但實際上這兩個選擇其實大不一樣。個人而國家，國家而個人，兩種路徑導致政治生態乃至個人生活非常不一樣的面貌，結果最後很可能南轅北轍。一百多年來，中國知識分子對國家的迷戀以及希望國家強大的心思，今天隱隱還在。未來會怎樣？我們無從得知，從樂觀的角度來講，也許時間會改變一切。

第七章

狹間直樹 | 中日之間的「亞洲主義」

「日本的普通民眾，如果跟大家普通地、日常接觸的話，都是很友好的；可是如果國家要求訴諸戰爭，那國民還是會選擇投入進去。這樣的話，日本人的國民性到底是甚麼呢？」

狹間直樹

著名中國近現代史學者，日本京都大學名譽教授，自 1978 年以來長年擔任京都大學生人文科學研究所中國近代史共同研究班班長，研究範圍包括辛亥革命、五四運動等，對中日近代思想的傳播和影響的研究也尤為深刻。著作包括《中國文明選·革命論集》（合著）《中國社會主義的黎明》《東亞近代史研究》（合著）《五四運動研究序說》等。

一、甲午戰爭催生的意外結果

李禮：《日本早期的亞洲主義》中文版 2017 年出版後，您的這本著作引起中國讀者很大興趣。我想知道，就思想源流而言，早期的「亞洲主義」，中國方面只是對日本的一種被動回應，還是有着自身的具體動因？我們知道，那時一些中國人確實對聯合日本抱有興趣，比如章太炎 1897 年在《時務報》上發表過《論亞洲宜自為脣齒》，稱日本應成為學習對象。

狹間直樹：關於這方面的研究，可以說還不太充分。不過我們大致可以說，這個傾向是雙方都有的（指學習日本）。也就是說，中國方面產生了這種認識，日本方面也有相關的呼應，這兩方面的融合，導致這一思潮在 1897 年變得明顯起來。

甲午戰爭竟然誕生了那樣令人意想不到的結果。一般來說，戰敗國都會對戰勝國產生仇恨，戰勝國都會瞧不起戰敗國。但中日之間沒有這樣，我認為這是由於中國一直以來都是日本文明的源頭，是東亞文明的中心，所以中國是日本一個尊敬的對象。另一方面，對中國來說，尤其對知識分子們來說，之前沒有想到會輸給日本，於是他們開始反思。在此情況下，他們認為，我們「漢人」明明沒有這麼落後，之所以會變成這樣的結局，是因為滿人不好。在這樣的氛圍下，產生了戰敗國向戰勝國學習的思想，這在世界歷史上都是很罕見的。這種罕見，體現在戰爭結果的出人意料上。所以說這種關係（指中國學習日本），只有在這一動盪交織時期的東亞地區

才會出現。關於這些內容，桑兵老師也有論文研究。

　　所以說，包括章太炎在內，多數中國知識分子接受了這一思潮（向日本學習）的影響。我認為這應當被看做是一種思潮。比如唐才常就是一個典型，他可以說十分貼近日本。唐才常在 1900 年就過世了，直到死前他都沒有懷疑過這個問題。可以說非常具有樂觀精神。章太炎情況就不太一樣了。簡單來說，章太炎跟康有為、梁啟超的想法十分不一樣。但是對他來說，就算和康、梁走了不同的路，但是要學習日本的想法，還是持續了很長一段時間。

　　說到章太炎主張學習日本，最重要的例子就是他翻譯了岸本能五太的《社會學》一書。這已經到 1903 年了，時間已經過去很久。所以說在那段時間，他雖然與康梁分道揚鑣，但也可以看得出，他們只是在用不同的方法向日本學習和吸收知識。之後的 1906 年，章太炎出獄後到日本成為孫文《民報》的主編。這大約是《民報》第六、七號的時候。他接手的時候是第六號，出現他名字的是第七號。這個時期的章太炎，已經有很明顯的特徵了。首先，他是革命家。基於這樣的立場，他開始對日本進行了一些批判。在實際中，他也想把自己革命家的身份坐實。最顯著的例子就是他創辦了「亞洲和親會」。這個組織雖然沒有發揚光大，但是創建一個新組織的行為，說明他已經決意要和康梁走不同的路；在思想方面的表現，他認為中國有中國的文明，東亞的其他國家，比如印度，有其他的文明。以此為基礎，可以說章太炎的思想已經超越了僅僅跟隨日本的層面，上升到全亞洲的高度。他的思想走到了這裡，想創造一些新的東西，但是基本上都沒有實現。不過能想到這麼多，已說明他很偉大了。所以我認為，章太炎這個人應該得到很高評價。

李禮：像您剛才所說的，中國人願意學習日本，很大程度上是因為知識精英覺得那是滿洲人失敗，這激發了一種以漢民族為本位的早期民族主義，章太炎就是一位代表人物。不過這種民族主義和您所言的亞洲主義是否有一些矛盾，它們之間看起來存在某種衝突？

狹間直樹：理論上應該是有的，但實際上基本沒有。之所以這樣說，是因為那段歷史時期很複雜。

首先，「滿」和「漢」的分野很明確。所以說「反滿」的話肯定就會產生一種對亞洲主義的反對，就是你所說的漢民族的民族主義。這種衝突在理論上是會有的，一定會有。但是在當時的情況下，如果只主張這些（單純排滿），就和以前的「反滿」，那種會黨組織的「反清復明」一樣了。所以這種情況持續到清末就產生了變化。清末的時候，漢族知識分子意識到不能單純地反滿，而要創造出屬於自己的新政治。基於這樣的理解，就有了孫文的革命。

這種革命不是帝制的重複，而是建設一個屬於人民的、民國的思想，在那時開始變得多起來。不過如果只說這些的話，又會僅僅止步於中國一國的革命。比如在章太炎的認識中，如果只做這些的話，全世界是沒有得到解放的。因此為了解放中國，就必須解放全亞洲。因此他思考的是整個亞洲的進步。甚至在那段時間，章太炎入力最深的是印度。

李禮：是，他有一段時間想離開日本，到印度去「出家」。

狹間直樹：打算去的，沒去成。這方面研究還不是十分充分。那個劉師培不就把章太炎告了嘛。我們不能僅從結果上看。我認為章太炎的確曾經打算過要為印度做一些事，他準備好了錢，打算去。最後沒有去成的原因，我認為一個是劉師培太煩，一個是他的老婆不好。所以有這麼多複雜的因素重疊在一起，這方面的研究還有待加強。但是在清末的知識人中，能對印度抱有這麼大關切的，只有章太炎一人。他認為印度有印度獨特的文明，中國有中國獨特的文明，各自基於各自的文明，才能實現振興。

正是因為章太炎有這樣廣闊的、世界性的思想，所以他才能把中國的傳統文明，或者說是傳統的學術，改造成中國的「國學」。這大概是他的一個獨特之處。

李禮：流亡東京的中國人裡，革命者如孫中山似乎對亞洲主義興趣不大，他沒有過多參與一些亞洲主義團體。而改良派人士對亞洲主義則表現出更大的興趣。是否可以這樣認為，革命派對日本人提倡的亞洲主義，持一種警惕態度？

狹間直樹：在某種程度上或許可以這麼說，不過沒必要強調。我們舉一個具體的例子。孫中山與亞洲主義團體有過接觸的證據，是他於 1900 年 7 月出版的「支那現勢地圖」。這是由東方協會出版的。並且，在登有這張地圖的會刊上，他們還註明了「支那革命領袖孫逸仙」。怎麼說呢，在當時，這個地圖可是一張出於名人手筆、十分漂亮的地圖。很大一張，地名也有詳細的註明，而且是彩色的，很好看懂。

李禮：日本人和中國人之間存在一種互相歧視，這是您在研究中提到的，比如曾根俊虎稱：「我政府自明治維新至近年，對清國之處置（臺灣、琉球事件等）即使無悔其心但難免於形。我既悔彼彼亦悔我。若不得悔則怒且怨。」作為一位歷史學家，您認為這種互相歧視出現的歷史背景是甚麼？因為直到今天，這種情緒仍然多少存在，而此前中日漫長的歷史交往中，雙方似乎並沒有這種情結？

狹間直樹：很難說這種想法具體在哪個時間產生的，也很難說推動它的具體勢力是甚麼。不過，大體上日本的普通人對中國還是懷有敬意。對於日本人的祖先來說，世界是由大和、唐、天竺三個部分組成。大和是日本，唐是中國，天竺是印度。在這三者中，大和是一端，然後從天竺傳來了佛教，從唐傳來的是各種各樣的文明。那時的日本人大概就是這樣認為的。

第一次對這種看法提出反對的，是江戶時代開始出現的日本的國學。這和章太炎所提的國學不同。這裡所說的國學，是只有日本最偉大這種想法。這跟現在的靖國神社是一派。對於這種看法，明治時期知識分子中的大多數，比如西周，就認為要學習西方的知識，中國的學問也不能摒棄，尤其是儒學和朱子學。不過當時會這麼想的只有文人，武人還只會高喊着「歐洲萬歲」之類的東西。於是，認為中國已經落後的想法開始成為一種思潮。如果僅僅是這樣還好，但最終，在國民中也出現了日本只有打勝仗才算強大的想法，就這樣開始有了對周邊諸國的侵略戰爭。這是日本這邊的情況。

中國方面，一直都把日本看做一個彈丸小國，認為怎麼可能輸

給這樣的國家。兩方的衝突變成現實的，是 1887 年的長崎事件。在這個事件中日雖然最終妥協了，但也可以說成為一個轉折點。在這之後日本取得了甲午戰爭、日俄戰爭的勝利，對於中國的蔑視情緒大規模出現了。情況很複雜，但是簡單說來的話就是這樣。

二、對「脫亞論」的評價和反思

李禮：亞洲主義裡有「興亞論」的訴求，「脫亞論」則是與此相關的另一個論題，人們圍繞它發生了一些爭論，比如一些學者認為，福澤諭吉的「脫亞論」並非想讓日本從亞洲脫離出來，而是說亞洲各國之間的關係不能再像過去那樣持續了。對此您如何理解？「脫亞」在近代日本精英頭腦中的景象，後來又有怎樣的變化？

狹間直樹：「脫亞論」這個說法被提得很多。但是「脫亞論」被當做一個問題來探討，要從二戰之後 1950 年代以後，由遠山茂樹先生提出來，才成為一個受到普遍關注的問題。

　　戰敗後，「為甚麼日本會侵略亞洲？」開始成為一個重要問題被廣泛討論。在一次會議上，遠山先生指出，作為明治維新的理論指導者之一，福澤諭吉提倡了「脫亞論」。所謂「脫亞論」，就是說通過脫離亞洲，實現加入歐洲。通過脫亞入歐的方法成為帝國主義國家，而這個帝國主義國家的日本，便展開了對周邊國家的侵略。當時的歷史學界多提倡這一觀點，並對「脫亞論」展開反省和

批判。這種觀點長期支配了日本史學界。

在這樣的潮流下，對於「脫亞論」的評價就姑且定型了。不過在那之後的十年左右裡，出現了很多新意見，像剛才您提到的那種對「脫亞論」的新解釋也開始被提倡，有很多人呼籲說要去理解福澤諭吉的思想。我對於這兩種觀點都不是十分贊同。

首先，我不贊成這種擁護福澤諭吉思想的新解釋；另外，我在《日本的早期亞洲主義》書裡有一個序章，這篇文章我迴避了這個問題。這篇文章我主要是在 2002 年完成的。當時我已經有打算好好研究，書寫福澤諭吉「脫亞論」的問題意識，但出於知識儲備不夠，就打算以後再好好整理總結，但是一直就這樣擱置了。可能是出於惰性吧。本來打算重新寫，後來桑兵老師說不用寫也行，這本書就這樣出版了。

雖然還沒有寫成文章，但一些問題我已經在思考了。我們現在很多人在討論，福澤諭吉寫「脫亞論」的時候，自身的想法到底是甚麼？但我認為更重要的一點是，福澤諭吉提出的「脫亞論」，為甚麼在當時日本的輿論界、思想界都沒有引起重視？為甚麼？難道說明治時期的日本已經在朝那個方向發展，所以這個問題才沒有引起大家的關注？在迎來戰敗的 1945 年，很多人開始思考為甚麼日本會變成這樣。三宅雪嶺，一位很穩健、很偉大的先生，他提倡的國粹史（不是標榜本國最強的那種國粹史）就認為，每個國家都有其國家的「粹」，也就是最重要的東西。所以三宅雪嶺就認為，日本是被軍人毀掉了。

戰敗以後，這種說法開始流行起來，很多人都認可這樣一種看法。但是在福澤諭吉寫「脫亞論」時，沒有人會把這個問題往這個

方向上想，也沒有人提出別的意見。戰敗後開始反思為甚麼日本會走上這樣一條路。遠山先生就站出來說：看吧，跟我們想的一樣。那個時候的日本太壞了，天皇統治下的日本太壞了。作為對這種說法的認證，人們就展開了對「脫亞論」的批判。然後又過了十多年，又有人開始說福澤諭吉沒有那麼壞。大概就是這樣。我在2000年的時候沒能好好思考，好好地整理，到了現在我可以簡單提一兩句，大致的內容在我的關於亞洲主義的那本書裡也有提到。

三、明治維新與戊戌變法

李禮：提到明治維新，中國戊戌變法的重要發起者比如康有為，正是將日本的明治維新作為改革藍本，很多人願意將這兩次政治改革加以比較，對您而言呢？

狹間直樹：康有為的確試圖以明治維新為藍本進行戊戌變法。然而卻不能簡單地對前者的成功與後者的失敗進行比較。清朝變法派受皇帝之命實行改革，與日本維新派奉天皇之命實行改革，在結構上幾乎是一致的。但是清朝的皇帝沒有實權，武力掌握在不喜歡改革的西太后手中，因此太后一旦下定決心，變法注定會是失敗之命運。

而日本的天皇受到與江戶幕府作對的雄蕃的武力支持，能夠與幕府的權力相抗衡。並且第十五代將軍德川慶喜缺乏與天皇對決的

決心，因此幕府的敗北幾乎也可以說是注定的。其他需要考慮社會、文化等方面的問題還很多，但需要慎重對待忽視最具決定意義的頂層政治構造之差異而進行比較。

李禮： 在 19 世紀轉向近代化的努力，特別是政治轉型的道路上，人們常認為日本成功而中國卻失敗了。您認為其中的原因是甚麼？比如有這樣一種意見：如果只有漢人的話，中國維新變法就能成功。

狹間直樹： 這個問題很大，不好簡單回答。的確像大家所說的，滿族人裡有慈禧太后那樣的人，所以變法才會失敗。在這個層面上，可以說如果去掉滿洲勢力，變法有可能成功。但恐怕不能這麼簡單地說。要注意的是，列強利用滿洲來支配中國的這一構想。在明治維新以後 30 年，國際形勢發生了很大變化；並且對於這種變化，日本和清國，採取了不同的應對措施。簡單來說，在那之後出現了一種錯位。

比如說在當時，慈禧太后的守舊勢力跟義和團運動同時發生了，這就是當時清國所處的狀況。日本幕末時期也有很多外國人，但是具體情況還是不一樣。當時的日本，是一種甚麼事都由幕府來承擔責任的狀態，所以兩國之間不能單純比較。不過可以說，滿洲問題的確是一個十分重要的原因，但也不能因此就說沒有它，事情就會變得簡單。

除此之外，我們都說日本明治維新成功了。但是這能算作是真正的成功嗎？最近學界就此問題出現了很多反省的聲音。從表面上看，一直以來很多人都說，甲午戰爭和日俄戰爭的勝利都是明治維

新的成果。由於明治維新，四民平等才得以實現，國民教育得以普及。在此背景下，日本的國力才會提升，戰爭才會勝利，這不得不承認。

李禮：那麼狹間先生對明治維新評價如何？也認為它遺留了很多問題嗎？對於日本學界對明治維新的歷史反思，您持何種態度？

狹間直樹：部分認可吧。首先，如果我們要稱讚明治維新，我認為其中最基礎的，就是它在國民教育方面的貢獻。也就是說，在我看來，明治維新最大的貢獻，就是使日本向以國民為基礎的國家邁出了第一步，這一點值得稱讚。

但是，這裡所謂的「國民」是甚麼呢？這是被神化了的天皇的子民。這導致了甚麼？我們都知道的，之後中日戰爭、第二次世界大戰的失敗。這就是在明治憲法所構建出來的體系中誕生的新國民的所作所為。我們不得不承認這一結果是失敗的。

尤其是我們這些在戰後培養出來的一代人，在那個不好的時代終結後誕生的人，更應該對此進行反省。所以，我們不得不承認明治維新有積極的一面，但是也不能忽視它所導致的惡的結果。綜上所述，我認為明治維新應該從兩方面來進行評價。

你提到的這個問題，是目前日本學界廣泛討論的一個問題，尤其是圍繞福澤諭吉的爭論十分熱烈。

李禮：2018 年是戊戌變法 120 年，晚清的政治「改革」被熱烈討論。您剛才說的觀點，可以會給很多人不少新啟發。

狹間直樹：的確，明治維新一些積極的成果需要承認。但同時，想到明治時期的日本對朝鮮和中國做了甚麼，在戰敗 70 多年後的現在，我們就必須意識到這個問題。日本國內對此也有很多討論。

四、章太炎、嚴復、康有為、梁啟超

李禮：近代中日知識精英之中，您個人有沒有特別欣賞、偏愛的人？或者有哪些人您認為比較重要，卻被歷史所忽略的？

狹間直樹：很難說啊，因為沒想過這個問題，很難回答。相比較來說，研究歷史會產生對歷史人物的喜好偏差。但是如果太執着於這些的話，歷史研究就沒法進行了。所以我盡量不去想這些問題。所以我也很難回答。但是比如說感覺這個人在某些方面很厲害的話，我拿章太炎舉個例子吧。章太炎曾經被袁世凱囚禁過。在那個時候，如果他能低聲下氣一點的話，袁世凱肯定會立馬放了他，給他高官厚祿，但是章太炎是絕對不會這麼做的，這一點我覺得很厲害。

　　章太炎當然很偉大，不過，像他這樣的人還有很多。

李禮：梁啟超已受到相當大的關注和尊重，不過直到今天，很多人還是認為他的思想較為淺薄，更多只是作為中介和傳播者，將西方、日本的思想導入國內，而康有為或章太炎、嚴復這些人，對中

國或西方的理解更為深刻。對此您怎麼看？

狹間直樹：梁啟超他不像康有為在倡導文學、開放思想門戶接受新思想的思想史中佔有一席之地。但是新的時代思想，必須是建設以「民」為基礎的國家，這一西方近代思想對當時的中國以及周圍的漢字文化圈的影響覆蓋了社會、人文科學多個領域。對於他們正確且流暢地把西方近代思想介紹過來，這一文明史上的貢獻需要給予高度的評價。

與梁啟超同一時代的章太炎，在把傳統學術改造成「國學」這一點上，功績不可磨滅。在準確翻譯西方近代重要文獻方面，嚴復的功績無人出其右，但他沒能成功地將西方文獻傳播出去。

李禮：個人而言，您欣賞康有為嗎？譚嗣同、唐才常、梁啟超這些康門弟子，是否真的構成了一個政治共同體？作為梁啟超研究專家，您認為梁和其他中國知識精英相比，有何獨特之處？

狹間直樹：我對康有為這個人沒有甚麼好感。對於金錢他難說有潔癖，尤其惹人注意的是每到關鍵時刻，他退避三舍的懦弱態度。梁啟超 1901 年在思想上對康有為進行批評，但在行動上還是堅持弟子的立場。辛亥革命後的憲政黨（對保皇會改組後的組織）時期，梁啟超不贊成康有為的「虛君共和」而採取單獨行動，到張勳復辟時甚至不惜武力對決。不過梁啟超晚年重拾作為弟子之態度，所以可以說他是康有為終生的弟子吧。

譚嗣同、唐才常雖然與康有為都站在改革的一方行動，但不能

說屬於康有為的「政治集體」。尤其是後者，1900 年勤王起義時他已經陷入無法接受來自康有為資金之境地。

我最初進行梁啟超研究時，是從梁啟超戊戌政變被迫流亡日本後，在多大程度上接受了日本文明史的成就，從這一問題意識開始的。現在對梁啟超以及與他同時代的人共同努力形成的「近代東亞文明圈」的歷史意義感興趣。這些（以我在）清華大學的講義（為基礎整理）出版的《東亞近代文明史上的梁啟超》中有更多介紹。梁啟超是一位兼具「政治家」「學者」「報人輿論家」等諸才能的人。其根本的追求在於把中國改造成近代國家（國民國家）的政治課題。他根據 19 世紀末、20 世紀初的學理，使用新式輿論工具促進輿論的形成。在這個意義上，他是一個具有個人社會責任自覺性的近代知識分子的先驅，而且是其中最為突出的先驅。

李禮：關於梁啟超頭腦中的思想資源，是個有些龐雜的話題。您認為他在日本吸收的眾多思想，以及在他身上發生的轉變，哪些讓您印象深刻？

狹間直樹：關於梁啟超的「思想資源」，他的國家論以伯倫知理（Johann Bluntschli）的《國家論》（進而言之應該說是吾妻兵治重譯的《國家學》）為核心，不過其背後還有富耶（Alfred Fouillée）的《哲學史》（進而言之是中江兆民翻譯的《理學沿革史》）等。以改造中國為目標的《新民說》即是以它們為基礎寫成的。

不過 1903 年梁啟超訪美後的思想變化集中體現在《開明專制論》，此後他把全部精力投入到反對革命、在清朝統治之下往君主

立憲制過渡中去。《開明專制論》的理論基礎是筧克彥的《法學通論》等。但是這一時期，「共和的真精神」仍然主張的是人們「應該自覺確立秩序，擁有公益心」，這一點值得關注。

　　梁啟超在辛亥革命後的 1912 年 9 月回國之際，以「國體」已經因革命變成共和制為由，確保了自己在共和國的政治立場，即自己的目標雖然是在君主體制下實現君主立憲制，但在共和體制下擁護共和政體。他反對並阻止袁世凱稱帝，被稱作「共和再造的英雄」，是梁啟超最為欣慰的事情。

李禮：建構現代國家的目標，與梁啟超啟蒙中國新公民的努力，在一些人看來不無矛盾，而另一些學者包括您看來，卻是有機結合的。然而具備自主政治意識的新民，似乎勢必與一個開明專制國家（梁的理想）發生衝突，對此該做何理解？如果在一個威權主義者和自由主義者之間做一次選擇，你認為梁更傾向於哪一個？在您看來，哪些理念在一直吸引着他？比如我首先想到的是國家主義。

狹間直樹：擁有自主政治意識的「新民（新公民）」與「開明專制國家」的國民，自然存在矛盾衝突。因此梁啟超一邊開始撰寫《新民說》（第 5 節《論公德》等），意在培養具有「公德」的新民，一邊在訪美後意識到這種理想的不可能（其根本乃是對「革命派」的懷疑），而將論據錯開來闡釋新民涵養需要從培養「私德」開始（第 18 節《論私德》）。此後他與革命派之間展開論戰，放棄繼續撰寫《新民說》，而自《新民叢報》第 73 號開始撰寫《開明專制論》。不過，他一直沒有改變的是認真直面時代課題的意識。

因此，中華民國成立以後，他在袁世凱大總統手下擔任司法總長，為解散國民黨發揮了積極的作用。但是在 20 世紀 20 年代，與政治拉開距離主要專心於學術活動時，他站在自由主義者的立場對中國國民黨的「黨國統治」表示反對。梁啟超政治立場的變化是複雜的，但是究其一生可以發現，基本上他堅持的應該說是「自由主義」。

按照梁啟超自身所言，在流亡日本後的 1899 年到 1921 年遊歐回國期間，國家主義是他的思想核心。國家主義的內容一般被理解為把國家看作第一位，但是需要留意的是梁啟超的國家主義暗含的基礎是具有國家主義自覺的國民。梁啟超受其吸引，是因為看到近代西方各國的強勢以及日本昌盛的基礎在於接受了國家主義。後來放棄國家主義，是因為梁啟超通過一戰後對歐洲的訪問，意識到國家主義並非完美。

「中國公眾」中的知識分子的確對梁啟超保持了較高的興趣。這種興趣在《新民叢報》時期曾達到頂峰。他去世後人們積極響應為其製作年譜這一事實不可忽視。這應該是出於對他開闢時代思潮先端之功績的尊敬。關於梁啟超的研究，始於美國，臺灣的張朋園教授極大推動了這一研究。近代學術在 20 世紀 20 年代發生了巨大的變化（飛躍），梁啟超晚年順着這一大趨勢發展了自己的學術。今後一項重要的課題，應該是研究其在世界史中的位置。

因為梁啟超是一位從事多方面活動的人，所以很多地方都令我感到有興趣。其中尤其需要注意的，是他關於宗教的態度。西方文明與基督教有着深厚的關係，這一點幾乎已經成為常識，但梁啟超卻堅持對基督教的批判態度，在不關心宗教方面，他成為東亞比較

有代表性的一個人物。承認信仰自由，確立對宗教的開放精神，對今後的歷史應該也是有用的。

五、「亞洲主義」的演變

李禮：早期亞洲主義理念中，人們也能看到傳統儒家的思想抱負，比如要求一國政治必須負有保證人民生活安定的責任。但您曾提到過，日本提倡亞洲主義的機構，同時也很推崇中村正直翻譯的《自由之理》（密爾《自由論》）。近代轉型中，中日兩國是否對西方的個人自由都有著實用主義的解讀或「借用」？

狹間直樹：其實沒有矛盾。我們擱置一些少數派的意見，從大方面來說，中村正直的思想比較有代表性。他的思想中吸取了中國的傳統思想，尤其是儒學，比如他認為要使人民的生活得以安定，這就是一種儒家的思想。

　　至於儒家的「安政愛」民與西方的個人本位是否有矛盾？這是一個很有趣的話題。其實我打算就這個話題做一次講座。先簡單說一個方面吧。最重要的一點，不論日本還是中國，對於西方近代思想的理解，都像你剛才所說的那樣。但是，中國的儒學真正提倡的東西，卻不是那些。這是因為當時日本的中村那些人誤解它了。簡單來說，就像新文化運動時期的中國人誤解儒學那樣，明治時期日本的知識分子也對儒學有一些誤解。我的老師島田先生（島田次

虔）就曾對中村進行批判。大概就是這樣。

中村正直是一個嚴格意義上的學者、翻譯家，研究過儒學，也學習過正統的西學。先學了儒學，再學西學。他對西學的理解水平很高，可以說他在兩方面都很優秀。

李禮：歷史上一度比較親近的東亞文化共同體，是否今天已經不復存在？您覺得，日本知識精英在過去的一個世紀裡，對中國的看法發生了哪些根本改變？

狹間直樹：在日本想要成為東亞盟主，實行侵略政策的時期，「文化共同體」在東亞已經並不存在。但是正如我在《日本早期的亞洲主義》所寫的，需要記住的是，歷史上的確有過認真追求亞洲團結一致對抗西方殖民地主義（帝國主義）的「亞洲主義」。該主義在日本提出，甲午戰爭後在清國也曾有人呼應，但隨着東亞同文會、國民同盟會的成立而發生了變化。

李禮：人們總會說，任何歷史研究總有當下的問題意識。您對亞洲主義的研究，現實考量是甚麼？畢竟中日之間還處在一個比較複雜的關係中，國與國之間也好，國民與國民之間也好。您發掘了早期亞洲主義一段被埋葬的歷史，有無對當下的具體關切？

狹間直樹：我是研究近代史的，沒有研究當代史的打算。要說當時為甚麼選擇了這個問題來研究的話，是因為近代日本給以中韓為中心的周邊國家帶去了很大災難，這一點是很明確的。實際上，

當時的領導階層是軍人，最該負責任的是天皇，不過在前線做壞事的，卻是普通的日本國民，這就是前邊提到的那種舉國體制。當然，對此有反省的人還是有的，不過很少。

為甚麼會這樣呢？尤其是進入昭和時期的日本，所作所為就更加過分了。現在所做的也很糟糕，也像當時一樣對中國、韓國採取對立政策。所以說，如果說這就是日本的國民性的話，就真的無藥可救了，但應該不是這樣的吧？日本的普通民眾，如果跟大家普通地、日常接觸的話，都是很友好的；可是如果國家要求訴諸戰爭，那國民還是會選擇投入進去。這樣的話，日本人的國民性到底是甚麼呢？

在思考這些問題的時候，我看到了在歷史上還有過這麼一群提倡在平等的關係上，大家共同發展進步的人們，也就是「初期亞洲主義」的時期。我認為這種想法應該一直都存在，不過卻遇到了那樣一個糟糕的時代而中頓了。現在這種惡劣的影響還留存着。所以我寫文章的一個目的，也就是想指出這些。

李禮：那您感覺這樣的時期，以後還會出現嗎？

狹間直樹：希望會有。一般的人民之中，沒有矛盾。但是國際關係上有很多問題。現在說不定，但是有可能發生大問題。這個我們要為之憂慮。

（來自作者對狹間直樹教授兩次訪談，分別圍繞《日本早期的亞洲主義》和《東亞近代文明史上的梁啟超》兩書展開，其中現場

訪談譯者為北京外國語大學邵建國教授〔書面翻譯、整理者為苗禕琦〕。書面採訪譯者為社科院近代史研究所高瑩瑩女士。整理刊發時對內容順序進行調整、合併，邵建國教授對部分問題亦有貢獻，特此致謝。）

第八章

張鳴 ｜ 如何「重寫」中國近代史

> 「凡是帝制的結構到一定時候都會出事，機器都鏽死了，官吏本來是民眾的管理者，就變成了民眾敵人，或早或晚都會逼出民變，這是一個沒辦法的事情。」

張 鳴

中國人民大學政治學系教授，研究領域包括中國政治制度、近現代政治、思想史以及鄉村政治文化等。著有《共和制的帝制》《重說中國近代史》《軍閥與五四》以及《中國政治制度史導論》《鄉村社會權力和文化結構的變遷》等。另著有歷史文化隨筆，有《辛亥，搖晃的中國》《直截了當的獨白》《歷史的壞脾氣》《歷史的底稿》等。

一、中國近代史如同「羅生門」

李禮：記得張老師在很多地方說過，自己研究歷史屬於半路出家，或者說是個「野路子」。具體來說，您是甚麼時候開始關注「中國近代史」的？其中哪些問題或哪段歷史讓你後來特別有重寫的衝動？

張鳴：我的確是「野路子」，不敢說是歷史學家，你要說是政治學，還算是一個文科教授。我最早當過獸醫，大學學的是農業機械，跟這個一點都不沾邊，但是我們那個時代的人都是這樣。我是1957年出生，早了一年上學，讀了三年級就開始文革了，字都沒認全。所以我們這種人，要想學到東西必須自己看。在文革時閱讀，就是得到甚麼看甚麼，我也沒像他們有些人看的灰皮書，當時連灰皮書是甚麼東西都不知道，頂多抓着甚麼就看甚麼。後來到了中學復課後光看小說不行，就看點別的亂七八糟的東西，那時有一些封存的書開始流出來了，其中一部分都是歷史書，比如說范文瀾的那套《中國通史》。我記得當初還有一種專門給青年讀的《中國近代史》，那時都看過。感覺就是，中國近代史讓人很憤怒，中國這麼受欺負真是沒有道理，看完之後，就像我這套書總序裡寫的，真的非常憤怒，經常拍桌子的那感覺。

我正兒八經想研究近代史是讀研之後，讀研是在人大黨史系，但是我不想做黨史，就做思想史去了，這個時候才正經去摸近代史。由於已在北京，所以可以看到一些比較有份量的東西，感覺就

不太一樣了。一直到我碩士論文出版了還是寫了不少東西，但是我這個人很隨性，就是不太會為誰去寫本書。此前，我開了一個選修課，後來他們就把錄音整理出來出版了，當然我也同意，當時覺得這書肯定沒戲，沒想到那本《重說中國近代史》出來後賣這麼多，這就覺得應該有點責任感，應該好好做一套，不像以前東一榔頭西一棒子，喜歡甚麼就寫甚麼。我想認認真真系統地做一套專門對大眾的——也不叫對大眾，對那些愛好讀書的人吧，為他們去寫一套。這個心態就不一樣了，就會很累，因為以前隨性去研究某一個東西，你再累其實也不覺得，就像喜歡一個女孩子，你追她她再怎麼拒絕你，你下跪獻花啊、在那兒苦等都無所謂，因為你喜歡。現在有一些部分並不是我喜歡的，但是必須要寫出來，總得給人一個交代，而且還要寫成一個給大眾閱讀的。

裡頭肯定有我對於一些歷史的看法，因為對我來說，歷史尤其是近代史，你要想還原它是很難的，或者說基本上不可能，我們只能逼近它。你要沒有一個說法，沒有對它的一個理解，把這個理解換成一種有邏輯、有現實的東西寫出來，這也不行。

歷史實際上都是「羅生門」，所有當事人都是你說一套我說一套，同樣一個事情彼此說得完全不一樣，就好像不是一個事一樣，這是正常的。當時的史料也是如此，不可能說這些史料都指向一個方向，告訴你看清楚就行了，沒有一個人老老實實告訴你往哪兒走，沒有現成的路標可以找過去。所以說一定要有自己的邏輯、自己的解說，然後讀者看了以後看誰說得更有道理，可以接受或不接受。但是一定要有自己的「演說」方式。

有人曾經說歷史就是史料學，其實不對，因為真的把史料都端

上來的話沒人看，你做飯的時候把食材全給端在桌子上，有幾個食客能端着材料就吃了？不可能的，自助餐也得吃烹飪過的。歷史不是史料學，必須得有自己的邏輯解釋，必須把它串起來。大家都在講，看哪個講得更合適一點，哪個更接近於真實。

這是兩個東西，一個是事實判斷，還有一個就是我們的情理判斷。大家都有常識，儘管我們受教科書「荼毒」已經這麼多年，但是還是有常識的，你可以依你的常識來判斷到底有沒有道理。我們做飯的人須有烹飪的工夫，就是做出一道大家好看好吃同時又有養分的東西，這是我們應該做的。當然，能不能做到，那要看功夫了，烹飪也會差距很大，有的人燒得很好，有人就是不行，有的甚至弄出來之後還摻假、有毒。

二、兩次鴉片戰爭如何改變中國

李禮： 在您重寫近代史的系列裡，第一本叫《開國之禍》。您所說的「禍」主要指哪一塊？傳統說法裡，鴉片戰爭似乎是中國「被欺負」的開始，但兩次鴉片戰爭究竟是怎麼回事，尤其是第二次，來龍去脈經常被人忽略。按老一輩史學家陳旭麓先生所說，1860 年其實對中國的意義更大。在您看來，兩次鴉片戰爭對中國人究竟意味着甚麼？

張鳴： 我們知道，過去講歷史都是一種「仇恨史」，把 1840 年到 1860 年這一段認為是中國受欺負的開始，你欺負侵略我們，然後

我們就反抗你們。但是想想，既然是這樣，就好像不應該發生似的，那為甚麼會走到今天呢？走到今天你回頭看，房子、我們穿的衣服、我們的髮式，有幾個是清朝的呢？我們都變了。我們現在出去，除了黃皮膚之外，跟外國人有甚麼區別？那麼為甚麼走到今天變成這樣呢？

鴉片戰爭過後，日本也經歷了一次，但日本人比我們乖，美國派人去了以後擺出架式說，你給我開門，不開門拿大炮轟你，日本人商量商量就開門了，他們管這個叫「開國」，國門開了叫開國。所以正經的開國就是那個時候，但是日本人是年年紀念引以為榮：開國了就一直往進步走了。而我們也紀念，是恥辱、丟人感覺，這個是「禍」。

記得一次我和英國學者藍詩玲（Julia Lovell）見面，藍詩玲是寫鴉片戰爭的，她說這個仗第二次不該打，理由很牽強。我說也覺得很牽強，但是不能不打。為甚麼要打？就是第一次門沒開，貌似開了還有後面玻璃門沒開。中國人很難開這個門。那為甚麼要開門？當然英國人不是來做慈善的，他是要把你拉進他的世界跟他一塊做生意，打開中國市場推進他的世界裡。我們當時不在這個世界裡，我們自己有一個天下，就是他們也是我們天下裡的，但是你們不來也就算了，我們假裝不知道你們，你們來了就應該下跪，因為我們是世界中心，天下只有一個王朝就是我們，一個皇帝就是大清皇帝，你來就得拜，不拜你就走。

這個新的世界，國家是一國一國產生的，這個道理到陳獨秀辦《安徽俗話報》時，他寫出來跟人講，這個世界是一國一國的，沒有甚麼高低貴賤，這時已經進入 20 世紀了。但是在 19 世紀 40 年

代的時候中國根本不接受這個。我們那時候也跟外國人做生意，廣州一口（本來四個口岸，最後都堵上了，就剩一口）——這一口，乾隆的意思是，我可憐你們洋人想喝茶葉又不會種，賞你們點；要我們中國絲綢賞你們點，我們其實不需要跟你做生意——其實也需要，清朝也從西洋舶來好多自鳴鐘等，就是故宮鐘錶館那些，但量很小。所以那個時候一個口岸貿易肯定滿足不了西方的需求，而你又甚麼都不要西方的，西方只好到美洲去運白銀，有了白銀的資本來中國買。這麼大的市場，就想打開你這個門，最後就會用武力，所以說到底是以鴉片為藉口。從道理上講，兩次戰爭實際上都沒有道理，第一次是給鴉片貿易背書，因為禁煙以前統治階級禁不了，林則徐當真了就好好禁了，禁了就得有一個說法，扣煙當然是對的了，但是為甚麼他們要賣中國鴉片，目的還是想打開你的貿易口子，因為你甚麼都不要，貿易嚴重不平衡，找這麼一個東西來推門，最終引發了戰爭。

當然，從道德上講英國根本是不對的，戰爭發動時在英國議會辯論非常激烈，勉強才通過了戰爭決議案。第二次也是，「亞羅號事件」非常牽強。英國人根本沒有道理來插手，但一定要打這個門，因為《南京條約》簽了以後五口通商，門實際上卻沒開，等到 1850 年中英之間的貿易額反而下降。因為中國人自己會種鴉片了，中國人這方面能力太強了。後來到清末時鴉片種植已遍及中國。

那怎麼辦？洋人想找人交涉都找不到，兩廣總督說這事得去找兩江總督去說，到了南京說這是兩廣總督的事，兩邊踢皮球。好不容易花那麼大本錢打了兩年，跟你簽了個條約，最後等於白幹，所

以還要打。打第二次的時候實際上目標就是把中國整個拖入世界裡來。我要跟你建立外交關係，要求派使節駐我們國家，我們國家派使節到你這兒駐。今天這是常識，當時最嚴重的問題卻是公使駐京問題，咸豐皇帝絕不能接受這一點。你怎麼打我都行，怎麼欺負都行，但就一條：不能派人到北京待着。你見我還不磕頭，這問題很嚴重，中國人看了有人可以不磕頭就都不磕頭了，那還當甚麼皇帝。他哪知道看見外國人不磕頭，中國人還是磕啊，我們跟外國人本來就不一樣嘛，他們鼻子那麼高還頭髮黃。所以咸豐皇帝真過慮了，自古統治者都有一個毛病：喜歡擴大敵情。本來這仗打一半就可以不打了，比如大沽被攻下，《天津條約》簽完之後本來可以不打了，但是皇帝過不去，最後還要打。

第二次鴉片戰爭之後才真正「開門了」，西方公使駐京了。也成立了一個對應的機構，叫「總理各國事務衙門」，這個東西建立之後格局就變了，我們從形式上接受世界的規則了，我們的「天下」從此以後從形式上開始瓦解了。整個近代史的過程就是這個過程，就是我們一步一步被拖進世界去了。我們沒有辦法再閉關自守，再自己關起門來做老大，這是不可能的了，這就是個大趨勢。

三、太平天國與新政治格局

李禮：談第二次鴉片戰爭，當然繞不開「太平天國」這一段歷史。對太平軍的評價，如今早已從過去的正面大幅度轉向。這場運動對

中國近代史影響巨大，比如人們注意到的地方督撫崛起、滿漢權力格局變化等等。您如何看待這段動盪的歷史，如何評價太平天國？

張鳴：太平天國研究特別熱，因為它有一些東西後來有些人特別喜歡。比如搞了一個「天朝田畝制度」，就是人民公社那個樣子，還搞了一個《資政新篇》，又有點現代化的味道，於是感覺這個農民造反好像不太一樣，所以捧的人特別多，研究也特別多。

但實際上有一個前提有問題，就是一般都認為農民起義是正面的，被逼的嘛。官逼民反這點不錯，但是造的這些頭子們拉起的隊伍是不是像他自己喊的那樣「均貧富」、殺富濟貧，給老百姓造福？其實都不是。殺富是不錯的，但是濟貧很少，實際上（財富）都進到這些造反的自己家去了。你說哪個人能夠一塵不染的，哪個人是真的很道德主義？很少，我幾乎就沒看見過這樣的人。所以對造反者的評價就是殺人之多、破壞之烈，實際上一般都超過既有的統治者。每一個王朝，到了一定時候都會出事，這是我最近經常講的一個問題，凡是帝制的結構到一定時候都會出事，機器都鏽死了，官吏本來是民眾的管理者，就變成了民眾敵人，或早或晚都會逼出民變，這是一個沒辦法的事情。

但是不意味着官逼民反的「民變」一定是個好東西。從歷史經驗看都是完全沒有道理的胡殺一通，破壞力非常大，所以說我們因為前提的問題，盡量去美化它，把它所有負面的材料都說成是地主階級對它的醜化，這就說不清楚了。太平天國也是如此，我們把這些太平天國領袖美化得厲害，從一開始就認為他們就是一個個懷有大志、想為天下打抱不平的英雄好漢。其實從開始時起這些人基本

上不會有甚麼大志。據我的考察，洪秀全一直到金田起義之後的最高理想就是當山大王，根本沒想打到北京。不過清朝受不了他，因為你當山大王叫「寨主」就得了，洪寨主沒人理你，弄了個太平天國。其實他那個國和當時的國字不一樣。國是框字裡頭一個「或」，一人拿個戈，而它那國裡頭是個王，跟簡化字的「国」，就是框裡頭加個玉很近似。清朝受不了，你還想弄個國，那要收拾你，卻收拾不了，就給弄大了 —— 由於第一步正好跳到湖南南部窮山惡水的地方，一下鬧大了。如果第一步跳到河南這事就夠嗆，當時河南人很老實，後來（太平軍）北伐的時候為甚麼沒成功，就是第一步跳到河南去了，折騰半天也沒鬧大。（如果）第一步跳到山東南部，可能馬上壯大成為一個百萬大軍，攻下北京也許不成問題。

這個事確實暴露了清朝到了末日，根本就擺不平，眼睜睜看着他們越打越大，就是統治機器不行了。八旗、綠營兵，軍隊都不行，打一仗敗一仗。所以這時漢人的士大夫們比較了一下清朝和洪秀全，發現清朝皇帝還靠譜一點，因為太平天國借了基督教的「殼」，走到哪兒所有廟全砸了，連孔夫子都被編個故事，說天下事做的錯是孔夫子教人教錯了，所以上帝就命令拿鞭子抽，打得孔夫子到處跑。這事讓讀書人受不了，因為讀書人眼裡孔夫子是聖人，羞辱皇帝行，羞辱孔夫子不行，如果孔夫子是錯的讀書人就沒本錢了。不像現在有專業，那時候所有讀書人都讀四書五經，否定孔子讀書人吃甚麼去？所以曾國藩出來練湘軍，打的旗號就是「衛道」，就搞成了。清朝沒辦法，有人要救你那當然只能讓他們救，你得給人權力，太平天國被打平了，但是從此以後清朝的政治格局

也變了。

此前清朝，別看林則徐被派去禁煙，但是說實在的漢人的地位非常低，還沒查清楚林則徐到底是不是把事辦砸了就把他撤職了。但是這次你得讓點吧。太平天國被打平之後清朝第一個動作是甚麼呢？就是想把湘淮軍裁了，曾國藩還真的聽命把自己湘軍給解散了，但是李鴻章就不散，而且也不可能散，（要是）李鴻章也散了，還有人要鬧，清朝又完了，所以政治格局就變了，滿重漢輕就變成漢重滿輕，內重外輕變成了外重內輕。格局變了以後，漢人就可以按自己的意圖幹點事，所以就有了甚麼「洋務運動」。

四、洋務運動「結構」成本太高

李禮：甲午戰爭之後，作為一種反思，李鴻章和「洋務運動」一度被批判得很厲害。您如何評價那一輪自強行動或清王朝的「中興」，怎麼看其中的得與失？

張鳴：洋務運動實際上是地方導向的，不是說中央領着大家一起幹，下個文件各級傳達 —— 都是各人幹各人的。這些漢人士大夫幹起來也是受太平天國的刺激，因為太平天國最早使用了洋槍洋炮 —— 農民沒有士大夫那些觀念障礙，好用拿着就用，中國的實用理性在下層特別明顯。像李秀成部隊裡洋槍數量非常高，左宗棠和李鴻章跟他們一打就吃虧。但是士大夫們想明白了以後，改得就

比農民徹底，連制度都變了，把淮軍的制度按照洋槍武器的格局編制。那時洋槍洋炮和今天不一樣，火藥從前面裝，然後把藥紙放頂上一打，它需要有相應的編制和它配套，淮軍改得比較徹底，現代化程度較高，太平天國後來打不過他們。

從這個契機開始學習西方，盡可能把它們都引進來，開始是買，後來買不合適就開始造，但是造也不合適，像左宗棠開始（籌劃）馬尾造船廠，後來沈葆楨把它辦成福州船政局，造船真的不如買的船，又貴又不好。因為官僚化生產且沒有工業基礎，西方造一艘船，造主體和發動機就行了，剩下市場都可以買配套的，我們甚麼都沒有，造船廠甚麼都得管，當然成本高，所以很賠錢。後來就說軍工產業是掙不了錢的，因為不能出口，就弄一些能夠掙錢的產業，比如皮革廠、開煤礦。發現如果按照官辦的模式辦也不掙錢，就承包給商人。最早的商人都是廣東商人，廣東先開放了，因為澳門周圍珠海一帶從明朝中葉就開始進洋人了，習慣了跟洋人做買賣，最早所謂的買辦商人就是從他們那兒來的。尤其是李鴻章名下那些洋務企業，比如輪船招商局、開平礦務局，實際上都是民辦企業戴個紅帽子而已，這些企業最後也沒有辦大就是因為紅帽子。

這些洋務不是我們後來說的一無是處，但說良心話，失敗不可避免。當時中國的狀況，尤其是官辦的，雖有李鴻章這樣的明白人，好多人實際上卻是糊裡糊塗就去瞎辦，這種情況就是「交學費」了。哪怕認認真真辦，像沈葆楨這樣的，廠子建成之後不回家，自己吃住全在工地上，而且真不貪污、非常節省，也是賠錢。這種經營方式和結構決定了它會有這個下場。不過還是做了一些事，如果沒有洋務運動這個階段的鋪墊，後面的事也就不好辦了。

但這個成本付得實在太高了，因為那時的認識只能到那，如果沒有甲午，一切還是會這樣混下去，朝廷真的不想改。一直到甲午戰爭的時候，人數最多的兵種還是綠營兵，其次是八旗兵，然後才輪到湘軍和淮軍。最有戰鬥力的淮軍實際沒有多少人，綠營兵那時連個毛賊都抓不了，但就是不能把它改掉。這樣的政府搞洋務、學習西方改革，能有多大成效，可想而知。

如果不到甲午戰爭打痛了，感覺要亡了，真是沒有人會正經八百地去洞悉它，而此前洋人的有些動作也誤導了他們。1860 年英法聯軍佔了北京又退走了，本來咸豐皇帝覺得他們肯定另立新朝了，所以還託俄國人給說情，讓不要另立新朝。俄國人知道他們（英法聯軍）就不是想來立新朝的，答應說情，但是得給代價，中國黑龍江以北、烏蘇里江以東就這麼給騙走了。英法聯軍簽完條約就走了，俄國人說，你看這是我給你說和的。被忽悠了一道，但後來中國人明白了，俄國人是忽悠，人家不想另立新朝，那就想，再怎麼打得慘，也不過簽個條約，亡國亡不了，所以大家都一直無所謂。到了甲午戰爭來了日本人，邏輯跟英國人法國人不一樣了。日本人原來是我們這圈子裡的人，想的是另一碼事了，（清朝）發現事大了，才想着要改了。

五、被污名化的「北洋」

李禮：我知道，甲午之後，您後面的近代史重寫系列還沒有完成。

原計劃打算寫甚麼？大概的思路，或者說想表達甚麼？

張鳴：計劃裡甲午和戊戌維新是一本，義和團有一本，然後是新政、辛亥革命，之後是袁世凱，還有兩本關於北洋軍閥。範圍上沒有超出教科書說的那些事，教科書的問題是有些史料明明擺在那卻被無視，我多少會尊重。有的部分教科書講得比較弱，比如像新政，我就花了一本書工夫來講它，因為覺得很重要，那是一個十字路口，如果中國在那個十字路口往前走的話可能結果大不一樣，會順利得多，但是我們畢竟沒走。辛亥革命呢，我不是太同意這個革命是必然的，以及這個革命的結果一定是非常正面的。後面對於國民黨，我就不能寫了，以後有工夫再寫吧。

北洋實際上太污名化了，以至於北洋成了一個很負面的名詞。你看天津，明明都是北洋時期的小洋樓，但是就不能說北洋。天津大學原來叫北洋大學，想恢復就是恢復不了。北洋大學曾經是北方最好的大學之一，比北大還老，就不能恢復。其實關鍵是評價尺度有問題，因為我們實際上是繼承了國民黨對北洋的評價，國民黨推翻的就是北洋，當然得把北洋說得一塌糊塗，不然它有甚麼合法性，就完全不顧當年孫中山和人家勾勾搭搭那麼多事了，好像從開始孫中山就和北洋勢不兩立似的，孫中山臨死時根據地在兩廣，為甚麼要到北京來？北京是北洋的天下，段祺瑞執意要到北京來開善後會議。國民黨已經有了造歷史的功能。

我覺得北洋在當時是一個金字招牌，雖說國家很弱，沒有辦法，因為辛亥革命以後突然給二千多年帝制國家一個共和制，給一個美國制度，的確是水土不服，這個制度沒有辦法給中國一個秩

序，只能是軍事政權。袁世凱還有一點希望結束軍人專權狀況進入文治——只能說有點希望，希望有多大也不好說——袁世凱一死這點希望都沒有了，變為軍閥割據。割據狀態的國家肯定很弱，但是不意味着這幫人都是殺人如麻的混蛋。有沒有混蛋？當然有，張宗昌這種「三不知將軍」就是混蛋，但其實這不是主流，主流的還是多少要搞點建設。比如至少建個大學，東北大學是奉系軍閥建的，合肥大學是直系軍閥建的，雲南大學是滇系軍閥建的；他們都會搞點建設，都會對自己家鄉有點想法。閻錫山是沒有建山西大學，山西大學外國人已幫他建好，但是山西建設不錯，他是留日出身，軍閥裡一批日本士官生，一批陸大（日本陸軍大學校——編註）學生，一大批保定（保定陸軍軍官學校——編註）學生，都是當時中國的精英，都是一腔報國之志，他們不是那些垃圾。

中國現代轉型過程中有一個投筆從戎、棄文從武的風氣轉移。實際上當年的北洋，無論是李鴻章的北洋，還是袁世凱的北洋，實際上都是金字招牌，尤其是袁世凱的北洋，事事走在前頭，他的智囊團全國最「牛」，自己管的直隸比今天的河北大，特別漂亮，新政各項事業都走在前頭，而且產出也多。別的省有的時候（軍隊）辦一個旅都很吃力，因為沒有錢。庚子賠款之後，此前日本的賠款以及之前零星的賠款都沒支付完，這時候又割下 4 億 5000 萬兩——甚麼概念？中國當時全國財政收入不到 8000 萬兩。各省沒錢辦（軍隊），有的省一個旅，大多省份一個旅都辦不起來，直隸能辦六個師，錢是袁世凱自己籌來的，不是搶來的。北洋重鎮就是天津，天津成為僅次於上海的商務重鎮，兩地差距一度非常小，天津是中國北方最洋化、港口收入最大的一個大都市，工業、商業非

常發達，文化事業也非常發達，不讓上海。天津的衰弱是後來了，像梅蘭芳唱戲在北京唱紅了不算數，到天津碼頭過一過，天津說好那就可以站住腳了，天津說不好，你回去再練功去吧。

李禮：您之前長期在大學政治學系教歷史，政治學研究喜歡動用一些理論框架，您是否有一些自己喜歡的史學理論，寫作中有無體現？

張鳴：說到教學，其實我真沒做過甚麼政治學，只是教過課而已，因為原來是思想史，後來覺得思想史做起來有點玄才轉成這樣。這個過程中看史料甚麼的都差不多，但因為是野路子，就不太關注史學理論。我就是找東西，找到之後解釋清楚就完了，現在的時髦是講理論，但是我覺得講理論不看史料，或者史料看得太少，就不足以讓人信服。

理論我不是一點不知道，包括政治學理論、經濟學理論，其實有些是有用的。我不像有些傳統史學家排斥這些理論，人文絕對不沾社科，但是我的確沒甚麼很高的理論造詣，而且有時有點排斥，因為這東西一旦進去以後，就容易形成一個先入為主的框架，然後為了說明這個框架去找史料，就會出問題，明明你宣佈烏鴉是黑的，最後人家拎出個白烏鴉來你就傻眼了，所以這種事盡可能要避免，我現在也不會會去在乎甚麼史學理論，以後也不會在乎。

第九章

黃克武 | 歷史變化背後的「思想結構」

> 「晚清文化的複雜性是超過五四的,他們對西方的
> 多元性、複雜性有很深的體認。」

黃克武

1957 年出生於臺北,著名歷史學者,臺灣「中央研究院」近代史研究所特聘研究員。牛津大學東方系碩士,史丹福大學歷史系博士。主要著作包括:《一個被放棄的選擇:梁啟超調適思想之研究》(1994)《自由的所以然:嚴復對約翰彌爾自由思想的認識與批判》(1998)、*The Meaning of Freedom: Yan Fu and the Origins of Chinese Liberalism*(2008)、《惟適之安:嚴復與近代中國的文化轉型》(2010)《近代中國的思潮與人物》(2013)《言不褻不笑:近代中國男性世界中的諧謔、情慾與身體》(2016)《顧孟餘的清高:中國近代史的另一種可能》(2020)等;並編有《同舟共濟:蔣中正與 1950 年代的臺灣》《中國近代思想家文庫:嚴復卷》等十幾部著作。

一、清初和清末的「關聯」

李禮：甲午之後投入救亡的知識精英們與 19 世紀初的「經世思想」之間有甚麼關係？您早年對《切問齋文鈔》,《皇朝經世文編》有一些研究，似乎特別着眼於此。總體上，您如何評價從 17 到 19 世紀中國知識人的思想演變？

黃克武：我的主要研究大概就是從明末清初開始，從明末清初一直到 19 世紀初葉，然後再研究到 19 世紀末葉的康、梁、嚴復等人。如果從這三塊來看的話，近代中國的知識分子是有一個傳承的。像從明末清初到清朝中葉，其實傳承性很強，像魏源《皇朝經世文編》的經世思想吸收了大量顧炎武、唐甄的東西，他們在 19 世紀中葉初期要談經世的時候，就回到明末清初，所依賴的經世思想資源很大一部分是從明末清初這些人的著作中來的。

但是明末清初的時候有一個比較大的特點，他們視野比較寬廣，基本上是看到整體的轉變，他們對於時代變化的感受性比較強，所以開始思考問題的時候，着重整體的制度性的改造。這就是說，他們着眼於大的中國的問題，例如黃宗羲反省中國專制的根源，然後想怎麼樣通過士人、書院的力量創造一個更合理的政治體制；顧炎武討論中央與地方的關係。這些議題都是有大氣魄的議題。到了清朝入關之後，特別是 19 世紀初期經世思想的視野就變窄了，開始變成在肯定現實政治權威之下所做的一些比較地方性、制度性的改革，不觸及中國政治的根本問題。

這種關懷到了康、梁的時候，又回到明末清初的傳統。他們又開始在問中國根本性的問題，康有為的著作去關懷中國最核心的制度改革問題，有一種大的氣魄。梁啟超說他「發海潮音，作獅子吼」。

李禮：為何康、梁這批人能對接明末清初那種傳統？是因為巨大的國家危機嗎？清初伴隨着明亡的感受，甲午後很多人無疑也有一種新的滅亡感。

黃克武：梁啟超和黃宗羲、王夫之等人思想的聯繫性非常強，所以，我覺得清末的確有那種強烈的危機感，讓他們再去看明末清初的那個時代。明末清初時，士大夫開始討論的一些制度改革問題，對清末志士有很大的啟發。

余英時先生將明末清初的轉變稱為「新基調」，意指一個基本的轉變，包括富民論、對民間社會的強調與對公私、義利的重新思考等。清末的人受到這些觀念的啟發，對他們選擇性地接受西方思想（如民主共和、地方自治）有所影響。

李禮：您曾使用「政治核心的改革」和「社會行動」一組概念來研究（經世思想），很有解釋力。如果以此來看待甲午之後特別是新政、立憲展開後的清王朝，我們該如何理解「政治核心改革」的失敗？

黃克武：這是我在討論明末清初到清中葉經世思想時所提出的一

組概念，搭配轉化和調適的思想取向形成四種思想類型。明末思想家如顧炎武、黃宗羲等傾向於政治核心的轉化思想，然而只有言論，缺乏行動。到乾隆大一統之後《切問齋文鈔》的經世思想改變為以核心之外的調適性行動來改造世界，至魏源的《皇朝經世文編》，此一傾向仍然很強。

如果用這個四個類型來看晚清，清末新政時期的所作所為出自政治核心的調適政策，想在維繫政權的前提下從事各種改革，以因應新時代的挑戰。很可惜，當時的傳統政府缺乏「現代國家」的施政能力，無法挽救危亡。誠如有些學者曾指出的：清廷不全是革命宣傳中的「顢頇」、「腐敗」與「缺乏改革誠意」之政府，而是努力肆應、積極變革，卻因「小政府」的格局與心態，在新政期間企圖有大作為，觸發了「結構性」的困境，在缺乏體制變革與倫理更新之下，黯然退出歷史舞臺。

相對來說，革命行動則是核心之外的轉化思想，追求全面的體制變革，以推翻專制，建立共和為口號，而獲得人們的支持，最終取得勝利。

李禮：晚清精英對出版、辦報產生這麼大的興趣，熱情投入其中。這算您說的政治核心之外的社會行動吧，我們應該怎麼看這個現象？印象裡，您更強調清末革命是一場思想動員的結果。當然，辛亥革命是個大話題，人們至今仍一直不斷地給出新解釋。

黃克武：張灝先生講的近代中國的轉型時代可以回答這個問題，他覺得轉型時代有幾個重要的機制，其中最重要的就是出版媒體。

因為那個時候，西方的報紙傳到中國來，然後像嚴復開始辦《國聞報》，梁啟超辦《時務報》《清議報》《新民叢報》等報紙，這些都是學習西方的報紙。報紙背後的理念就是藉此提升民德、民智、民力，這三者是他們從事報刊最核心性的使命。對他們而言，中國的問題就國民性的改造，而發行報刊是實現此一理想的最佳手段。

2011 年辛亥百年的時候，我們舉辦了許多活動討論辛亥革命。我覺得辛亥革命成功的一個因素是思想上的動員，這就是說，所謂「共和」的理念，之所以在 1911 年普遍地受到大家肯定，必須要追溯到至少七、八十年前。大概從 19 世紀初年，魏源、徐繼畬、梁廷楠等人開始介紹西方的總統制度、議會制度、地方自治、選舉等。

這七八十年的時間有各種各樣的介紹西方地理、歷史的書，推薦共和、民主的觀念，經過 70 年的思想動員，到了晚清的時候才跟革命行動結合在一起，經過辛亥革命而建立了民主共和。

另外一個例子就是臺灣的民主化。民主化之前在戒嚴時期，知識分子包括胡適、雷震、殷海光等人，在《自由中國》談了很多政治改革方面的問題，例如如何建立憲政體制、如何建立反對黨、如何建立制度性的審判等很多民主法治的問題。《自由中國》在 1960 年被禁。1960 年代之後李敖辦的《文星雜誌》又接着討論這些問題。這些在 1949 到 1960 年代間討論的問題，到了 1970 年代影響當時所謂的「黨外運動」。這一股潮流後來促成了蔣經國的改革，這是思想動員的另一個例子。思想動員多半透過出版和雜誌傳播，其過程十分緩慢，然而有可能產生很大的影響。

李禮：中國近代以來的現代化、民族國家構建過程，一些學者認為至今並沒有完成，中國仍沒有成為一個真正的現代國家，對此您怎麼看？

黃克武：我想第一是說要看現代國家的定義是甚麼。如果做一個很簡單的對比的話，改革開放以來中國大陸有很大的進步。我記得第一次來中國大陸是 1993 年去廣州。我一到廣州車站嚇一跳，車站前的廣場全部坐的是民工。因為我從香港過去，對比很明顯，那個時候覺得香港是一個有秩序的、法制的地方，大陸則現代性不足，這是我在 1993 年時的感覺。

那次我去了很多地方，我從廣州到桂林，從桂林到昆明，到西雙版納，然後再回重慶，從重慶到武漢，從武漢再回廣州。那時我還在史丹福讀書，當時經濟還沒有起來，物價非常的低。

我覺得從 1993 年到現在，大陸有長足的進步，開始建立了一個現代國家，這個現代國家對於人民生活上的照顧，是人類歷史上很了不起的成就，就這點來說，雖然還有城鄉差距、貧富差距這些比較嚴重的問題，但在朝向現代國家邁進的路上已經取得了非常了不起的成就了。當然現在這個社會，雖然有進步，但是還不完全理想，這個也是大家有目共睹的，尤其和比較成熟的西方國家做一個比較的話，在制度化、權力制衡、社會福利等方面還有很多地方做得不夠。

二、晚清文化上的複雜性超過五四

李禮：您聚焦過不少近代史上的重量級人物，今後如果願意繼續，將來還想寫誰？

黃克武：我現在還想做的一個事情是把我嚴復的研究，拓展到整個近代思想史的領域裡面，就是分析嚴復《天演論》所造成的中國近代思想的變化。這個問題我其實已經考慮了很久了，而且寫了一些東西，我希望能夠完成它。

因為嚴復的《天演論》在近代中國思想史上影響很大，但是具體地說怎樣影響，其實還沒有一本好的書，我大概想要寫這個題目。這個題目牽扯到近代中國從「經學時代」到「科學時代」的大轉變，那我覺得這是一個很根本的變化，這裡面也牽扯到科學的限度和宗教的意義等問題，我覺得這都可以從《天演論》的思想脈絡裡面去談，所以這是我目前所想要寫的東西。

李禮：很多近代精英借用傳統思想來應對「現代」的到來，而傳統在近代也發生了很多變化，或者所謂創造性轉化。這當中您自己比較關注、感興趣的是甚麼？

黃克武：這當然是一個很核心的議題，其實從晚清以來一直在討論的議題就是傳統文化的現代意義，或者說傳統東西到一個現代社會還將扮演甚麼樣的角色？如果從最主流的儒家思想來說，為甚麼

現在還要讀《論語》？讀《論語》或者其他儒家經典對我們現代有何啟示？當然一個比較悲觀的看法是，這些儒家傳統只有個人（修己）的意義，而沒有超越個人之上更廣的治國平天下的可能，這些觀點當然有爭議。我知道國內關於新儒家的爭議就非常的大，有人認為他們只看到傳統的好處，而看不到傳統的缺點，而且誇大了儒家在治平方面的作用。

對我來說，儒家思想在個人修身方面有永恆的意義。我記得17歲的時候讀《論語》的感受，那個時候學校要我們背《論語》。我讀到司馬牛問君子，子曰：君子不憂不懼。「不憂不懼」這四個字突然觸動了我，我覺得感受很強，當然這也因為我的個性比較內向，常感憂愁，所以「不憂不懼」這四個字對我的啟發非常大。後來難過的時候我就常想到這句話，而得到慰藉。這個例子就是說，儒家的思想內涵其實是一種道德的體悟，那是你自己去感受到的。這一套理論是否能因為「君子務本，本立而道生」，變成公羊學那樣，在修身齊家之後而能治國平天下，我覺得這倒是另外一回事。

李禮：您會特別考慮到中國人的宗教問題嗎？如果把它作為一個「變量」代入近代史，宗教的缺失會產生很多影響吧。

黃克武：這也是我講的《天演論》之後給中國人帶來最大的挑戰，就是從傳統的經學時代到科學時代，而經學時代就是傳統「天地人」的宇宙觀，那科學來了以後呢，打斷人跟天地之間的關聯，開始了從實證主義來的無神論，這其實是一個很大的衝擊。

這個衝擊在當代中國大陸的影響很大，當然一方面我們也看到

宗教的復興，可是事實上無神論的色彩還是蠻強的。無神論的問題就牽扯到在一個無神的世界，個人要如何追求道德理想、身心安頓，並解決終極關懷的問題。我覺得儒家在這裡應該是可以扮演一定的角色。我的老師墨子刻（Thomas A. Metzger）是猶太人，可是他說《聖經》講的故事多不可信，他有一個朋友得癌症快要過世了，他寄了一本英文的《論語》給這個朋友，他說你讀這本書可以獲得很多精神的安慰，他覺得《論語》比《聖經》更能夠打動人心。儒家當然不能說是一個宗教，但是他裡面討論的問題，或者說他面對人生境遇的方式，有其價值，這是人文主義的人生觀，我覺得至少是在科學世界裡安頓身心的一條路。杜維明先生這麼多年所宣傳的應該也是這個理想。

李禮：說到從經學時代到科學時代，您如何看待晚清、五四兩個歷史時期的「啟蒙」。對於晚清到五四，思想啟蒙上的某種「窄化」，您考慮過其中的原因嗎？

黃克武：王德威講的一句名言：「沒有晚清何來五四」。首先五四是從晚清來的，這一點沒有問題，但是五四不但有繼承也有新的發展。不過王德威的想法裡面有一個隱含的意義就是說，其實從晚清到五四，啟蒙變得單一化和狹窄化，這一點也蠻有意思的。

我自己研究晚清，可以看到晚清的啟蒙更多元、更開拓，這和王德威從小說的角度看到的面向有類似之處。晚清時除了譯介經典的科學名著之外，也關注相當多其他的部分，包括所謂靈學、科幻小說等，一些科學、民主、現代性之外東西，以及批判主流觀念的

一些想法。的確，晚清的文化的複雜性是超過五四的，他們對西方的多元性、複雜性有很深的體認。到了五四時代，他們開始接納以科學、民主為中心的西方主流價值，反而排除掉了與科學和自由民主不合的一些東西。從這個角度來看的話，晚清那個世界的豐富性、多元性要超過五四，但是五四對於現代價值的肯定，其強度要超過晚清，就是把個人主義、男女平等、民主與科學的主流價值彰顯得更清楚。

我覺得和五四的命題是有關係的，經過洋務運動、戊戌變法之後我們可以發現，中國的問題不只是物質，也不只是制度，而是一個最根本的文化精神的問題，所以這方面我想大家都知道胡適、陳獨秀以及魯迅開始去思考的，中國問題的解決是要需要一個新文化運動。新文化運動抓住了西方的主軸，就是「德先生」、「賽先生」，這一種對於文化改造深切的渴望，我覺得是造成這種啟蒙窄化的主要原因。

李禮：或者是因為一種急切的追求國家富強的社會心理，溫和的改良者近代以來一直很難獲得主流意義上的成功，而激進者或更加極化的那一端卻往往勝出，儘管付出的代價很大。

黃克武：我覺得這和救亡的迫切感是相關的。近代中國的這種激進化，在思想模式上和傳統也有關。全盤推翻傳統的那種想法，其實在清中葉的今文學派裡面就開始醞釀，所以我覺得傳統是有一種推進的力量，在五四思想的底層，有傳統的力量支持，這也就是我們常講的反傳統中的傳統。革命的反傳統精神在二十世紀中國思想

界是一個主流。余英時將二十世紀的中國思想發展描寫為「激進化」，這個觀點引發不少的討論。他講的激進化和我所謂的轉化思潮盛行有相同的意思。

近代中國或許出於救亡的危機感，轉化思想成為一種扣人心弦的選擇。這種破除舊物另建新天地的想法有其吸引人心之處，國共二黨基本的革命理念與此配合。然而這種激進的轉化精神也帶來負面影響。在打倒傳統的同時也將一些正面的東西一併掃除。海峽兩岸學者出於對此之反省，逐漸挖掘出像梁啟超那樣的調適的智慧：在建立新國家、塑造新國民之時，「淬礪其所本有」與「採補其所本無」，兩者應並重。這是我在梁啟超那本書中所提出的主要觀點。

三、近代中國的「調適」之路

李禮：「調適」似乎可以用來描述晚清民國很多人，從嚴復、梁啟超到杜亞泉。如何理解這種現象？在您看來，為何「調適」會成為近代中國思想史上的一個「關鍵詞」？

黃克武：我在梁啟超那本書裡面，開始談到轉化和調適這兩種思想路徑。轉化和調適，其實跟改革與革命非常類似。改革、革命是具體歷史人物的派別分析，有時空的性質，轉化和調適則是一個抽象的思想分類。我在那本書裡面開始談近代中國思想的兩個趨向，就是以梁啟超、嚴復為主的調適趨向，包括到杜亞泉；另外一個就

是從譚嗣同開始，一直到五四、到毛澤東追求徹底改變的一種思想。這兩條思路在近代中國一直並行發展，以轉化思想為主流，但調適思想並未完全消失。

我覺得從嚴復、梁啟超到杜亞泉，《東方雜誌》這些人的思想裡面，不管叫調適還是調和，基本上都帶有一種「繼往開來」的觀念，就是說中國的未來路向，不是靠打破現在之後重新建一個新世界，而是在一個繼承過去的基礎之上，開創出一種新的局面。嚴復在時代上較早，梁啟超、杜亞泉兩個人在時代上相近，他們想問題的方式也是比較類似的。

李禮：這種思想脈絡，到民國後有甚麼變化？比如「調和」中西的方法或其中一些具體內容？

黃克武：這一脈從嚴復、梁啟超開始。嚴復在早年激進，晚年變得比較保守；梁啟超也很類似，在清末的時候採取比較激進的轉化思考，訪美回來之後，變得比較調適。民國初年他從歐洲回來以後認為西方文化已經破產、應回歸中國。梁啟超跟梁漱溟基本上代表一個類似的趨向，他們開始了中國現代新儒家。這個系統大致上都有一個類似的想法，就是不要瞧不起咱們老祖先，老祖先裡面有一定的智慧，當然我們中國有失敗的地方，有需要改進之處，但是中國之所以成為中國，歷史的命脈有它一定的智慧和生命力。

我覺得這是所謂調適那一脈比較重要的一個想法，一直到港臺新儒家仍然如此。1949 年之後，有些知識分子在香港辦《民主評論》、在臺灣提倡「中華文化復興運動」，大概都是對於歷史大改

變的一種反省，而這個反省呢，我覺得是跟着清末嚴復、梁啟超以來的一個思想脈絡。

李禮：中西之間的思想調適，後來在臺灣算得上成功嗎？從您的角度看，理想狀態應該是怎樣的？

黃克武：從我的理解看是，我覺得 1949 年以後的臺灣思想界，主要是以蔣介石為中心的三民主義者，以胡適、殷海光為中心的自由主義者，以及唐君毅、牟宗三等新儒家三派，這三派是臺灣的三個主要思潮。這三派其實有一些共識，當然第一個基本上站在反共的前提之上來思考中國的問題，在這個前提之下新儒家和自由主義者都支持蔣介石，當然他們對蔣介石也不滿，可覺得除了蔣，大概真正能夠挺住的人也不多。

　　我近些年也在研究蔣介石，一直在處理蔣介石日記，我發現他的日記很有趣的一點是，蔣介石從 1940 年開始讀梁啟超的書，而梁啟超 1929 年就過世了。可以說蔣讀得非常晚，過去大家不太注意，但是從日記就看得非常清楚，1929 年梁啟超過世的時候，蔣介石在南京主持國民黨的工作，那個時候他們對於梁啟超所代表的進步黨（那一派和國民黨是敵對的）有反感，所以梁啟超死的時候，國民政府沒有褒揚他。到了 1940 年代，蔣介石思想開始有所改變，因為他開始讀傳統典籍了，然後就碰到梁啟超了，他非常有系統地讀梁啟超的書，梁的著作他大概都讀了，從《清代學術概論》到《李鴻章傳》等等幾本重要的著作他都仔細地讀了。

李禮：把梁啟超和蔣介石聯繫起來很有意思，據您看，梁啟超對蔣的影響大嗎？

黃克武：蔣介石對梁啟超評價很高，所以他的思想對於蔣介石影響蠻大的。蔣介石本來思想的底子是日本留學軍事的底子，也讀了一些王陽明的東西。這讓他比較容易接受梁啟超，因為梁啟超也是走一些王陽明的路子，兩者有一些脈絡上的對接。他在日本先接觸陽明學，然後接觸梁啟超和新儒家的這些人，所以蔣介石比較容易接納這些人對於傳統的看法。

1949年他到臺灣之後，重新思索革命跟傳統的關係，然後開始強調傳統的價值。我們在臺灣，中學讀的「中國文化基本教材」就是《四書》，這一原則是在教育體系裡面定下來的，影響了許多年輕人。後來成立孔孟學會、發起中國文化復興運動，這些後面都有官方的支持。總之，蔣介石這一套想法源於40年代他讀梁啟超而受到的影響。

當然，大家如果去臺灣也知道，基本上傳統沒有斷，不管是儒家倫理的傳統，還是宗教的傳統，在臺灣都延續不斷，和中國大陸有很大的不同。

四、接受西方的糾結

李禮：嚴復、梁啟超算最早一批中國自由主義者嗎？嚴復研究西

方思想相當深入，卻有着非常傳統的一面。梁啟超也被不少人批評，說他「集體主義」思想其實蠻濃重。

黃克武：嚴復是近代中國最早一批自由主義者，我過去大概二、三十年用力最深的就是嚴復了，我覺得他的學術路數比較深，其深度超過梁啟超。梁啟超是興趣廣泛，廣而不深，嚴復的思想則底蘊很深。他介紹的西學大致上有幾塊：一是政治上的自由主義，二是經濟上的資本主義，三是社會演化理論，第四塊就是西方邏輯思想。這四個方面是西方近代的基石，自由主義、資本主義、社會演化論、邏輯這四塊嚴復都觸及到了，所以他的涵蓋面比較廣。其中自由主義這一部分大概也只有他下過最深的功夫，至少在清末的那個時候，能夠真正讀英文，看懂西方的著作，然後把它們翻譯到中國的，大概也只有他了。

　　當然很多人會批評他，我同意他的思想有矛盾之處，其實每個人都有一些矛盾的地方，尤其在清末民初傳統跟現代相衝撞的情況之下，他們內心的拉扯應該會超過今天的我們。我們現在基本上已經十分西化了，所以那種矛盾性或者拉扯不像他們這麼強。他們是從傳統中出來的，梁啟超、嚴復那一代對於中國傳統的沉浸遠遠超過我們，在那樣的情況之下去接受西方、認識西方，當然有一些限度。傳統的視野、語彙會限制他們對於西方的認識。我研究他的翻譯，可以看到他在那個時候，以有限的語彙去想像西方自由主義、資本主義等現代思潮，特別不容易。他用很多從儒家、道家經典而來的觀念來理解包括自由這些新概念，無可避免的會把中國傳統的一些想法投射到西方之上。

但我覺得他抓的比較準的是，他看到了中西的對比，其中一個對比就是西方人強調自由、重視個性，中國人強調群體、重視家庭。他覺得這個差異跟中西的強弱對比是有關係的。他雖然對西方自由主義的了解有一些缺陷，但是毫不猶豫地強調個體自由、個性解放，就此而言，我覺得他作為一個自由主義者還是當之無愧的。我想從嚴復、梁啟超到胡適，都是最早一代的自由主義者。

李禮：嚴復熟悉英文，後來的胡適也沒問題。但梁啟超呢？梁對西方沒有太多直接介入。此外，會不會感覺他身上國家主義更突出，然後才是自由主義？早期這批人都大概如此吧。

黃克武：他有自由主義思想，但他對自由主義的理解和德國國家主義的想法是交織在一起的。的確，晚清那個時候誰不想救國？那種救亡的意識、強國強種的希望都很強。所以我覺得梁啟超內心有糾結，他希望把英國的個人主義、自由主義跟德國的國家主義結合在一起，這也是他們講「群己平衡」的關係，嚴復也是如此，強調「群己權界」。

我覺得梁啟超、嚴復都是從中國這種群、己平衡的角度，來看個人跟國家的關係，因為中國傳統（如《大學》修齊治平的想法）其實就是主張從個人推展到國家，個人是在國家之內。但是國家又是以個人為基礎，只有健全的國民才有強盛的國家，這種群己的觀念影響到他們對於自由主義和國家主義的抉擇。

李禮：福山說，「西方的自由民主政體將作為人類最後的政體形式

而得到普遍實現」，您似乎認為這是過度樂觀了。回顧自由主義進入中國以來的歷史，您認為它遭遇的困難更多來自本土傳統，還是現實危機？

黃克武： 二十世紀末葉世界局勢發生重大變化。1991 年底蘇聯總統戈巴卓夫辭職，蘇聯最高蘇維埃通過決議宣佈蘇聯停止存在。蘇聯解體代表着自第二次世界大戰結束後持續了近半個世紀的冷戰和兩極格局的結束，美國也成為世界上唯一的超級大國。在這一大的歷史背景下，日裔美籍學者福山（Francis Fukuyama），提出所謂的「歷史的終結」，以為「西方的自由民主政體將作為人類最後的政體形式而得到普遍實現」。此一論斷引起很多討論。從中國近代歷史發展來看，我覺得，他的論斷過於樂觀。至少到目前為止中國人的政治生活中，只有臺灣採取美國的模式，其他地方都不接受「自由民主政體」。此一原因甚為複雜，我在《自由的所以然》一書裡，曾從內在、外在因素加以分析，其中確有「先天不足，後天失調」的情況。以臺灣的歷史經驗來說，今日的情況也是多種因素的結果，不一定具有典範意義，只能顯示有此一可能。未來的歷史是開放的，中國也可能走出一條獨特的「現代性」道路。

李禮： 您自己對中國傳統文化怎麼看？今天它面臨很多困境。您在英國、美國讀過書，待過比較長的時間，或者感受更加複雜吧。

黃克武： 1988 年我第一次去英國讀書，對我衝擊很大，因為那個時候英國已經不是一個世界最強的國家，但是那個社會非常安定，

有秩序、守法、人與自然之間的關係處理得非常好，在生態維護、在社會福利等方面都很先進，我印象非常深刻，而當時的中國離那個境界很遠。我在牛津讀書的時候，學術氣氛濃厚，到泰晤士河邊散步，非常寧靜。英國其實也經歷過工業革命，但是工業革命之後，他們開始重新去修復人跟自然的關係，我覺得那種成熟穩重的現代感和中國社會的「匆忙」有一段距離。

對現代中國人來說，傳統如同鄉愁，很少有人能完全拋棄。在60、70年代臺灣中小學教育裡面要讀很多傳統的東西，在學校裡面是要背《論語》的。我跟大陸同學交往的時候，最明顯的一個例子就是，我們常會背一些《論語》或用其他典故，大陸同學常常都沒聽過。而且這些東西，不只是形式上的意義，而對整個人格的發展，或者說整個人生觀都起很大的作用，所以傳統是深深植根在我們這一輩的心裡面。我覺得這一部分是無法改變的，你不管到甚麼地方，覺得最好吃的飯還是中國飯，永遠是中國味。

五、歷史研究的類型與追求

李禮：墨子刻先生曾經評價說，您特別喜歡研究歷史「模式」。他對您影響很大吧？墨先生是我最喜歡的海外漢學家之一。

黃克武：我受墨先生影響很大，一直到今天，我還一直跟他請教，我覺得在西方漢學界裡面，他是少數對於中國文化有一種發自內心

的敬意，而且下了很大功夫者。他喜歡中國，這種內心對中國文化崇敬的人不多，很多洋人研究中國，其實瞧不起中國，墨子刻先生真的不一樣。

二十幾歲開始，我看他讀《論語》、讀《荀子》、讀《墨子》，讀這些經典，都是一個字一個字讀，一個句子一個句子點，我真的非常感動，這和我後來走進歷史行業有關係。我覺得像他這樣的洋人，能夠這樣讀中國的書，我們中國人當然更要好好研究自己的歷史，所以我就開始跟他做相似的研究。

他在我的《一個被放棄的選擇：梁啟超調適思想之研究》序言裡面講，歷史研究有三類：人物的研究、事件的研究、結構的研究，他常常說一個最好的歷史學家，應該同時顧及到這三個方面。我也覺得，做一個全面歷史研究關照的話，應該要有人的面向、事件的脈絡，還要有底層的歷史的模式。

李禮：那麼他對您的判斷對嗎，您在這幾個方面特別喜歡研究「歷史模式」？

黃克武：因為我有一本寫梁啟超思想的書，強調探求歷史模式，亦即挖掘底層的思想結構。我覺得這是自己一直很努力追尋的一個方向。因為就歷史人物來說，每一個人有他的個性、性格，有他遭遇的事件，這些多半是歷史變化裡比較表面的東西，在它們下面我覺得有一個底層性的結構，把這個挖掘出來是歷史研究中很大的一個挑戰。

墨先生一直跟我說，歷史研究應該追究自覺、自我反省和自我

批評，挖掘到歷史底層結構「模式」性的因素，其實就是自覺或反省中很根本的一個部分。

李禮：記得幾年前，您撰寫了《言不褻不笑：近代中國男性世界中的諧謔、情慾與身體》一書，非常有意思。為甚麼對「身體與情慾」這個話題忽然有如此大的興趣？是對近代公、私領域的關注？還是被嚴復這樣的歷史人物，他們身上複雜的生活方式所激發？

黃克武：那一本書的確和中研院近史所長期以來關懷的「公與私」、「禮教與情慾」等新文化史議題有關。在這方面我們已經出版了好幾本書。例如：《公與私：近代中國個體與群體的重建》（黃克武、張哲嘉編）、《欲掩彌彰：中國歷史文化中的「私」與「情」》（熊秉真主編）、《畫中有話：近代中國的視覺表述與文化構圖》（黃克武編）。我們的研究也受西方學界的影響，如西方有關情感史、私人生活史的作品。拙著討論中國近代以來猥褻、諧謔的文學表達、商業與圖象表達等議題表面上好像比較輕鬆，實際上有嚴肅的一面。這和嚴復所說的「群己權界」有關。情慾是私人生活的核心，群體對個人的私人空間的管制應該到甚麼程度？何者可以接受、何者則應予規訓？這也是在討論個人自由的範圍。

很可惜這一本書的內容涉及黃色小說、色情笑話等限制級的內容，國內有七八家出版社和我聯絡，後來反覆考量都未能出版。

李禮：您感興趣的主題、研究對象，這些年其實改變不少。治史多年，這些變化之中會有一個貫穿的甚麼東西嗎？

黃克武：我覺得自己最重要的一件事，還是從梁啟超入門，這是我一生的一個機遇。我第一本書決定寫梁啟超之後，就開始讀他的東西，很自然受到他的影響。我覺得梁啟超真的是一個寶礦。最近國內對他的興趣又熱起來，的確裡面很多東西值得挖。

其中影響我比較大的一點是，他講的「趣味的人生觀」，就是做學問也好、做人也好，如果把梁啟超化成一種化學元素，最後就是「趣味」兩個字。我自己也覺得，做學問覺得應該去尋找到歷史的趣味。那個趣味不完全是「休閒性」的，趣味也有嚴肅的一些意義，所謂的趣味不只是好玩的東西，我研究主題的一些變化，多出於對歷史的好奇心與趣味感。

研究上的一些變化倒沒有特別規劃，因為我的底子是做思想史，覺得很多的歷史題目可以加上思想的面向，這樣會讓歷史研究更為深刻。所以我最近這幾年做的，包括從人物思想開始，一直到我研究蔣介石和知識分子的關係（比如顧孟餘的研究），基本上還是環繞着知識分子，政治人物跟知識分子之間的關係。我覺得這是一個主軸，就是政治人物跟知識分子之間的互動，這一研究取向可以把我的思想史，通過人際的互動，跟社會、政治史結合在一起。因此後來又從思想史走向新文化史。

第十章

高全喜 | 啟蒙的挫折 —— 被遮蔽的新文化運動

> 「我們形式上是一個現代國家，但實質上這一百年
> 來我們還沒有完成古今之變。」

高全喜

上海交通大學教授、中國社會科學院哲學研究所博士（師從賀
麟先生）。已出版著作包括《立憲時刻：論〈清帝遜位詔書〉》
《自我意識論》《理心之間 —— 朱熹與陸象山的理學》，以及《法
律秩序與自由正義 —— 哈耶克的法律與憲政思想》《休謨的政
治哲學》《何種政治？誰之現代性？》《我的輒 —— 在政治與法
律之間》《西方法政哲學演講錄》（主編）等。

一、兩種思想啟蒙的真正區別

李禮：備受關注、時有爭議的新文化運動，迄今已經過去一百多年。首先想問一下，您的研究涉及較廣，不過開始似乎主要着力於政治法律思想。對近代史，特別是新文化運動，您最初關注的動因何在？

高全喜：我對中國近代史的介入可以說是好幾年前，尤其是中國近代政法之間的變革，因為我在十幾年前轉向憲法研究之後，大體上先是研究西方思想史和憲法理論，但是學習西方研究西方最終是為了解決中國問題，而中國問題最關鍵的，當然在我看來，不再是所謂「三代之治」、三千年綿長的歷史，更攸關的是處在古今中西之變中的近現代。所以多年前我曾經關注「早期現代」(Early Modern) 這樣一個主題，在西方相對應的是從十五、十六世紀一直到二十世紀這一段，中國近現代以來相對的也是「早期現代」，所以對這段歷史的關注是我一直持續的。

　　我在《論〈清帝遜位詔書〉》中抓住的是一個點，認為在古今中西交匯過程中，從一個傳統帝制國家到一個現代的民主共和國家，辛亥革命、清帝遜位和中華民國的構建是非常重要的標誌。這些年我想把視野鋪開，可以上推到甲午之戰甚至鴉片戰爭，一直到晚清立憲，然後到中華民國構建，國共兩黨成立，以及抗戰建國，到後來重慶談判，一直到 1949 年中華人民共和國建立。最近我做了一個慕課（MOOC, massive open online course —— 編註），大致

就是中國立憲史，從晚清立憲一直到 1949 年共同綱領，以立憲為樞紐來展示中國近百年處在古今中西轉折點的一些重要線索。這個工作還沒有完，甚至沿着這個路徑還可以探索從 1949 年一直到今天共產黨執政的七十餘年的歷史，這才是完整的近現代中國立憲史。研究路徑和一般規範憲法學最大不同就在於不只研究憲法條文條款，而偏重於憲法之所以生成的社會、政治、文化的動因，它的歷史過程顯然在無論是 1928 年國民黨的中華民國，還是抗戰建國這些重大的政治和法律事件，都會有文化的、社會的影響，所以從這個角度處理新文化運動，它在政法角度也包含着相當豐富的內容。

李禮：進入新文化運動更多話題之前，我想請您聊一下「啟蒙」和它繞不開的兩個思想資源，就是蘇格蘭式思想啟蒙和法國式思想啟蒙，這兩種「啟蒙」在您看來，主要區別究竟在哪裡？

高全喜：啟蒙是一個大主題，前幾年學界爭論啟蒙是不是已經過時了，我記得好像是許紀霖有一篇文章我很贊同，好像是《啟蒙死了，啟蒙萬歲！》。啟蒙到今天也是大家糾結的問題。好多年前在北大，杜維明關於啟蒙中國的反思的一次學術討論會中，我提出說現在對於我們來說，不是說啟蒙有沒有用，是不是要繼續啟蒙，而是我們要追溯何種啟蒙，因為啟蒙是一個大概念，但是對我們今天來說，尤其是經過了三十年的思想和社會的演變之後，如何把握在西方曾經發生過的啟蒙的不同形態，然後選擇一個正確的啟蒙道路更加關鍵。那麼基本上就有兩種，一種就是法國式的啟蒙，大家都

知道那種激進式的、理性至上的、反傳統、反王權、反教權的啟蒙；還有一種學術界相對來說研究比較少的英美，尤其是蘇格蘭啟蒙思想所代表的漸進的、改良的、和傳統有傳承但是又不完全守舊的啟蒙。

蘇格蘭啟蒙思想實際上是一個大的思想傳統，在中國學界或者一般的知識界對這一塊相對來說比較忽視，也正是如此我們曾在浙江大學出版社持續地出了一大批關於蘇格蘭啟蒙思想的書，以亞當·斯密（Adam Smith）為代表的政治經濟學，休謨（David Hume）的哲學、歷史學，哈奇遜（Francis Hutcheson）的倫理學，弗格森（Niall Ferguson）的文明演變論等，這一類思想實際上在西方思想的近現代的轉型中更佔據主導地位，某種意義上來說當今世界中勝出的以英美為代表的制度比較優良的國家，更主要是受到了這種帶有蘇格蘭氣質的啟蒙思想的影響和培育，使他們的國家建設、社會哺育以及道德情操的形成得到了非常大的積極影響。

而法國包括到俄國這一系列啟蒙思想則帶來了很多弊端，甚至一些災難。當然它對舊制度的否定有它的積極方面，但是更主要的是舊制度否定之後如何建立一個新制度，這方面拿不出建設性方案，而蘇格蘭啟蒙思想恰恰是在政治、法律、社會、道德、歷史領域，理論都有一些具有建設性。所以我覺得，我們現在是需要啟蒙，但是那種法國式的對傳統的否定，高高在上的、理性至上的企圖啟蒙別人的心態應該要檢討，應該通過大量翻譯、普及以及推廣研究，逐漸地吸收或者發揚，甚至接納蘇格蘭啟蒙思想所帶來的那一套憲政制度、市場經濟、道德情操，甚至是漸進式的文明演進。實際上我們看到不說英美，即便在東方，比如臺灣有這種大革命式

的大起大落，但社會制度政治制度也變過來了，它的市場經濟，以及民情、道德、倫理就是體現了這樣的宗旨，中國南方逐漸也在培育這樣具有蘇格蘭氣質的啟蒙。

二、三種勢力的較量和演變

李禮：今天我們理解的新文化運動是被後來的話語所塑造的，如果從剛才說的這兩種思想脈絡看新文化運動，當中有幾種啟蒙力量較量。能否請您梳理一下，多種思想勢力在其中是如何交錯演變的？

高全喜：我們對新文化的理解基本上是傳統主流意識形態給我們的印象，而國共兩黨在這一點上大體是相同的，基本認為新文化運動就是胡適、陳獨秀他們發起的一場激進的、反傳統的，從文化、文學、文字，後來到社會、道德、思想、政治方面的思想或者文化運動，這個文化運動沿着它內在的邏輯必然地導致五四運動，而五四運動又和毛澤東所說的「十月革命一聲炮響，為我們送來了馬克思列寧主義」連在一起，就是我們大家所理解的新文化運動的單線邏輯，從剛開始的文學運動、文字改革運動，到反傳統、批判孔孟，然後吸收法國革命思想，逐漸開始積蓄俄國革命的思想，而俄國革命思想則開啟了共產黨和國民黨組織社會政治建設的直線的、進步的、革命化的激進運動。

正如此我們看到無論是北大的校慶還是每年五四運動紀念，都會把它納入到新文化運動這樣主脈中，認為五四運動是新文化的結果，而共產黨的成立又是五四運動的結果，似乎是一片褒揚之聲中正常的遞進邏輯，這是我們在中學和大學無論是教科書還是文學史、社會史中基本上傳播的一種觀念，大家基本上也習以為常了，變成了一個常識性知識。

但是我覺得這樣遮蔽掉了真正的新文化運動所包含的複雜性，和新文化運動在演變過程中所具有的，用我的話來說，複調結構中另外一個面向，它是有基於政治選擇性的。

新文化運動從 1915 年開始大致十年，到 1924 年前後大體上消減。我們對新文化運動的討論，實際上我覺得是偏頗的，第一不能夠全面真實地再現新文化運動的情況；第二，遮蔽了新文化運動中所包含的，在我們今天看來富有價值、更加值得我們現在吸收的那些東西。所以我這想梳理一下新文化運動的真實情況，把被遮蔽掉的一些問題提出來，使我們能夠在一百年後有一個從容的心態和時間來吸收經驗和教訓。

李禮：新文化運動中有一個所謂「小革命」和一個「大革命」，這也是您曾強調的一種的描述，認為這場運動很大程度上是這兩種革命的演進。能否具體展開說一下？

高全喜：真實和全面地來理解新文化運動，它是一波三折的，有狹義的和廣義的新文化運動，又有主線和副線。在我看來，新文化運動在它剛發起的前兩三年，甚至到五四運動之前，基本上還是一

個具有英美思想或者蘇格蘭啟蒙思想的品質和性質的思想啟蒙運動，所以在這一點上我不太同意現在一些儒家徹底否定新文化運動，認為新文化運動是非常壞的，阻斷了中國傳統儒家文明。新文化運動確實對傳統的舊文學、舊道德具有反對批判的意義，甚至有些言詞非常激烈，以胡適和陳獨秀為代表，但是就其實質來說，基本上還是蘇格蘭啟蒙思想的精神品質，因為既然是啟蒙，他對傳統的東西就是具有批判意義的，所以我覺得應該首先肯定新文化運動在它發起時的啟蒙氣質，對傳統有批判，但還有建設性。

如何批判傳統，如何建設新的中國傳統文化呢？也就是說隨着民國建立之後，建設一個不是和傳統皇權國家相匹配，而是與民國、共和國相匹配的新的文化和文明，那這樣的話對傳統東西採取批判態度很正常，這是啟蒙思想的本質。啟蒙思想首先是對過去，對傳統具有批判態度，不是一味地盲從傳統。但是問題又在於如何批判傳統，採取甚麼方式，在批判傳統過程中自己塑造甚麼，在這點上我又不贊同新文化運動是陳獨秀、李大釗開闢了一個平民的工人階級、絕對反傳統的道路。那麼相對應的就是辛亥革命或者中華民國的建立也就是一個小革命 —— 政體革命，與政體革命相匹配的新文化運動也是對傳統的那種有限的否定，而且這種否定又企圖在傳統中挖掘一些有價值的東西。

另外一個問題在於如何看待新文化運動的具體形態，一般來說，大家把《新青年》作為新文化運動的主要標誌，在《新青年》發表文章的這些作者也是新文化的幹將，也就是胡適、陳獨秀、李大釗這些人，但是實際上我覺得要從一個大的、較為全面的角度來說，新文化運動實際上是有三波人、三個群體、三種演變。在五四

運動之前這三波人雖然內部也有爭議，甚至相互批判，但批判和爭議基本上在具有着英美啟蒙思想大的精神品質下的內部爭議，都是建設性的。首先是以《新青年》的陳獨秀、胡適為主的一波，這一波裡我們看到在後來的演變中發生了一些歧變。胡適、傅斯年、錢玄同這一波代表的新文化運動中自由主義的傾向，剛開始可能和陳獨秀、李大釗所代表的社會主義這一股沒有太大矛盾，但很快逐漸產生了區別，所以我們看到即便是《新青年》這樣一個大群體中，有着自由主義氣質的胡適和陳獨秀、李大釗這樣共產主義氣質的是有本質不同的，這個到五四運動前後就顯示出來，他們就分道揚鑣了。

除此之外，當時或者後來的學術界很少納入進去的《學衡》雜誌這一批人，以及以章士釗為代表的《甲寅》。章士釗留學於愛丁堡大學，所以他對蘇格蘭啟蒙思想有很大認同。他在五四時提出五四運動是反法治的，學生不能因為所謂打倒賣國賊就燒趙家樓，像梁漱溟都是對當時的五四青年提出質疑的。愛國熱情是有道理應該保護，但是違法的；再一個就是杜亞泉的《東方雜誌》，就這三個雜誌所體現的所謂保守主義的一批文人學者。他們在我看來應該納入到大的新文化運動之中，因為他們大部分留學於西方，可以說對西方文明的理解，尤其對英美文明的理解，是比那些《新青年》中留學日本的理解更地道。他們的傳統文化也非常有素養，學問很高，但他們也看到了傳統道德中的很多弊病，並不是一味地盲從傳統。他們也在新文化論戰中強調要革新傳統，重塑傳統，他們反對的是《新青年》早年那種法國的，尤其是俄國那一套激進的反傳統方式。這批人顯然不是傳統的守舊派，他們對傳統有批判，但他們

批判目的是為了建設一個新的傳統，只是在方式上有些人主張要用文言文，有些人要用白話文。主張文言文、格律詩，這也沒啥，只有白話文、新詩是先進的或者一定要比那個好，我覺得不一定。在一定時間距離回看，我覺得他們的觀點更加具有所謂的啟蒙性，啟蒙思想不止說把傳統東西裡糟糕的東西去掉，有價值的東西還是要發揚。

我的一個主要的觀點，就是要把我們對新文化運動的理解，放在一個更大的尺度去看，把當時一些多元的社會主張包括所謂文化保守派，納入到整個中國 1915 年那個時代文化氛圍之中來主張，而不是說唯有《新青年》才是新文化運動的嫡系，或者只有他們是新文化運動，其他都不是，我覺得這太片面了。當時整個社會風潮都處在新文化運動變遷中。把文化保守主義納入進來以後，這個東西恰好對應的是辛亥革命之後多元式的新文化的哺育發展。

李禮：把《東方雜誌》、《甲寅》和《學衡》那些文化保守主義者，以及曾被視為新文化運動對立面的其他思想，放到整個新文化運動中重新考察，確實很有意義。那麼為何激進的、布爾什維克式思想在較量中後來居上？您覺得需要考慮的歷史背景或當時的社會心理是甚麼？

高全喜：這個問題不單是一個思想文化層面的，在那個時間段裡頭確實有一些國內外的重要事件影響。此外，正常的文化建設需要時間和耐心，我們中國現代化的建設確實是有着外部壓力的邏輯，新文化運動發生了歧變，激進的、革命式的佔據了主流，比較溫情

的保守、改良的啟蒙思想被放逐了，這是一個現實狀況。五四運動之後，新文化運動就變成了一場政治社會運動，很快又導致了兩個布爾什維克的新政黨的產生，所搞的已經不是文化建設了，而是通過文學宣傳去發動群眾，把文化、文明變成服務於政治目標，服務於動員群眾的手段和工具，正常獨立自主的文化空間也逐漸沒有了。

這裡頭我們不能就文化說文化，首先民初十年北洋政府兩塊都有點弱，一塊是制憲過程屢搞屢敗，先是天壇憲草不成，後來又帝制復辟，後來又是曹錕憲法，也就是說北洋十年雖然做出很多努力，但是一直沒有構建出一個穩定的政治秩序。但是新的國家建立之後需要一部憲法來安定這個社會，一個政治上的基本框架使這個社會在古今之變中能夠安頓；第二點就是說沒有政治秩序，使得軍閥混戰，地方割據，所以一個正常的市民社會的發展培育並不是特別充分，尤其是廣大下層工人農民還沒有被納入到現代社會過程之中，但具有潛力，這個是社會原因。

還有一個原因是，二十世紀初國際上社會主義是處在高潮期，不光中國，西方很多先進的知識分子都是親蘇的，一戰前後蘇俄這套理想征服了很多當時的精英分子，包括羅素、羅曼·羅蘭，中國實際上就連胡適這樣的都對蘇維埃唱過讚歌。蘇俄思想確實在二十世紀初不光在中國，在世界上確實處在風頭正勁的時候。所以我覺得五四運動前後的一些活動實際上是有背後政治推手的，現在檔案也挖掘出來了，李大釗在俄國使館被捕的情況很多內容大家都知道的，所以這個轉變有內部政治的和社會的原因，外部的國際原因，尤其是其他列強對中國還處於一種殖民的心態，而蘇俄又處在上升

期，他們的理想和政治組織到中國來扶持國民黨、為組建共產黨提供幫助。

　　蘇格蘭或者英美思想的啟蒙是需要條件的，不是急風驟雨一夜完成的，而是要慢慢培育，但是我們在民初十年沒有這樣從容的環境，來培育一種建設性的，能夠古今交匯的，傳統和現代不是相互打仗而是相互繼承的建設性關係。實際上中國的境遇從鴉片戰爭一直到今天，總是處在一個焦慮的急迫的氛圍之下，使得民族精神和道德都不能從容地建設，所以我覺得這些原因就導致新文化運動剛開始的時候是以英美為主導，但當時的學人也不是像我們現在這樣分辨那麼清楚，基本上是一個大雜燴，英美的、俄國的，尤其是法國的，在這個過程中激進主義就逐漸地變成了強勢，尤其是和社會運動結合起來。一步步激進化，所以就使得新文化運動違背了剛開始企圖對舊傳統、舊文化、舊道德的改造，建設能夠接續傳統文化的想法。革命、激進、政治化就變成了主流。

三、晚清士紳立憲與中國「保守主義」

李禮：說到文化保守主義，我們可以上溯一下歷史。關於清末立憲，您寫過不少文章，特別是對地方立憲領袖比如張謇，他在辛亥年所起到的協調、妥協的作用，您認為顯示了一種中國式「保守主義」。

高全喜：對張謇的關注大致是在 10 年前開始的，因為當時我從法理學轉移到憲法學，對西方憲法學基本的人物和制度下了很多功夫，也寫過很多的書，像卡爾‧施密特（Carl Schmitt）這些人的東西我也都研究過。

以前教科書裡面告訴我們大體上有兩個思路、兩個潮流，包括國、共兩黨的關於近代中國歷史的敘事，兩個雖然有重大區別，但晚清到民國這個過程中有一致之處：他們都比較推崇革命激進主義，按照這種對近代史的論述，張謇所代表的立憲派，主張相對保守，顯然是屬於不徹底的、投機的評價，這是一個主流評價。但是實際上我覺得第一，這不符合中國近代史的現實，現實過程不是這樣的。第二從價值取向上，革命激進主義的史觀也是有問題的。

我有一個觀點，張謇他們這一波人也是中國的立國者，就像美國的立國者不能說是華盛頓一個人，中華民國（的立國者）也是一個複數，光孫中山自己立不了國，後來各個地方分別宣佈制憲，當時立憲派在各省和當地的一些軍閥、實業人物結合在一起，這使得皇帝得以和平遜位，最後和平交接給一個共和國，晚清最後這一塊還是比較光榮的。中華民國是革命制憲建國的過程，而不是革命建國，因為從憲法的角度或者從一個現代國家來說，通過以憲治國，這是現代國家一個主要特徵，過去的王朝都是槍桿子打天下，那不是現代國家。立憲派他們並不是革命不徹底，恰恰他們所主張的一套以憲立國，有別於革命派的以武力立國，當然這兩者不完全對立，而是既對立又結合，然後加上遜位，這三個因素構成了現代中國。所以從這個意義上來說，像梁啟超、張謇甚至袁世凱都是現代中國的立國者。

　　中國近代以來有三波立憲派，第一波是當時一些封疆大吏曾國藩、李鴻章、張之洞下面的一些幕僚，後來都變成立憲派的主要人物。第一波的觀點主張要變法、變革。當然康、梁的變法比較激進，後來湖南變法等於是另外一套比較溫和的變法，他們那些變法沒有被持續打下去，這一批人不少變成了立憲派的真正主力了；到了第二波就是晚清立憲，一直到中華民國的構建，這就是以張謇等一大批立憲派為代表的。第三波是民國十年，當時這些立憲派紛紛變成了各種黨。後來國民黨北伐之後，類似蘇俄的政黨興起之後，中國的立憲派第三波慢慢就被滅了，但是這三波在中國社會的發展過程中，在不同的階段發生的作用是非常大的。

　　張謇他們強調在中國現代社會中地方自治，尤其是在南通為代表，因為中國這麼大的國家需要地方自治，地方自治發展實業這一塊，我有一篇文章就是從奧地利經濟學來看張謇他從事實業建國、實業發展社會的觀點，有人說張謇抱持的是一套儒家的東西，儒家的東西貫穿他的始終，但是張謇又不是純粹的儒家，商業是利益，他某種意義上改變了中國傳統儒家的義利之變，張謇做的事情起到的就是現代企業家的作用，是奧派經濟學特別強調的一個現代經濟社會中，企業家具有的重要作用。現代社會強調企業家的創造力，企業家從事市場經濟，強調契約經濟、法治經濟、市場經濟這一塊，這一塊在傳統的儒家是找不到的。他是作為一個富有實踐的人，天然知道社會要追求創造的利潤，在利潤之上再強調利益的新的建設。我想不能把他作為一個傳統的儒生，他有儒生的情懷這一面，但是他又是一個現代的企業家，又是現代的建國者，我覺得這兩塊結合起來就是很具有象徵意義。總的來說，企業家如果不能夠

建立一個法治國家或者是這樣一個市場社會環境，那個財富今天是你的，明天就拿走了，所以他們不是說純粹的資助、慈善，而是捍衛自己，建立制度是為了你自己，這樣自己的經濟、財富才能夠有一個制度的保障。

李禮： 清末十年，地方士紳的政治參與過程很有意思，他們願意變革，但希望穩定地推進，用今天的眼光來看，有很多保守的地方。國會請願運動到最後一輪，清廷被迫宣佈縮短預備期，敏感的梁啟超直接認定清廷要完了，張謇等人卻一度很滿意這個結果。辛亥革命爆發後，他首先想到的也是鎮壓。不過南方各省迅速獨立，很多是地方咨議局的人在主導，他們很快認識到了歷史潮流的改變，張謇也參與到南北調和，因為這是他實業救國夢想的基礎。有人說地方士紳在辛亥年贊成共和是一種政治投機。但正如您所言，恰恰由於這種角色的存在，這場革命多了很多妥協的力量，使它最後有可能成為光榮革命的中國版本。保守對激進的革命踩了一腳剎車。事實上，立憲和革命都想讓這個國家不再實行過去專制意義上的君主制，這一點是共通的，只是想按照自己的方式實現。

高全喜： 我想補充幾點，第一，如何理解保守主義，張謇顯然是一個保守主義者，但是如何理解保守主義？因為最近學界經常提出重新認識保守主義，英國的思想基本上就是保守主義，尤其政治思想主流是保守主義，對傳統、自由、私人財產權這些東西的捍衛，這是保守主義的價值理念。

保守主義在中國面臨最大的困惑就在於，我們的傳統中，似乎

沒有像英國傳統中要保守的那些價值、制度，所以說有的時候在中國聽到保守主義，確實面臨現實的弔詭。在英美國家，保守主義和自由主義是兼容的，但在中國談保守主義，中國政治傳統卻是皇權專制，這確實是一個難點。但放到中國近代歷史過程當中來說，我覺得像張謇他們所謂的保守，是在一個社會逐漸變化過程中，不太主張那種劇烈的革命，主張能夠從制度自上而下慢慢變革。要變，但變中不要有大的激進巨變，這是當時他們時代的理解。具體到那個時代，對他們來說比較能接受的是君主立憲制，經過太平天國、《馬關條約》、義和團內外交困之後，他們想的所謂保守主義，就是能夠自上而下實現一種變革，比較好的就是立憲君主制，日本、英國都是君主立憲制，社會沒有太大動盪。

立憲派之所以和革命黨人有爭論，革命黨人要驅除滿清，自上而下通過軍事手段，孫中山最早說起來就是重建明朝，士紳立憲派不太贊同這個，當然他們也不贊同清朝的專制，他們想能夠通過一系列的社會內外部的壓力，能夠實現一個憲政，至於這個憲政是共和還是君主立憲制，當時中國的情況，更願意接受君主立憲制，所以說咨議局這些請願並不是要徹底反對滿清皇帝，只是說對皇帝要有一套制約他的法律，這個法律中賦予他一定的權利，但權利要有限制，這是 1905 年前後。但隨着皇族內閣的出現，立憲派也分化了，因為清王朝高層在這一塊口是心非，原先支持革命黨的人很少，大部分還是支持立憲派，立憲派有兩批，一是體制內的大臣，還有一批就是士紳，兩個是相互交流的，皇族內閣把兩方都得罪了。

到辛亥革命起來，這裡就涉及到了歷史發展中有一個特別的時

期，憲法學中間有一個概念叫「非常時期」，非常時期人的決斷很重要，立憲士紳的決斷是正確的，他們能夠與時俱進，清王朝實在不堪，他們就從（支持）君主立憲制，轉向對共和制也不反對。在這個過程中革命黨可能沿着他們的路徑，從理論上來說很可怕，從現實中也不可行，因為袁世凱所代表的北方力量也很強大，如果革命派和袁世凱力量激烈對爭起來，中國社會就要生靈塗炭，就變成了他們不願意看到的社會的動盪，立憲派在江浙甚至南方很多省是有自己力量的，可以促成南北和談。

中國從一個王朝變成了一個共和國，沒有經過多大的災難，也沒有多少人死，居然這麼一個現代共和國就守住了，經過退位詔書之後整個清王朝和地域沒有崩盤，清帝國基本上沒有任何遺失而變成了共和國。所以我一直說，中國版的光榮革命就在於是妥協的產物，憲法的精髓或者憲政的精髓就是妥協，但是妥協的前提是要在力量的相互博弈過程中大家找到一個公約數，當時的階段是找到公約數了，袁世凱、北方的清王朝、革命黨人、立憲派，多方就找到了一個公約數。當然如何能夠把握歷史的轉機，這不是自然科學，不是必然性的。

四、五四運動最大的「短板」

李禮：您是主張把新文化運動、五四運動分開來看的，是否要切斷它們之間的關係？您如何看待五四運動？無論歧出、變異，畢竟

五四運動是與新文化運動相銜接的。

高全喜：我並不是說五四運動和新文化運動完全是兩回事，但不贊同把五四運動作為新文化運動唯一的偉大成果，新文化運動在內外因的作用下走向五四運動，甚至沿五四運動再變成政治化的工具，它是一條主線，這是一個事實，所以從某種意義上來說，五四運動是新文化運動的一個果實，但我認為這個果實不是一個正果。

　　這個果實的機理是埋在新文化運動之中的，但是新文化運動可能有幾條途徑，走向五四運動並不是必然途徑。而且我特別不贊同以「五四」為標準來看待新文化運動，實際上新文化運動還蘊含着一些其他有意義的內容，這是我的一個基本觀點。另外五四運動在後來的評價中變成政治上的行為，對共產黨甚至國民黨的產生都有影響，政治行為又變成了一些黨派的行為，所以我這裡引用胡適的一段話，就是說他原先想的完全落空了，他和這些人也不是同道人。這是對五四運動的第一點看法。

　　如果放在一個大的社會轉型過程中來看，我覺得五四運動並沒有全面代表啟蒙運動，它沒有達到這麼一個高度。大家都知道是民主與科學，德先生、賽先生，民主與科學固然是現代社會中最重要的價值之一，但是問題在於單是民主和科學不足以建立起一個正常的現代社會，法治憲政的問題就是五四運動的一個短板，梁漱溟和章士釗當時就提出這個問題了。我記得夏勇先生曾經說，五四運動提出「德先生」「賽先生」，還要提出一個「何女士」，就是人權，還要提一個「法先生」，就是法治與憲政。民主有它好的方面，但也隱含着很大問題，尤其是那種直接性民主，還有那種多數決的民

主，一定要和法治憲政相結合。薩托利（Giovanni Sartori）的《民主新論》（*The Theory of Democracy Revised*）非常好地辨析了民主和憲政民主這兩個概念的重大不同，民主是程序上的事情，但是未必能夠得到一個好的結果，因為一群人可以幹傻事。但是法治和憲政是有一些基本的自由價值，能制約民主中多數人幹壞事或傻事的情況，一個正常的現代社會肯定是法治和民主結合在一起的，單純的民主是可怕的，而且是不可能存在的，那只能是古典社會，但是五四時期並沒有意識到這一點。我覺得民主沒有法治沒有憲政，這就是為甚麼它越來越激進化。

我覺得五四運動要說反省的話，民主和科學沒甚麼問題，缺的就是法治或憲政，這是當時作為價值和制度都沒有關注的。我們對比一下西方在啟蒙時期，英美甚至是法國也談到了法治，只不過法國和英美的憲政不太一樣。總的來說，缺乏法治和憲政這是五四運動最大的短板。

李禮：提到民主與科學，不少人認為，五四運動的一些口號並沒有超越晚清，您對此如何評價？如果把歷史往前推，我們看見新文化運動的一些啟蒙或者說主張在晚清，尤其清末十年也確實被提到過。您覺得新文化運動和晚清改良派、立憲派之間，有着何種歷史關係？

高全喜：這個問題挺好。很多人認為新文化運動是中國現代思想史中啟蒙的第一波，實際上這個結論值得探討。從某種意義上來說，在晚清立憲的時候，中國就已經開始有了啟蒙思想，而且甚至

有的高度比新文化運動要高。實際上晚清康、梁的思想也具有啟蒙性質，康有為的《大同說》，梁啟超的《新民說》，都是啟蒙。比如制度層面，梁治平先生寫的《禮教與法律》談到了清末修改律法中產生了沈家本的法理派和勞乃宣的禮教派衝突，啟蒙思想相關的道德問題、家庭問題、社會責任問題，在一些具體的民法、刑法條律如何修改中有所體現，所以無論是政體形態中晚清主張的君主立憲制，還是在社會層面中廣泛開啟民智、改良傳統的，在晚清立憲前後都有體現，把它們納為中國啟蒙思想的第一波，我覺得更妥切。

　　新文化運動，是中華民國創建時作為一個新的共同體要產生一種新的文化思想的表現，而且剛開始主要還是在文學領域，後來才逐漸深入到道德倫常這方面，但是新文化運動最大的問題就是剛才我說的沒有深入探討法治立憲這個問題，後來就被五四運動掃過去了。

五、中國仍不是一個現代國家

李禮：無論早期啟蒙者，還是到新文化這一批人，今天看來當然有很多問題。站在一百年後再去審視他們和「新文化運動」，在您看來最重要的反思是甚麼？哪些經驗教訓需要後來者加以警惕？

高全喜：一百多年之後來看，首先，文化是一個逐漸演進的過程，

所以任何激進行為對文化是有害無益的。文化是逐漸培育、演進的過程，所謂涵養、道德、性情，體現着文明的高度，那些企圖與傳統一刀兩斷的做法，都是對文化有害無利，而且做不到的。回過頭來我們看，現在為甚麼又有文化保守主義的浮現，就在於當時斬斷的水是斬不掉的，它又流出來了，所以不如慢慢地梳理，把好的東西保留下來，不好的東西去除掉，這樣去偽存真的過程比一刀斬斷更好，這個水會繼續流淌，但它越來越乾淨。我對儒家比較堅持，但對最新一波儒家保守主義的喧囂是不贊同的，因為他們沒有清醒地認識到儒家的東西有濁有清，現在清濁不分就放出來了，這是第一點。

第二點，就是對新文化運動應有一個全面認識，以前我們的宣傳教育和認識視野太狹窄，尤其是被政治化扭曲，所以對新文化運動的思考，首先要認清它的真相。不光新文化運動，我們對近百年中國的很多歷史事件和歷史人物，都要還本來面目。

第三點，我覺得回顧新文化運動，指出它有價值的地方，還有它負面的東西，更主要的我們要朝前看而不是朝後看，這點上我不贊同一些過於朝後看，老是抱着傳統的東西不放。我們今天並沒有在古今中西問題上達到共識，得到一個基本的公約數。如何能夠去偽存真，找到一條中西合璧的道路？在這點上更主要的還要有開放的眼光，去認識世界，融入世界。我們現在和新文化運動那個時期所面對的世界已經不一樣了，那個時期給我們呈現的世界，可能是說扭曲的世界，或者說通過棱鏡反映出來的世界。我們今天通過他們，知道我們不要再犯新文化運動那一批先進的中國人、文化精英犯的一些錯誤，我們應該對我們現在的世界有一個更加全面和真實

的認識。只有比較真實而全面地理解世界，才能更好地回顧歷史，如果只是沉浸在歷史之中，那麼實際上是非常短淺的，這點我也是不贊同一些人缺乏開放的眼光，太自我本位化，文明主體化的前提是要有格局來包容世界。

李禮：當下很多人對啟蒙和「繼續啟蒙」的說法很反感，而且圍繞着「啟蒙」，中國也出現了各種各樣的「流派」。您覺得中國是否還需要重申「啟蒙」精神？如果需要，那應是一種甚麼樣的啟蒙？

高全喜：在今天是不是需要啟蒙，我比較贊同許紀霖的意思，要按啟蒙的原意來說，似乎就有一個啟蒙者和一個被啟蒙對象，但實際上現在已不存在主客之分了，所以這種狹義的啟蒙我覺得可以不必談了。但是啟蒙中所孕育的那種理性、寬容的自由民主精神，這個東西是需要的，我們每個人在自己的交往、言行中是要建設的，無論是以啟蒙的方式，自覺的方式，還是實踐的方式。我覺得中國現在不是需要啟蒙的話語，而是需要啟蒙的精神，不一定誰被誰啟蒙，但是啟蒙這個歷史階段所塑造出來的每個人的自我和自覺，自己對其他人的寬容，追求自由和民主的生活方式，以及我們不必通過別人，可以自己把這些東西開闢出來。我覺得只要擁有這樣一種想法，或者認同這樣的一個觀點，那麼中國還需要不需要啟蒙實際上就不必要再提，當然啟蒙精神需要，但不一定用過去那種方式。

那為甚麼現在自由派還談啟蒙呢，老先生那一代人經常談啟蒙，主要是他們看到了現在公共輿論中和公權力所結合的人，很多

話語實際上是缺乏理性的，缺乏最基本的文明社會的價值或者制度水準，所以可能過多地強調這一面，我覺得不是針對每一個個人，而是針對強硬的意識形態發出的聲音。而且作為個人來說，思想建設和道德建設是隨時都要進行的事，我覺得中國現代儒家思想、左派、自由派思想，大家相對來說對這個問題並沒有太大爭議，因為大家覺得目前的戰場不在這裡，而是如何使得制度和個人找到平衡點，大家更要關注實踐。像我一個崇尚自由觀點的人，我覺得更主要的不是話語，而是實踐，如何能夠把啟蒙的價值通過實踐變成一套制度，在中國更為關鍵。

李禮：你一直認為中國沒有完成「古今之變」，仍然沒有成為一個現代國家，所以我們不妨拿這個話題作為結尾。您是否可以更多分享一下這個判斷或感受？

高全喜：我說未完成「古今之變」是有這樣的前提條件，從形式上來說我們達到了現代國家，中國顯然不是一個帝國或者是皇權國家，但這只是形式，我覺得未完成古今之變，是在於我們有沒有達到一個現代國家所應該具有的實質內容。

回顧歷史，剛才提到近代的中國士紳立憲派，他們都可謂偉大的失敗者，他們參與了近代的古今之變，在這個過程中作出了重要的貢獻，但從大的歷史角度來看，他們並沒有建立一個真正的現代中國出來，所以從這個意義上是失敗的。這代表了一代社會精英的寫照。為甚麼？他們有一些重大的短板，不完全是由於個人原因，而是那個時代決定了中國的變革相比於西方的變革，有一些明顯不

足。首先就是，他們那代精英參與社會變革，基本主張自上而下，但大家知道無論中國，還是世界，任何的古今之變必須是人民出場，也就是人民作為公民參與到社會變革之中，這樣建立的一個現代社會才是一個有效的社會。

　　無論士紳立憲派、革命黨人，整個意識而言，沒有主體的人民和公民意識，革命黨人，比如孫中山所謂先知先覺也就是階級的先知先覺者，並非現代的公民。至於立憲派，他們的主體也沒有作為一個現代公民的意識，只不過還是想給老百姓帶來一些福利，某種意義上看，並沒有把一般的老百姓作為一個獨立的公民、現代社會共同體的主體，士紳立憲派沒有這個意思。實際上真正的公民主體既是個人的，又是一個人民，這個人民不是某些組織的先知先覺者標識的，而是一個獨立的個人，這些個人相互結成一個共同體的時候，共同體的總和就是人民。公民的邏輯就不是意識形態的邏輯，而是像洛克（John Locke）說的那樣，大家在一起，我們通過契約授權你，你只是有限的權利，但是主體你是為公民服務的，這樣的憲法才是一個現代真正的憲法。在制度建設過程中，公民意識不是說拍腦袋就能建立起來的，在這個過程中是通過一系列的社會運動或者像立憲運動、選舉，在這個過程中逐漸的發育出來的。但中國為甚麼沒有這樣？一個最大的因素在於我們內部逐漸的培育出來需要時間，但是沒有從容的時間，在這個過程中我們中國的歷史總是受到外部的重要影響。俄國和日本人的介入，使得中國存在一個非常複雜的歷史過程中。在政治演變過程中，我們自己內部的建設力量不強，外部勢力能夠進入，也是我們建立的制度不是特別優良。

　　從歷史回到今天來看，人民實際上是有差別的，首先說城裡和

鄉下的二元體制，中國現代的不平等，經濟不平等是大家都知道的，看得見的億萬富翁和老百姓，窮人很多，更大的不平等是政治不平等，那就是戶籍制度本身就是一個最大的不平等，還有參與政治的機會，這些問題使得人政治上有三六九等，而這些東西實際上是改革經濟平等的重大約束。

還有，政府權力要受到法律憲法的約束，個人基本權利的保障，諸如此類這一系列問題。當然我經常說這個過程不是說一天或者十年二十年就能完成的，西方也經過了多年演變。西方選民剛開始並不是一人一票，只是一些有錢的男性白人有票，後來擁有資產的限制逐漸變少，然後才是不同種族、女性。有這樣一個演變的過程，但是走過了這一個一個階段，逐漸完成了大致的現代國家形態，我們目前還在這個過程之中。我們形式上是一個現代國家，但實質上這一百年來我們還沒有完成古今之變。

第 十 一 章

施耐德 | 那些中國現代化中的「落伍者」

> 「中國認為新與舊，就是西方與東方，現代與傳統。我覺得這都不對。新的不一定是西方的，舊的不一定是中國的。新的不一定是現代的，舊的不一定是傳統的。這個都要複雜得多。」

施耐德 （Axel Schneider） 教授

原籍德國，德國波鴻－魯爾大學（Ruhr-Universität Bochum）博士，曾先後任教於海德堡大學（Universität Heidelberg）與荷蘭萊頓大學（Universiteit Leiden），現任哥廷根大學（Georg-August-University Göttingen）東亞系教授兼主任。主要研究領域為中國近代思想史和學術史，學術著作中譯本包括《真理與歷史：傅斯年、陳寅恪的史學思想與民族認同》（社會科學文獻出版社，2008）《中國史學史研討會：從比較觀點出發論文集》（與他人合編論文集，臺北：稻鄉出版社，1999）。

一、到底甚麼叫做「保守」？

李禮：您對傅斯年先生研究頗多，也曾經批評說，中國現代思想史長期充斥着五四史觀或者現代政治意識形態。那麼，您認為這是如何造成的？您如何評價「五四」，記得您提醒說，應該更多研究其中的學衡派，為甚麼？

施耐德：我的意思不是說要去多麼關注這個學派（學衡派），而是說要多關注一些非主流的、一些後來被稱為保守的思想家和他們的立場。因為我們至少從 20 世紀二三十年代開始，在中國也好，西方也好，五四運動中的那一批人把自己說成是真正的啟蒙者，真正吸收西方文化的人，其他的人基本上都是頑固、落後甚麼的，這種說法很有問題。

一方面，中國吸收西方思想很早就已開始，在晚清就開始，比如新民說那些內容，很多所謂五四提出的一些觀點以前就有；另一方面，在西方，我們一直忽略五四運動中的所謂保守派，其實那些派也不是一個完整的派系，但我們應該從完整性的觀念來看這個文題。西方漢學界，一直到 20 年前對他們仍缺少不注意。不同立場討論問題，每個人說的話都會考慮其他派系的觀點，否則自然而然就會誤解那些人。所以我們應該先重建一個完整的思考途徑，才能把真正的意思說出來。因為那個時候的歷史情況和語境，有一些觀點馬上就被否定了。比如說學衡派也說了很多新的東西。他們算保守嗎？我覺得還待考慮。但是他們所感興趣的那些東西，跟五四那

批主流人士完全不同。而且學衡派對西方的理解和那批人也不一樣。其實他們的學術基礎不能說更好多少。但是我覺得他們是非主流，所以他們注意到的、研究的很多東西反而比較全面。

有一些這樣的派系被左翼那批人蓋一個帽子說是保守，其實不見得如此。《學衡》雜誌上面的一些文章，比較多偏人文的、古代的、古典的哲學。但吳宓是保守派嗎？有人說他比較浪漫一點。浪漫跟保守不是完全一樣。梅光迪是保守嗎？我覺得看到學衡派的一些立場，我開始懷疑西方的「保守」到底是甚麼意思。因為吳宓、梅光迪，早期是梁漱溟、張君勱，他們立場都不同，不過他們哪裡算保守？這些都要重新考慮。

我開始研究學衡派後，意識到這個「保守」是有問題的。後來也開始考慮，到底甚麼叫做「保守」，比如德國的保守派和法國的保守派，以及英國的保守派有甚麼不同。他們有哪些共同點，他們的「保守」的核心是甚麼？研究了幾年發現，其實我們所習慣的「保守」的定義，是比較偏政治的，在政治方面，立場各個都不同。我自己現在比較贊同「保守」的定義是一種對現代性核心特性的懷疑。現代性的核心在於二元論，主體客體的分開。人從宗教超越出來，從宇宙獨立出來。然後去觀察和研究、分析。然後改造、進步。

李禮：您對現代性的研究、反思似乎也與此有關。我記得您早期還研究過國民黨的「新生活運動」？

施耐德：對。我研究的是胡漢民，就是所謂國民黨的右派。其實

也不「右」，之所以被說成為「右」是因為反共。那只是畢業論文而已，後來發現搞政治沒有辦法研究，發現很多資料拿不到，感覺會被誤導。我那個時候研究胡漢民和「新生活運動」其實沒有關係，其實不算研究新生活運動。

因為研究保守派看了一些東西，但是我一看就知道，新生活運動一點都不保守，新生活運動不是要恢復傳統，也不是批判傳統，國民黨想把西方現代化的東西吸引進來，但是因為民族本位、民族認同問題，掛上了一些看起來像傳統，其實是現代的東西。後來國民黨在大陸「文革」的時候還搞了中華文化復興運動，是反文革的，說我們的傳統多麼偉大。不過具體做的東西其實也是現代化，只是給現代化套了一個「唐裝」，看起來是中國的而已。現代化其實不是要反傳統，不是要變成西方人。

二、懷疑「現代性」的中國知識人

李禮：您似乎非常關注對現代性持懷疑、批判的中國人，從晚清到民國，比如反對進步史觀的一些知識人，這似乎是您比較重要的研究脈絡之一。為何對這批人特別關注？您對他們的研究有甚麼發現？

施耐德：我自己個人的興趣是對現代性的反省和懷疑。我看了不少德國、法國的保守派對現代性的批判，其中有一些可以考慮的哲

學觀點。但是我一直覺得這些人，因為他們來自從內部搞現代化的國家，所以後來還是被其控制。只有極少數的知識分子、哲學家是從一個比較不受這個語境、環境影響的獨立觀點去看現代化和現代性問題。後來法國也從此發出了「後現代主義」，他們是從這個脈絡出來的。早期法、德的保守派都是從對原來有利的，這麼一個政治角度來考慮的，在此基礎上加上一些深入的哲學考慮。但是整個歷史支架，還是要保護原來的制度。

中國開始現代化，那些有批判性態度的知識分子，就算他們要保護傳統社會，也無從保護，因為根本上已經被淘汰了。中國是被迫走向現代化之路，這也是沒有選擇的。你要救國非要接受那些東西不可，所以中國現代的保守派，比較少提到對傳統有利的政治社會制度安排。他們比較多地是從根本的宇宙觀、倫理觀或者史觀意義上來看現代性的核心特點和問題。當然他們可能不會用這些詞，可能沒有完整的現代性分析。但是他們認為自己哲學文化的根還在那，很清楚地意識到這一切帶來的根本性變化。這些人認為，這些變化是可怕的。所以他們反對這些來自西方的現代性。主要源於並非因為它是西方的，而是一種文化認同的表現。

李禮：在這些人裡，有哪幾位讓您印象特別深刻，為甚麼？

施耐德：章太炎、王國維、劉玉忠、錢穆這樣的人。這樣的人其實非常多，我自己研究他們比較少，一方面是因為看的資料不多。一方面是我感興趣的，是他們怎麼靠中國傳統的思想資源來反省現代性。我們可以從全球的關懷來學到一些新的觀點，可以通過研究

這些人，更深入的理解現代性的普世特色。

李禮： 或者可以這樣理解，您是在全球範圍內尋找能給自己啟發的，對現代性懷疑或批判的「同仁」。不過這些年下來，您對現代性的理解是否發生了一些變化？

施耐德： 剛開始我是從一般所認同的現代化的觀念出發。比如甚麼理性化、世俗化、民族化、個人化那些現象，這是我們所熟悉的現代化的理論。現代化也確實帶來一些生活方式的變化，帶來一些舒服的東西，但是這些不是真正現代性最深的核心內容。

我們生病，是在當下生病，不是在 200 年前生病，我在這方面是受海德格（Martin Heidegger）的影響，他對這個有比較深入的看法。但是他一直強調的是，我們不可能再走回頭路，那是走不通的。我們要往前走，往前走不是說就是進步，是因為我們不可能恢復原來的樣子，因為社會、經濟通通都變了。思想還是跟社會經濟有關，儘管我不是一個唯物史觀。很多知識分子認為想法會改變社會，但我覺得，是社會改變我們想法的可能性比較多一些。所以我們不能走回頭路。

我想，我們可以想辦法解決一些現代性所帶來的根本的、負面的後果。想辦法把這個社會經濟的模式，改成一個比較符合人性的樣子。因為現在我們在這條路再這樣下去，社會問題會很多，我們這條路是走不通的，但是無法回到原來的樣子。我對現代性的理解，核心在於對人的理解，人的角色、人的地位。我覺得剛好是中國的、印度的哲學、宗教的傳統，可以提供不少有意思的想法。

李禮：我注意到您說過，中國知識分子必須尋求一種對中國歷史的新理解，以使中國歷史成為世界歷史的一部分。這方面的努力似乎在陳寅恪那代學者中有比較明顯的成績，但此後中國一度與世界隔絕了幾十年。您認為目前的中國歷史學、歷史學家需要解決甚麼問題？

施耐德：我覺得中國史學在過去 20 年、30 年裡發展得非常好。有傳統的方法和思維方式，對西方理論又比以前密切更多。儘管在理論上面，還有一些需要繼續努力。我覺得中國史學最大的限制和障礙，是要注意過去六七年的一些變化。

　　民國那一段歷史為甚麼史學這麼發達，這麼有趣，這麼有創造性？因為政治控制不了它。所以它可以發展的空間。我現在最關心的是「空間」，從思想資源來看，全球沒有一個（國家），比中國更有未來史學的理念。我們來看美國，美國一直吸收國外的思想，這是美國戰後最突出的一點，他們把全球各個地方最精英的人都請來，所以他們內部的多樣性非常好。他們在五十年代極力反共，國內還是有不少學者是左派的，這個也能容忍。學術的創造性要給它很大的空間，要讓它吸收各個地方的不同思想資源。為甚麼德國在「二戰」前出了這麼多非常有名的學者和哲學家？因為那個時候德國是一個開放的中歐國家，他是開放的，包括對很多猶太人，所以那時德國吸收各個地方的不同思想，學術氛圍非常開放，非常活潑，是非常有創造性的。美國戰後也採取了這樣的辦法。

　　中國應對來自西方的挑戰，晚清以來一直學國外的東西，但有時候又回到民族本位的立場上，所以創造性地吸收很多國外的東西

進來。但是 1937 年之後因為戰爭的關係，還有國內政治的關係就斷了。20 世紀「改革開放」之後又有很快、很可觀的發展。

三、中國「崛起」對歐洲漢學的影響

李禮：如何看到歐美漢學界最近幾十年來的興趣變化？中國經濟高速發展似乎衝擊着西方思想界、學術界，您覺得是否會出現一次中國研究「範式」轉移，或對近代中國史的再次重估？

施耐德：這是一個比較複雜的問題。這得看是甚麼背景和甚麼角色的人。從媒體來看是這樣的。西方媒體是市場化的，需要考慮讀者想看甚麼。所以它研究中國，寫的東西必須符合市場的需求。所以一直是一種比較片面的的敘述。大概到了 2000 年之後，中國經濟上的崛起越來越明顯，開始有了一些變化。中國變得沒那麼純粹負面或者純粹正面。有一些反華的，也有一些愛中國的內容，兩極化的媒體話語開始多樣化了，有關中國的報道越來越多元化。中國好的和不好的都要提，都要分析。媒體在這方面扮演的角色還是不錯的。但是過去五六年又開始變化了，又開始把中國簡單化，這樣的問題又出現了。雙方的政治發展是其中一個原因。一般人，因為對中國沒有甚麼研究，站在利益關係考慮問題，（在他們眼中）中國又是非常吸引人的市場，又是一個可怕的大國。

中國模式，其實在經濟發展模式方面早就不成問題了。西方對

中國各個地方的經濟發展的模式，其實看得很清楚的。歷史上，德國、法國、英國的經濟發展模式完全不同，不是一個模式，後來的歷史經濟學有些胡說八道，比如說到自由市場和國家不要太強，其實英國在工業革命的時候國家非常強大，後來經濟學提出來西方的發展模式，那時提出來是有政治的目的，不是對過去研究的一個成果，我們知道西方不是按照這個模式來發展的。

核心問題的區別在於國家對個人的關係，政治理想的區別，在於權力互相制衡。要避免一個人可以控制一切。所以細分的自由主義傳統裡，其實有一種限制權力的思維模式，用怎樣具體的方式來實現這種互相制衡、限制權力的想法，各個地方不同。

漢學界現在中國研究的資源比以前多得多，這看起來是好現象，其實也不見得完全是好的。第一，研究者遠遠還不夠，比如現在德國研究中國的學者有六七十個，而全國的教授有四萬個，按照這個比例應該有兩三千個研究中國的才對。但根本的問題不在於夠不夠，根本的問題是現在很多人做近現代的研究，這不是政府提供經費新增加的人，而是廢除了很多傳統的漢學，拿這個資源轉而做中國現代的研究。我自己從事漢學研究的時候，選擇的路很多。現在剛好倒過來，真正研究古代中國的沒有幾個人，非常不好。中國歷史這麼悠久，研究近現代必須有非常濃厚的對過去的理解和基礎。就算傳統對現代的問題沒有甚麼影響，但是如果現在的人認為有影響，就算他認為錯了，我們連判斷對不對都沒有。必須理解中國傳統是甚麼東西，才能夠說一些觀點你贊不贊成。所以我們放棄對古代中國的研究，拿這個資源搞近現代的研究，是非常錯誤的政策。

李禮：從這個角度看，歐洲的漢學今天某種意義上反而衰落了？

施耐德：是的，因為把最基礎的古代的那部分大為衰減了，並不是大家看到的那種表面繁榮。這不僅是傳統中國研究，研究傳統古印度學也沒有了。比如古印度學系裡面有名的，季羨林在那讀書的地方被關了，因為學生不夠多。現在所有有影響的國家政策都是往「有用」的方向跑，這種無用之用他們不理解的。這個「用」是金錢的用。當然，美國還算好，他們最重要的研究中國的大學是私立的，不受這個影響。他們現在比我們（歐洲）好。以前他們搞比較有用的，比如跟戰略有關的，比我們（歐洲）多很多。現在他們這個還有，但是增加了古代的部分，我們自己反而衰落了。

其實中國也面臨這個問題，現在的學術界都面臨重要的問題，一個是量化，一個是膚淺化，就是你要搞時髦的，你要發表很多東西在某些期刊上，都是一些跟學術的人沒關係的。所以這個問題不是德國才有。但在漢學方面，這樣一個趨勢影響非常負面。

四、新與舊，不等於現代與傳統

李禮：說到近代中國的「外來詞」，它很多來自日本。同樣作為東亞國家，很多人認為日本的現代化路徑相當成功，具體來說，就是傳統的東西還在，同時西式政治制度安排也不錯。您感覺如何？

施耐德：日本的路徑我覺得蠻重要的，而且他們沒有把所謂的日本文化本質化。但恰是因為沒有這樣去做，所以保留很多傳統的特點，如何自然而然這樣發展出來的。

「西方」這個概念是造出來的，作為某種對應或敵對的一個整體，西方內部是非常複雜的。中國已經接受了很多現代的東西，但「現代」也不一定能夠跟「西方」劃等號。中國認為新與舊，就是西方與東方，現代與傳統。我覺得這都不對。新的不一定是西方的，舊的不一定是中國的。新的不一定是現代的，舊的不一定是傳統的。這個都要複雜得多。

所以我覺得中國未來的政治發展，會有很多新的東西。但是不一定會跟西方一樣。看臺灣所謂的民主制，看起來是西式民主制，但是運作方式跟西方有很大的區別。日本名義上是民主制，其實它運作的方式跟我們（歐洲）不一樣，這沒有甚麼不好的。我真正關心的，一個社會該做的決定，是讓不同的人互相制衡，限制人不要亂來，傳統也是有類似的安排，因為那個時候的社會比較單純一點，現在複雜多了，但這不是新的東西。近現代社會的一些變化，只是提高到了比較完整的層次，就是制度化。

李禮：作為一個對「現代性」保持警惕的學者，您如何評價自己的「歷史觀」？剛才您提到了「唯物史觀」。

施耐德：我不是一個唯物史觀者，但是我還是覺得社會經濟基礎變了，上面的東西也跟着變。怎麼變不是基礎決定的，卻是基礎引起的。到哪個時候基礎開始變，知識分子的影響不大，他可以透過

自己研究、自己的理解，來提出一些意見，來改變整個意見，但是這個變化的因不是知識分子，而是他可以趁着改變的機會影響改變。但知識分子不是上帝，沒有那麼萬能，我們不會這麼有影響。我不會用「構造」、「構建」這些詞。因為我不認為這些內核的發展是我們能夠影響改變的。

我看經濟的發展帶來社會的多樣化，人的思維的變化，不同時代的人、不同年代的人，都是有不同想法的。中國選擇比四十年前複雜多了，不會只有一個思想，不管是誰的思想。

第十二章

羅新 | 國家民族主義的幻覺

「真的歷史反倒需要像今天我們所做的，一點一點去尋覓，把它找出來。」

羅新

北京大學中國古代史研究中心暨歷史學系教授，代表作《中古北族名號研究》《黑氈上的北魏皇帝》等，著有旅行文學作品《從大都到上都 —— 在古道上重新發現中國》，第十七屆華語文學傳媒大獎年度散文家。

一、歷史學家的美德：懷疑、批判、想像力

李禮：不妨從您的一篇文章《歷史學家的美德》說起。我想請羅老師聊一下，關於「甚麼是歷史學家」，「歷史學家的三個美德」，您對這些觀念的判斷和理解，有怎樣一個過程？比如談到歷史學家的美德 —— 質疑、反叛和想像力，我想一些史學家可能未必認可這種觀念。很多人也或許會覺得，歷史學家的職責不是記錄嗎，為甚麼這三個東西最重要呢？

我知道，您大學時代學的是中文，後來在北大教了二十多年歷史，您對歷史和歷史學家的理解應該有一個不斷改變的過程吧。對於歷史學家質疑、反叛這樣一個角色的認識是如何形成的？有沒有被一些特別的個人經歷所激發。

羅新：我不是很早就有這樣明確的認識，而且我這個人在性格上不是總跟人較勁的，不是那種到處去反抗的，到哪兒都是朋友很多，別人老說我這個人是主流派，意思是總跟別人混在一起，比較隨和。所以，突然提出反叛、懷疑、批判，好像跟我的性格不是很合適。

我過去也是比較正統的想法：歷史學家嘛，就是應該記往事，認真考證，把老師教的東西學會。我相信現在還有很多年輕的學生跟我當年的情況是一樣的。我發生一定的變化也就是十來年時間，可能過去有一些潛意識的因素，但是沒有直接說出來，或者沒有形成明確的概念。逐漸把我引導到這個方向來的，我覺得是時代的變

化，特別是 2008 年以後的重大變化。我不知為甚麼總記得 2008，照說奧運會是讓人很驕傲的，可是對我來說，這一年發生好多事情——當然不一定跟奧運會有關——對我來說相當重要，接下來 2009 年又發生好多事情，很多和我正在教的書有關係。

過去十五六年時間，我每年給本科生上一門民族史的課，我自己的研究也和北方遊牧人群有很大關係。在那前前後後發生好多事情對我刺激非常大，不是說現實多麼讓我感到刺激，而是從自己的朋友、身邊的人，以及網絡上所看到的大眾、社會的各種反應、各種討論，令人非常震驚。在這之後，我逐漸離開主流思想，而且和主流保持距離。

也恰好在這個時候，我接觸到耶魯大學人類學家詹姆斯·斯科特（James C. Scott）的著作，他過去是政治學家、思想家，後來做人類學研究，國內已經翻譯了他很多著作。他的特點是無政府主義立場，研究的很多問題也是我特別有興趣的，比如他研究東南亞地區一些以稻作農業為主的大型政治體和山地人民、山地社會之間的關係，一些人不願意接受國家體制而做出各種反抗。反抗的選項之一是脫離國家、逃離國家，不參與稻作農業。

讀到這些東西對我震撼非常大。因為我的專業是做魏晉南北朝史，從中國東漢中後期開始到唐代中期這個時代，中國南方，也就是長江以南到珠江流域這個廣大的區域，逐漸變成華夏本土的一部分。本來這個區域無論在經濟上、文化上還是在政治上都不那麼要緊，北方黃河流域才是重要的。但是在五六百年的時間裡，這種局面得到根本性的改變，廣大的華南變成漢人的家園。過去不是的，現在是了。過去經濟上不重要，現在超越了北方，從此也成為中國

最重要的出產人才的地方。

這個過程很有趣，就是發生在我自己所研究的這個時段裡，可是我從來不敢去研究這個話題，因為我覺得理解不了，我不知道發生了甚麼事情，似乎是順理成章，但它不應該是順理成章 ── 歷史沒有順理成章，如果是順理成章，一定是我們沒有找到適當的方式去理解它的複雜過程。斯科特的書給了我一條理解這個過程的路徑，他最重要的一部書已經翻譯成中文，叫做《逃避統治的藝術》（*The Art of Not Being Governed*），英文原名直譯就是「不被統治的藝術」，如何做到不讓別人統治自己。副標題公開說，這是無政府主義視角。

無政府主義，我從很小的時候起就接觸到這個詞，那簡直跟資本主義、修正主義一樣，是很壞的詞。我本科的時候學文學，讀文學史知道巴金早年是無政府主義者，他的名字就是巴枯寧、克魯泡特金兩個名字合起來的。當時不理解，怎麼巴金當年會崇尚無政府主義呢？所以我也不接觸這種思想。最近有個出版社又把詹姆斯新的論文集翻譯出版了，這本書的英文題目 *Two Cheers for Anarchism: Six Easy Pieces on Autonomy, Dignity, and Meaningful Work and Play*，是六篇雜文，中文譯為《六論自發性》，一個不是很刺眼的題目。大家如果沒有時間讀《逃避統治的藝術》，讀這個也很好，這是非常有意思的書。此書開宗明義：他的研究只是要說明國家視角是有問題的。

我受斯科特啟發非常大，使得我並沒有避談國家問題，只討論民間、討論社會 ── 就像現在很多人所做的研究盡量不涉及政治，只討論民間文化、民間信仰。我是反過來的，覺得我們過去是

不是沒有正確地認識到國家的意義？就像斯科特說的國家視角有問題，但是他所有問題都是國家視角，他的所有研究都是從這個視角出發來探討歷史、探討文化，很有意思。我從此以後也開始注意，「國家」和我們作為個體的人以及作為小群體的小社會之間，不是那麼簡單的一種關係。這使得我不得不在理論上開始接觸這些研究。

過去我和今天絕大多數做歷史研究特別是做中國古代史研究的學者一樣，都喜歡做個案，管甚麼理論不理論，理論有用就提一下，甚至提都不提，悄悄用一下就算了。但從那以後，我開始對理論也有興趣，覺得理論提供強大的思想眼光，所以也讀一讀，讀了難免會想一些稍大範圍的問題，超越自己研究課題的，在更大的時段、更大的空間裡都會有意義的一些話題，這些話題可能不僅限於中國歷史，內容豐富，範圍更大。這一來，涉及的東西越來越多。

在這個過程當中，我逐漸總結自己這些想法，覺得對所有過去的說法都要保持距離。保持距離的最好辦法就是懷疑它、批判它，看哪些自己能接受、哪些不能。不僅要如此對待前輩學者的研究，也要用同樣辦法對待自己所使用的材料。過去我們覺得史料就像文物一樣，文物本身如果不是假的，還能有甚麼問題？

其實，一切史料，包括物質性和文字性的史料，不論是一件文物、一本書還是一封信、一篇日記，都應加以批判、分析。從這個意義上，我逐漸總結自己的想法。在過去大概五六年以來的課上，特別是給本科生的課上，最後總結說，歷史學家的美德就是懷疑、批判。但是光有這個還不夠，研究歷史還得有想像力，所以就總結出這幾個東西來。

二、國家民族主義為何長盛不衰

李禮： 我覺得您對一些歷史觀念表現出特別的反感，比如國家主義和民族主義的東西。記得您提到德國歷史，德國人吞嚥了巨大的苦果，但納粹時代這種結果並非從天而降，而是在過去更長的世紀裡，很多人參與的結果，包括德國歷史學家們所構建的那套民族主義、國家主義觀念。這些觀念造成的各種神話、迷思，到今天仍然很強大，揮之不去。

您是否曾經也是一個國家主義者？從自己的經歷或學術道路看，甚麼原因讓您對這些觀念產生如此大的懷疑和反感？

羅新： 我想年輕人都會有激情澎湃的一面，特別是我們那一代人，小時候受的都是紅色教育，八十年代雖然進入思想解放時期，但八十年代初在北大這樣的學校，思想水平和能力差異是巨大的，有77、78級經歷了磨難、思想非常成熟的，也有像我這樣從高中畢業進入本科一直在學校裡面的。像我這樣的也不是狂熱，反正就是普通的愛國青年。大概國家主義之外的東西在我腦子裡幾乎不存在，我也不相信還有別的甚麼，要有也一定覺得是壞東西。所以我的腦子當然是國家主義武裝起來的。當然那時候不叫國家，是民族，唯一讓人沒來由激動的詞就是「民族」── 一想到是民族，多重要啊！為了民族犧牲都是值得的，都是應該的。

為甚麼後來有變化？細節上一時半會兒也說不清，但如果說這些轉變重要的理論上的總結，我想最重要的是我逐漸地意識

到 —— 不是從理論上，而是從生活中，從自己的閱歷當中 —— 用這些旗號用得最熱鬧、真正用得最好的人，實際上都是為自己、為一小部分人服務，不是為了那個抽象的「人民」或者「民族」，因為不存在具體的人民。誰是人民？「文革」中有人說「我也是人民」，批判他的人馬上把他從人民當中開除了：「你算甚麼人民？」民族也是。「我也是中華民族。」「你算甚麼？你是民族敗類。」也被開除。所以你沒有權利聲稱你是誰。也就是說，總有一種權力隨時把你加入或者排除在某個範圍之外。

從這個意義上，我慢慢地，一個是自己切身體會，另外一個是通過閱讀，知道這些東西，再慢慢地在這個意義上反思，發現歷史上都是如此，不是今天才這樣。這樣我們才理解小時候讀過的魯迅的東西，讀的時候不理解，甚麼禮教吃人，讀來讀去就是兩個字：「吃人」，那時候不知道他說的是甚麼。現在明白魯迅說的是甚麼了，雖然他是以文學的激烈口吻說出來的。其實現在理論上清晰地闡述出來的中外思想家很多，只不過因為比較抽象，不太容易被大眾接受，但這些都是前人說過的，不需要我們去創造發明這些思想，我們只需要通過自己的經歷重新去接受這些思想，真正理解這些思想，把它們變成自己的血肉。這是現代文明的成果，但不是那麼容易接受的。

我並不反感民族主義這樣的旗號、提法或者各種主張，我只是不喜歡簡單地用民族、國家來作為我們思維的基本單位。不要甚麼都是以國家為單位，因為國家是一個複雜的東西，你不能用簡單的國家來掩蓋豐富的內容。比如國家是由人組成的，一個個的具體的人，享有平等的權利。每個人都是重要的，是同等重要的，值得同

等尊重的。我前不久跟一個朋友聊天，他說中國怎麼怎麼樣，美國怎麼怎麼樣。我想，你說的「中國」是指誰，「美國」又是誰？比如說貿易戰，這個當然是現實中很多人關心的話題，但是貿易戰跟哪些人、哪些集團、哪些公司、哪些階層有關係？跟你個人是甚麼關係？你需要想一想再義憤填膺。但是人們經常用簡單的「國家」作為一個思維單元來把別的東西都頂替掉。

其實我們的思維應該有豐富的單元，當然應該有國家這個單元，但是也應該有其他許多的東西，個人的、群體的、地方的、階層的，等等。要學會深入、具體地分析問題，避免籠統，避免模模糊糊的概括。我反對的國家主義主要指的是這個東西，我欣賞無政府主義思想不是意味着我想當無政府主義者，連斯科特自己都說在今天這個時代離開國家是不可能的，沒有國家我們這個世界是要崩潰的。當然應該有國家，只不過不要用單一的國家視角去看所有問題。

李禮：對民族主義史學的批評是您着力點之一，也引起了很多關注。那麼，如何理解民族主義在中國過去的一百多年裡如此長盛不衰，甚至越演越烈？是所謂近代衰敗國運的心理刺激？還是結束帝制之後的國家建構中特別需要這種「意識形態」？

羅新：民族主義是近代全球最主要的意識形態之一，儘管在不同地區、不同時期扮演的角色略略不同。中國近代民族國家建設歷程中，反帝救亡比其他任何旗號都更有普遍吸引力，因而民族主義的重要性幾乎超過一切。看看毛澤東為人民英雄紀念碑撰寫的碑文，

那是經典的民族主義敘事。在為了排滿反清而提倡的短暫的族群民族主義之後，民國至今的一百多年間，國家民族主義作為民族主義在中國的主導形式，一直是最重要、最有號召力的意識形態。

我不認為「近代以來的衰敗國運」是促成這一歷史發展的原因，事實上，「近代以來的衰敗國運」這種敘事本身是這一歷史發展的副產品。為甚麼長盛不衰甚至愈演愈烈？因為只有它在別的都不管用的時候仍然管用，或至少給人產生了管用的幻像。

三、邊緣人和被馴化的歷史

李禮：當「人民」特別抽象的時候比較安全，但具體指出它是誰，好像就成了一件危險的事。在《有所不為的反叛者》一書裡，您談到民眾和少數權力壟斷者的關係，這是歷史研究者都要面臨的老問題。您顯然特別反對英雄史觀或者精英史觀，中國這個傳統尤其深刻，正如您也提及的那樣，二十四史一直是被權力壟斷的力量來書寫，大部分人被排斥在這個歷史寫作之外。

但這裡有一個兩難的問題，您花了更多筆觸描寫小人物的處境，歷史的豐富性和細節無疑給人很多衝擊。但恐怕始終會有人問，這些有那麼重要嗎？很多人仍堅持認為，歷史一定是少數精英「創造」的，雖然少數人被神化和各種各樣的虛構，但他們終究還是推動歷史最重要的力量。在歷史研究中，精英和普通民眾究竟應該扮演何種角色？

羅新：這個問題在我內心深處還是一團亂麻。我早已拋棄了英雄史觀，但我沒有建立起其他說得清楚的史觀，我盡量避免面對這個問題，當然終究是避不開的。

我逃避的辦法之一就是，我不探討是不是這些英雄創造了歷史。無論是甚麼樣的歷史，在過去看來都是英雄創造的，最大的黑暗、最大的痛苦、最大的快樂、最大的成就都來自這個精英群體，都是他們這些人。這一點從歷史開始被講述以來，至少人類上萬年來說自己歷史的時候，都是這種講法，一直到非常晚近的時代才出現重要的變化。

過去都是這麼講的，當然有它的道理，但我現在不關心這個道理對不對，這個道理有多大。我關心的是為甚麼要這樣講？這樣講是怎麼講出來的？英雄的故事是怎麼給編出來的，為甚麼創造出一批英雄來？在我看來沒有甚麼英雄，英雄都是被歷史創造出來的，都是被所講的歷史創造出來的，不是我們真正經歷的歷史，而是我們在講過去的時候特別突出一些人，這些人就變成了英雄。要說我有甚麼新的歷史觀，這就是我的歷史觀。

我們總是把一些發展、變化用幾個簡單的人物行為、言論來解釋，表明他發揮甚麼作用。這是人類講故事的一種模式。這個模式之下，我們也就這樣思考問題，所以我們繼續這樣講故事。大概早期人類就是這樣講故事，口傳史學時代即已如此，書寫時代也是如此。但是我要說，口述史學也好，二十四史也好，是不是符合今天我們對歷史的認識？英雄如果真的存在，活着的時候已經享盡了榮華，已經有了人間一切好的東西，今天我們憑甚麼還把他們放在歷史敘述的中心？他們早就得到超過他們應該得到的東西，為甚麼今

天我們還把他們當做歷史敘述的中心呢？為甚麼說到公元前二三百年到公元前一百年之間歷史的時候，花那麼大的精力談秦始皇、劉邦個人的性格、喜樂，把那麼多熱情投入個人的行為上，且不說多半還都是猜測。我不願意這麼做，如果歷史敘述不得不涉及這些人，我會把他們看成只是史料的一部分，然後看看跟他們有關係的某些史料如何形成新的歷史敘述，形成我要講述的一個問題。

我們不得不講帝王將相，因為他們幾乎構成唯一的史料，特別對於唐宋以前的歷史來說，有名字、進列傳的人幾乎都屬於統治集團，幾乎沒有我們特別渴望看到的那些被侮辱、被壓迫、被迫害、被邊緣化的人，我們找不到，是因為這些人已經被排擠出了歷史。如果我想寫某一個奴隸個人的歷史，找不到材料，找到的都是皇帝的歷史、貴族的歷史。當然我還是要寫到他們，只是我已不再關心他們多麼偉大，我關心的是他們的故事裡面隱含着哪些我關心的歷史，我關心的另外一些人，這些人是如何籠罩在所謂英雄人物的暗影之下，那暗影下又有哪些故事。我以此對抗英雄主義史觀，至少目前階段我只能這麼做。

李禮：對於小人物或邊緣人的「興趣」，很多時候是歷史學家自己的一種情懷，它確實已經超越哪種史觀的問題。有一次我和做量化歷史研究的陳志武教授聊天，他說你有沒有想過，現在如果每個人都把日常的事記下來，一百年、兩百年以後的人查閱今天的歷史，今天 50 億人的網絡博客或者微信，普通人一天發生的事都是極其海量甚至難以窮盡的，儘管它很生動也充滿細節，但是當你一下子投入到這裡，又會覺得失去方向。從我個人體會來講，歷

史研究、寫作，一直是在特別微小的個體和更大的歷史觀之間來回徘徊，這樣不同的關懷就構成了不同的敘述，這樣的生態也比較正常。

剛才談到邊緣人群，不僅是個體，在您研究的領域，魏晉南北朝的北朝也好，「內亞」也好，這些空間、人群在整個中國歷史敘述中還是比較邊緣的。很長時間大家認為他們沒有那麼重要，這些非華夏人群在中國歷史各個階段都出現過，大家會關注到它的片斷，但很少人去關注中國歷史上這個非華夏群體、文化的整體性因素，它們並不總是偶爾、零星地在各個時空出現，而是有自己的邏輯。我有點突發奇想：您有沒有想過用這樣的線索，把古代史或者您所熟悉的好幾個朝代串起來？我們很想知道，在中國過去的歷史上，這些所謂非華夏文化人群、力量來參與塑造「中國」的時候，如果把他們作為一種延續性力量，那樣一個中國會是甚麼樣的中國？

羅新：如果能說出那樣一個中國，那是一個真實的中國。甚麼意思呢？我們現在所認識到的那個中國是已有歷史敘述中的中國，不僅是現代歷史學家在民族國家歷史學建立之後努力做這個工作，其實古人也一代一代做這些事情，不管實際發生甚麼，歷史敘述通過編製歷史、講述歷史來改變過去，把過去變成自己想要的那個過去。

我這麼說可能有一些抽象，其實許許多多時候都是居於主導地位的人群和它的文化，後來成為中國新的文化成形、發展的核心力量。不是說這裡面再沒有傳統，中國傳統在這裡當然也發揮作用，

二者佔的比重一定是非常接近的。北朝過去以後，唐代開始編北朝的歷史，不止是到唐代，北齊已經在編北魏的歷史。你在《魏書》裡看不到豐富的內亞因素，為甚麼？也許編寫者不太熟悉，《魏書》所依賴的，是孝文帝改革之後的那些材料，已經對早期歷史進行過大幅度的改寫。

再往前的史學家們，像鄧淵、崔浩這些人大部分改寫了早期歷史，改成他們想要的樣子。對於歷史，皇帝有想要的樣子，史學家們也有自己想要的樣子。一個事件如果有華夏人參與，也有非華夏人參與，到史書中很可能非華夏人士的名字不見了，華夏人士的名字留下來。舉個簡單的例子，我們大家都知道北魏早期很有名的事件，是嘎仙洞。這是一個有趣的問題，是有分析價值的。嘎仙洞的銘文，我們知道在《魏書》裡也記錄過，可是兩者有細微的差別。在《魏書》裡，皇帝派去的使者是中原士人李敞，而根據嘎仙洞的銘文來看，李敞只是副使，還有一個是主使庫六官，很可能是宗室人物，但這個人在《魏書》裡被拿掉了不記。這一定反映了一個寫作套路。

這就是對歷史進行馴服，先馴服，最後走向馴化，改變歷史，把歷史改成看起來好象都是一幫這樣的人在活動。《魏書》記中原大族特別多，哪怕一生沒幹甚麼事，很早死了，也被寫進去，好象寫家譜一樣。這裡可以看出史學家關注哪些人，他把哪些人當做自己記載的對象。真實的歷史上，各種事件中重要的人卻逐漸從新的歷史敘述中消失了。

我們現在讀到的歷史，是歷史馴化的結果。「二十四史」是對歷史一再改編的結果。真的歷史反倒需要像今天我們所做的，一點

一點去尋覓，把它找出來。探索內亞性也好，探索邊緣人也好，看起來在過去的歷史敘述當中不重要，今天我們把它特意拿出來說，這是對馴服和馴化的反抗，從而形成某種程度的補充、補救。能做到甚麼程度我們當然不知道，但是很重要，因為這種做法本身幫助我們觀察今天的歷史敘述，以及未來的歷史敘述。

四、歷史想像的尺度

李禮：前面談了一些歷史觀念的東西，聊起來有點像史學史理論。接下來稍微輕鬆一下，和您聊聊寫作和歷史想像力。

1981 年到北大讀本科，1989 年夏天又回北大讀研究生。我覺得您的很多興趣特別能體現 80 年代大學尤其是北大裡面的氛圍，除了知識上的駁雜，還有很多理想主義成分。說到興趣廣泛，據我所知，您應該是歷史學家中最厲害的《星球大戰》迷，寫過很多專業影評，在「天涯」上也一度非常活躍。另外據說您愛讀金庸小說，能從前期的作品到後期的韋小寶，看出國家主義觀念在小說家手裡是如何瓦解的，這非常有意思。大概正因為如此，您的寫作不像傳統印象中歷史學家的寫作。比如《從大都到上都》那本，北大陸揚老師評價說，是 1949 年以後寫得最好的歷史遊記。

在歷史學家當中，一方面需要想着自己的學術，就是所謂圈子寫作。還有一些是為公眾寫作。很多人都有「兩枝筆」寫作的困惑，關於歷史寫作的文本，您有甚麼思考？

羅新：這個太難了。我當然也困惑於這些，但是我從來沒有想過，今後也不會想去反對現代的學術寫作。我是現代學術世界培養出來的人，遵循所有的現代學術規範，而且覺得所有偉大的寫作就應該是那樣的。這一套規範沒有問題，而且將來會在很長時間裡仍然發揮指導性作用。我們一定要遵守這個技術規範，這個沒有問題。只不過你用這套技術幹甚麼、表達甚麼、你對甚麼有興趣、甚麼是你的問題、甚麼不是？這才是學者之間、個體之間、群體之間或者代際之間的差異所在。

比如我們老師輩的老師輩，早幾輩的學者非常關心資本主義萌芽問題、農民起義問題、階級鬥爭問題，今天可能專業研究者對這些問題不再在乎了，但是使用的技術規範是一樣的，沒有人敢自己編一套史料，或自己悄悄編寫一個證據。這不是近代西方傳來的規範，而是普世的，歷史學從誕生那天起，哪怕從還沒有進入文字階段，大概就是如此了。只要是歷史，必須有證據，而且證據不能是你自己編的，要經得起檢驗，無論我們說甚麼，都可以讓別人再檢驗一番，這些是人類積累的財富和規範，我們不應該有任何的反對。

要說有所不同，不同的在於你關心甚麼問題，同樣的技術手段用來表達甚麼，這才是我們今天很多領域的學者應該思考的。不是說方法、規範上不同，而是關心的問題不同，關心的到底是甚麼。

至於寫作方式上，我年輕的時候比較喜歡看《萬曆十五年》，曾經也想過模仿這樣的寫作——當然也模仿不來。我的意思是說，這本書可能不止對我一個人有這樣的影響，對我們那一代人，我們之後的幾代人，都有這種影響，大家發現有一種不同的歷史寫

作，這個歷史寫作也是嚴肅的，裡面沒有哪個明顯的地方經不起檢驗，或者主體上一定是經得起檢驗的。差別只在一些細節上，有的專家認為這麼說價值不大，那是從專業意義上另外的判斷，不是從歷史寫作的意義上說的。

當然我也想過現在這種寫論文的方式：上來有一個引子（問題的提出），先行研究怎麼樣，接下來有甚麼新材料，提出甚麼新問題，怎麼解決，最後搞一個結論。這是今天論文寫作的主要格式，是一種套路，大家在主要學術刊物上看到的都是這樣的文章。這樣的文章好不好？很好，學術就靠這個發展。但是如果你連續寫了二十年，寫了一百多篇論文之後，可能會想換一種表達方式，例如寫成專著，專著就和論文寫法不一樣。但是可能你寫了幾本專著之後，又想換一種表達方式，是不是可以寫得活潑一些，這樣並不意味着你在技術規範上叛逆，只是說換一種寫法。我們一般的專業論文是寫給同行看，而全世界做同一專題的沒有多少人，有百十個同行就不得了了，有時候範圍更小。

有時候你會想，如果只那麼幾個人看，就像我過去寫《中古北族名號研究》一樣，沒甚麼人看，總有點可惜。寫《黑氈上的北魏皇帝》時我的目標很清楚，希望同行能看，不是同行也能看。所以我換了一種寫法，寫成那個樣子。果不其然，讓我吃驚的是很多人讀到，並且有反饋，讓我意識到這種寫作有它的優勢，能夠把你的想法傳達給更多的人，特別是年輕的讀者，這些讀者裡有很多未來是你的同事、同行，作為一個研究者是很高興的事情，或者說這就是我們追求的目標。我已經不存在評職稱，何必為評職稱寫文章呢？我還是為了讓同行看到，希望有反應，而不是寫了很多論文沒

有反應，沒有人讀，或者對這個題目沒有興趣。所以我覺得到一定的年齡之後，換一種寫法，寫得讓更多人讀懂還是必要的。

至於旅行文學，那是我的個人愛好。每個學者都有個人愛好，有的人愛打球，有的人愛游泳。我其實也不是愛旅行，我是愛讀旅行文學，我年輕的時候就喜歡，讀着讀着覺得自己也寫一個試試看，所以就寫了一個。

李禮：一方面大家不滿足歷史僅有教科書的聲音，想尋求一些其他解讀，但其他的解讀也會面臨很多問題。中國古代史寫作原本在很多人看來，似乎可以逃避現實，但是隨着深入，你會發現研究古代史可能也要跟現實打交道。所以有所不為和有所為的歷史學家，這個問題意識的產生，很多時候是因為時代原因造成的。當然這也是一個很長的故事，不在這裡展開。

提到歷史想像力，很多人認為歷史必須有一分材料說一分話。我想聽聽您的見解，甚麼樣的想像運用到歷史學家手裡才是合理的，有意義的？

羅新：想像力其實每個人都有，沒有人不具備想像力，我只是把它單獨提出來表彰這種想像力、培育這種想像力，如果你意識到自己有時候在胡思亂想，不要害怕，還要培育這種想像力。就像我剛才說的規範，規範非常重要，想像是天馬行空地亂想，但是在研究和寫作中，要嚴格遵循規範。規範是甚麼？有一條材料說一句話，沒有材料不要說話。在一個問題上沒有材料，還是要再繼續推進，怎麼辦？我們跟學生一起討論的時候，也會提到這樣的問題。我的

回答是這樣，沒有材料就沒有問題，也許你提出的問題不是問題，或者說不是一個學術問題，而只是你個人的問題。都沒有材料了，你在那裡說甚麼呢？就別說了。沒有任何材料涉及，你還把這個當做一個問題提出來，這不是一個學術問題。

所以，我覺得這裡涉及到問題，問題也靠想像，哪些是有意義的問題，哪些是沒有意義的，哪些是有學術潛力的問題，哪些沒有很大潛力，這也考驗我們的想像力。我們讀材料、解讀材料的時候，需要很大的想像力，把本來不相干的材料串在一起，使得它們之間有關係。

我的老師田餘慶先生也並不完全反對我們去做一些推測，當一個事情和另一個事情之間有一定的、開闊的空白地帶的時候，我們要做一定的推測。但有一個明確的規定 —— 這個規定也不是我們老師發明的，而是世界歷史學研究中普遍存在的 —— 任何推測只能推測一步，不能推測第二步，不能推測這一步之後根據這步再往前推一步，最後把所有事件放在一塊，認為說圓了。

假如我們說推測有十種可能，我只採取其中一種，這個可能接下來又有十種，我又採取其中一種。你想想，最後你離真實有多遠？那個巨大的世界都被你拋到一邊，只跟着這一條線走，這肯定不是歷史學，是玄幻。

李禮：歷史想像，我個人理解，一是大膽設想、小心求證，這樣才有更多的問題意識；第二，其實它也是一種提醒和啟發。

現在我們接受的歷史都是結果，但是它一定如此嗎？恐怕未必，它是由各種各樣原因造成的。所以當我們展開想像力的時候，

對歷史可能產生的那些不確定性就給予了一種尊重，歷史未必如此，雖然現在是這樣的結果，但是如果其中有所變化，很可能我們看到的是另外一種面貌。當我們這樣想的時候，既定接受的一些結果，無論是國家、權力還是其他，都會產生那麼一點懷疑或者有那麼一點距離。

五、不平等議題：歷史學不可能置身事外

李禮： 對於當下中國歷史學家這個群體，這些年的觀察，您會如何評價？

羅新： 我和好多人的看法可能不太一樣，我對現在的局面特別讚賞，雖然有一些讓人不安的問題，但是對於中國學術發展成今天這個樣子，我想，三十年前、四十年前，人們想不到，想不到會有今天這樣一種狀況。

我理解很多人對現實、對學界的狀況有一些批評，但是我還是想說，我們現在比三十年前的水平，比我受教育的八十年代的水平提高得太多太多了，就從我做的這個領域以及我熟悉的中國古代史來說，發生了巨大的變化，這三十年的學術積累超越了中國過去幾百年甚至更長時間的學術積累。

最大的表現就是出現了一個巨大的學術群體，以及更為巨大的學術外圍群體，半專業人員或愛好者。而且我們有數千萬高水平

的、受過高等教育的讀者，這是中國歷史上甚至是人類歷史上都沒有過的。在一個國家裡有這麼大規模的讀者，是很特別的現象。這個無論如何高估都不為過。

我這一代人當然沒甚麼出息，但是比我年輕的學者，無論是在我所從事的中古史，還是其他斷代史研究領域，都非常出色，數量很多，有自己的關懷，受過較好的訓練，無論是語言的訓練、理論的訓練還是基本功的培養，都是極好的。如果較好的學術空氣能夠再維持一二十年、二三十年，我覺得中國學術完全有可能在一定時間內整體上趕上日本。現在雖然還有一定的距離，但是這個距離已經不像當初我們評估的那麼大，而且正在縮小。

中國學術大有前程。近一百年來 —— 這方面李禮兄比我熟悉得多 —— 有很多這樣好的時期，比如在二十世紀三十年代，很多時候已經很好了，但是怎麼比都比不過這三十年，這三十年是中國歷史上罕見的連續和平發展的時期，培育人才的數量之大、質量之高是過去沒有的。

我對這個是樂觀的，雖然我能夠理解那些批評和不安的情緒，但是這樣一個群體、這樣一個基本條件，不是那麼容易扭轉的。

李禮：公共史學現在更多被人關注，它並非歷史學家放下身段那麼簡單，而是具有更大的意義和價值，哪怕在歷史研究和發現意義上，國外一些學者比如和您研究領域相近的杉山正明就是很好的證明。我看您近年來的思考和寫作，更加明顯地走出書齋，您如何理解「公共史學」？寫給大眾的史學傑作在今天的中國並不多見，是否思考過其中的原因？

羅新：近年越來越多地聽到大家談公共史學，不過我沒有特意去了解。如果理解為面向專業研究者以外的人群特別是普通讀者進行歷史寫作，那麼在我至少不是一個自覺的行動。新世紀以來，至少從出版物上看，純粹的學院派式的歷史寫作之外，湧現了很多作品，有些作品影響巨大，我經常都被問到對某書怎麼看，只可惜我的確沒有讀過，不敢評價。但是似乎可以說，由專業研究者所寫的這類作品還是不多的，這一點和日本好像很不一樣。你談到杉山正明，他當然是很高明的專業學者，可他影響最大的卻是幾部通俗作品，這也是很不尋常的，即使在日本也不多見。

近年中國出現的對於公共史學的熱情，的確反映了一個歷史性的變化，但我覺得主要不是歷史學界自身有了甚麼變化。變化來自外部，來自我們的社會，來自許許多多普通讀者對於不那麼學院派的歷史學作品的期待。真正的變化是讀者結構。受過良好高等教育、從事歷史科研教學之外的工作、數量巨大的讀者人群出現了，他們不滿足於基礎教材、傳統讀物，也難以順利進入有一定門檻的專業著作，而且可能也不完全滿足於翻譯作品，因而對中國學者的原創提出了要求。

在看得見的未來，專業歷史學工作者直接捲入公共史學的還不會很多，也許這促使公共史學本身變成了一個專業領域。現在向讀書市場提供讀物的主要是學院派外的作者，他們讀得懂專業著作，對史學研究有了解，能直接處理原始史料，甚至也能做一些研究，甚至相當多的還獲得過歷史學博士學位，同時他們有很好的寫作能力。這樣的寫作者慢慢多起來，真的是一個令人鼓舞的現象，這是歷史學發展的動力之一。

李禮：我發現包括您在內，越來越多的歷史學者開始重新關注「不平等」這個問題。回顧歷史，政治制度、文化習俗乃至流行病疫都可能成為「不平等」的原因，各國不盡相同。在您看來，中國社會「不平等」的歷史原因更多來自哪裡？

羅新：不平等是人類社會的基本特徵，不同時期對不平等的感受以及隨之而來的矯正努力是不一樣的。比如今天國際上說得最多的性別不平等、收入不平等，在傳統社會裡根本就不會被當做一個問題。19 世紀西方世界全面排斥的奴隸制，在更早的時期卻被視為人類正常秩序的一部分。今天社會中一些我們覺得理所當然的制度性安排或文化習俗，未來會被批評為野蠻與落後。因為這種時間意義上的相對性，傳統歷史學難以處理不平等話題。但是鑑於不平等議題在當代社會文化、政治與經濟生活中的重要性，歷史學不可能一直置身事外，近年來越來越多的歷史學家開始捲入這個議題。

我注意到這一點，是因我意識到古代人群間的不平等不完全是一個社會文化問題，也是國家政治經濟秩序中的一個制度性安排，從這裡我才開始看史學作品中如何處理一般性的不平等問題。

不平等當然是一個大話題，與歷史本身一樣古老、一樣龐雜、一樣充滿陷阱。中國學者如何介入這一領域，顯然會在很近的時期擺到我們面前。我也熱心等待年輕學者有人寫出好的作品。

李禮：歷史學家不可能脫離現實。這幾年包括 2020 年上半年，中

國發生了很多重大事情，您認為目前的中國，歷史學需要關注的「大問題」是甚麼？對您個人而言，會因此改變甚麼？比如今後的研究和寫作。

羅新：歷史學對時代刺激的反應相對而言是不那麼迅捷的，這是學科特點，這個特點使得它有時顯得滯後、麻木甚至脫離時代，但也使得它沉着、冷靜和視野寬闊。近年中國各方面的變化與發展，研究歷史的學者們肯定都或多或少感受到了，但不一定會反映到他們的研究工作中。話雖如此，2020 年初的這場冠狀病毒災難，對歷史學界的影響仍然是很大的，據我所知，目前已經有很多學者準備開設與「瘟疫史」相關的課程。這算是一種快速反應，因為刺激實在太深了。

你問的「大問題」，也許還在很多人的反思中，正在醞釀，我猜想一定不是一個問題，而是一系列、多方面的，比如國家與社會的關係，權力與權利的關係，舉國體制與民間組織的關係，等等。至於我自己，我感受到了震撼，至於這震撼之力把我推向何方，我還不知道。等等看吧。

第十三章

盧漢超 | 理解中國社會的底層視角

「直到二十世紀，中國的民間組織都是由士紳（以及商紳）領頭，協調和保護本團體的利益，但是中國士紳本身就是統治精英的一部分，他們更願意和政府合作而非對抗。」

盧漢超

美國洛杉磯加州大學（UCLA）歷史學博士，著名歷史學家。現任美國喬治亞理工學院艾倫人文學部教授、亞特蘭大中國研究中心主任、美國《中國歷史評論》主編。曾在紐約州立大學、新加坡國立大學、清華大學、哈佛大學、柏林洪堡大學、臺灣「中央研究院」等院校任教或客座學者，曾任中國留美歷史學會會長、任上海社會科學院特聘研究員等職。他的主要研究領域為中國近代社會經濟史、城市史。主要中英文著作有《赫德傳》《霓虹燈外》《叫街者》《一個共和國的誕生》等，其中《霓虹燈外》獲美國城市史學會最佳著作獎，《叫街者》獲美國第三世界研究學會塞西爾‧柯里最佳著作獎，《一個共和國的誕生》獲中國旅美歷史學會最佳學術榮譽獎。

一、對「勞苦大眾」的同情心

李禮：早年研究過赫德這樣的人物之後，不久您把目光轉向市民生活和底層民眾，比如廣受好評的《叫街者》中的乞丐，以及《霓虹燈外：20世紀初日常生活中的上海》中的「小市民」和貧困群體。這種學術上的大轉變，原因何在？生活與學術經歷是否對您的歷史觀念變化，產生了很大影響？

盧漢超：我想我們每個人的思想觀念都受到生活環境、教育的影響。我們出生在解放後又在「文革」時代長大的這一代，從小受到的教育是「勞苦大眾翻身得解放」「勞動人民最光榮」。到了「文革」，則更有「為工農兵樹碑立傳」的口號，因為據說以前的十七年，我們的舞臺都給被帝王將相、才子佳人霸佔了，所以要大寫工農兵，把被歪曲的歷史糾正過來。所以那時的樣板戲以及僅有的幾部小說和傳記文學如《豔陽天》《歐陽海之歌》，主角都是臉譜化了的「被剝削階級」。我當時對這些意識形態的宣傳未必接受，甚至是抵制的，但是潛意識中多少受了影響，對「勞苦大眾」有一種同情心。這也許是一個原因。

另外一個原因是我出國以後，受到西方學術界的影響。我到美國讀的是社會經濟史，這個領域本身就是所謂「新史學」的重鎮，比較在意普通民眾和被邊緣化的群體研究。但我當時並不知道，連這個名字都是很晚才聽到的。當時的情況是，我的這些導師輩學者其實都是左派，大致就是二戰或戰後初期出生這一代學者。他們進

入研究院的時候大概在 1960 年代末到 1970 年代初，正是美國國內反越戰、民權運動以及性解放等自由主義思潮如火如荼的時候，他們正好就是這一代人。

這一代學人年輕時都很左傾，許多人對中國正在進行的文革非常嚮往，都知道「毛的小紅書」（Mao's Little Red Book，即《毛主席語錄》）。對毛的一些說法，非常認同。例如毛鼓勵紅衛兵造反，他們演繹為反對官僚主義和既得利益集團，很贊同，因為西方國家也有這些問題。知識青年上山下鄉似乎也是件大好事，從他們旁觀的角度來看，城市青年到農村和邊遠地區去，可以克服城鄉差別，而到窮鄉僻壤的「廣闊天地」去經歷和見識一下，正是許多中產階級家庭出生的青年人所嚮往的。那麼反映在學術上，他們就對普通民眾的歷史有興趣。六七十年代歐洲特別是在英國，勞工史（labor history）大行其道，就是在這一背景下產生的。

李禮：據您觀察，這種狀況僅在漢學界，還是當時美國學界整體都在往這個方向轉？後來又發生了那些變化？

盧漢超：基本上都是這樣，就是到現在還大體如此。可以毫不誇張地說，歐美學界都是自由派的天下。在美國，一般來說共和黨是右派，民主黨是左派，而大學則是左派的天下，教授們基本上都是民主黨或傾向民主黨的，我想比例可能超過 90%。人文、社會科學類教授有不少就是馬克思的信徒，只是他們的馬克思和中國國內的馬克思不完全是一回事。

不管意識形態傾向如何，二十世紀七八十年代興起的社會經濟

史研究還是成績斐然。當時正好是歷史學開始和社會學、人類學、經濟學，甚至文學開始學科交叉之際，有很多社會學方法進如歷史研究領域。社會學要做基層的調查研究，因為這些學者當時不能到中國大陸，他們就去臺灣作田野調查，或者到香港。

我的導師黃宗智（Philip C. Huang）早期研究思想史，是研究梁啟超的專家。1980 年代他轉向社會經濟史，適值中國改革開放，他能去大陸農村做田野調查。他研究華北和江南農村的兩本專著出版於 1985 和 1990 年，分別獲美國歷史學會頒發的費正清東亞研究書籍獎和美國亞洲研究學會列文森中國研究書籍獎，這是海外中國學領域的兩個大獎，同一個作者獲這兩大獎，不是絕無僅有，也是鳳毛麟角。黃老師在海峽兩岸都很知名，他在加州大學榮退後又在北京的人民大學培養了不少研究生。我一直說，在他這一代學者中，做學問最嚴謹、而且能夠把傳統史學和社會科學理論、研究方法結合起來，這方面他應該是做得最好的。

二、警惕「中國中心論」矯枉過正

李禮：圍繞上海的研究，似乎特別適合考察「西方衝擊／中國反應」和「中國中心論」。這個話題被討論多年，今天仍常說常新，為人們關心。您似乎對「中國中心論」頗有批評，認為這可能推動了另一種偏見。對此，能否進一步展開聊一下？另外，這兩個學派您認識、熟悉的學者很多，如何評價他們研究中的利弊？

盧漢超：「西方衝擊 / 中國反應」是費正清（John King Fairbank）、賴肖爾（Edwin Oldfather Reischauer）等人給大學寫的東亞歷史教科書時用的一個大致框架，其實不止是中國，也用於日本。費正清本人在中國待過，有很多朋友，包括胡適和梁思成、林徽因夫婦。「費正清」這個中文名字就是梁思成取的，費正清是馬士（Hosea Ballou Morse）的私淑弟子，而馬士是赫德（Sir Robert Hart）在中國海關時的下屬，所以費正清對赫德的評價非常高，認為赫德通過海關和他對清廷的影響，推動了中國現代化。

用「衝擊 / 反應」這個模式梳理中國近代史，線索很清楚，雖非盡善盡美，其實也沒大錯，只是不全面而已。但後來他的一些學生出來批評老師，說從中國的歷史來看，外來東西有點影響，但起決定作用是內在因素，內因決定外因，這也就是後來人們熟知的「中國中心論」。其中最重要的是柯文（Paul A. Cohen）的《從中國發現歷史》（*Discovering History in China*）一書，翻譯到中國來後，影響很大。

我在《霓虹燈外》那本書中提出，「中國中心論」沒有錯，但是我們要避免另外一個陷阱，就是在理論上批評「西方衝擊 / 中國反應」論，說要從中國內在因素看中國的發展，但是討論具體問題時，又硬套西方的模式來解釋一些中國事物，所以這種「中國中心論」其實是虛假的，主導的還是西方的思維。當然人類社會有共通之處，西方的理論模式，確實有可以借鑑之處。但一定要在中國歷史上尋找西方社會的對照物，就不免牽強附會。比如說公民社會和公共領域概念，從上海當時的居民社區來看，並沒有出現和西方相應的或類似西方的公民社會組織。

李禮：好像您不太同意一些學者認為的，近代中國存在哈貝馬斯（Jürgen Habermas）意義上的「公共領域」。這種觀點認為，商幫、行會這種市民組織機構的存在，使得「公共領域」在上海也得以出現。

盧漢超：我主要是從鄰里和社區角度看，中國社會並沒有西方意義上的公民社會。哈貝馬斯的公共領域和公民社會基本的概念，是社會群體組織起來對抗政府，最大限度地爭取該群體的最大利益。在歐洲歷史上就是新興的城市中產階級聯合起來，希望在政治上更有發言權，慢慢就有了資產階級革命。

中國的民間組織如商會、同鄉會以及古代的鄉約等等，有點公共領域的影子，但基本上不是一會事。因為西方的公共領域和公民社會最基本的一點，就自發的社會團體抗衡國家權力，爭取自身權益。而直到二十世紀，中國的民間組織都是由士紳（以及商紳）領頭，協調和保護本團體的利益，但是中國士紳本身就是統治精英的一部分，他們更願意和政府合作而非對抗。如果僅就抗衡國家權力這一點來說，倒是中國的黑社會組織比商會、同鄉會更接近哈貝馬斯的公共領域概念。

哈貝馬斯那本關於公共領域的原著 1962 年就出版了，直到 1989 年才有英文譯本。為甚麼關於公民社會和公共領域的討論在 1990 年代特別熱？當然與這本書在英語世界出版有關，但最根本的是這本書的出版恰逢其時：東歐巨變、蘇聯解體和中國的一些事件引發了人們對這個課題的巨大興趣。

李禮：中國「崛起」似乎正在影響海外學者的學術旨趣或心理，比如很多人試圖從歷史根源來解讀這種「崛起」，強調中國文化的傳承性和調適力等。您對此有何評價？

盧漢超：學者不是生活在真空當中，西方學者對中國研究的題目本身就是受到時局影響。不僅中國史領域，美國史、歐洲史、中東史等等，都是如此。比如做美國史的學者，他們會受到越戰影響，以及民權運動的影響、受蘇聯解體的影響，等等。歷史系的同事們，也會互相影響。比如做歐美史學者做的一些題目，也可能會影響做東亞史的同事們。

　　我曾在《清華大學學報》等國內期刊上發表過幾篇文章，主要是介紹和評估近二十年來西方（主要是美國）「中國歷史翻案風」，我把它稱之為「唱盛中國」，即為人們所熟知的「中國落後論」翻案。這與西方政界和新聞界長期以來「唱衰中國」的慣調形成對照。這個學術潮流與幾十年來中國的改革開放以及在經濟軍事等領域的快速發展有直接關係。在不少學者看來，中國的重新崛起，以其廣度和強度來看，不可能是偶然的，而必定有其長遠而深厚的歷史原因，「唱盛中國」流派旨在探明這個歷史根源，從而證明當代中國強大有其合理性，許多事情是古已有之，所以他們比較強調中國歷史的延續性。

三、近代上海崛起的「資產階層」

李禮：剛才說到公民社會和公共領域，在東西方，它們都與城市裡的「中產階級」密切相關。在近代中國，這個人群的出現首先和上海聯繫在一起，請問您如何界定和評價近代以來上海崛起的「資產階層」？

盧漢超：中西方對「資產階級」這個概念有相當的差別。在歐洲歷史上，資產階級是相對中世紀貴族階級而言的城市中產階級。他們是普通民眾，在工業革命後要求在政治上有更大發言權，這就是所謂資產階級革命，是這麼一個概念。那麼在中國呢？提到資產階級，就好像是富有者甚至於有點貴族的意思。現在在常用的中產階級一詞是一個比較中性的概念，可以包括普通的資本家、專業人士，乃至工薪階層。如在美國，一般家庭年收入在五萬到十五萬美元之間都是中產階級，這就包括了雇工經營的工商業者和為人打工的工薪階層。還有一種計算法（由紐約大學經濟學家 Edward Wolff 提出），把從零資產、零債務到擁有四十萬財產的所有美國家庭都納入中產階級。所以「中產階級」是個很廣義的概念。

就民國時期的上海而言，我的《霓虹燈外》是從城市空間和社區角度看社會階層。我認為住在石庫門裡面，就已經算是社會中層。哪怕他們是在工廠工作，哪怕他們做的工作屬於藍領，但只要他們有經濟能力住這樣的房子，哪怕住的是「七十二家房客」那類的石庫門房子，他們已經不在社會最底層了，他們已躋身「小市

民」階層了，而小市民往往被等同與「小資產階級」。真的貧窮勞工階層住在棚戶區裡，到 1949 年解放前夕，上海有近一百萬人，也就是全市人口的五分之一左右住在棚戶區。我在那本書裡對此有詳細的闡述。

李禮：人們注意到，即使在 1949 年以後，上海「資本家」接受公私合營過程中，仍一度保持了他們原來的生活方式。以您的理解，新政權對上海似乎做了一些特殊處理，這是出於何種考慮？

盧漢超：這些總稱為「統戰」的政策不只是針對上海，不過因為上海資本家或有錢人比較集中，所以這個現象就突出一點。解放後國家對資本家和所謂資產階級知識分子的政策鬆鬆緊緊，但基本上是「溫水煮青蛙」，這些人越來越沒有生路；1962 年 9 月，毛提出「千萬不要忘記階級鬥爭」後，就一路往「文革」奔去了。文革開始後，以前十七年的一些比較溫的政策一概被貶斥為「劉鄧路線」，其實這些政策原本是毛倡導或者贊同的。

大致而言，解放後小業主以上的資本家被分成兩大類，一類是官僚資本家或者官僚買辦資本家，是革命和專政對象；另一類是民族資本家，是可以團結的對象。但在具體操作上，還是有不少靈活性。

比如民國時期有名的「企業大王」劉鴻生，曾任英國人壟斷的開灤礦務局買辦、上海公共租界工部局董事、國民政府火柴專賣公司總經理等職，要套他一頂官僚或官僚買辦資本家帽子是名正言順的事。但解放後他被列為民族資產階級，是重要的統戰對象。連劉

鴻生本人對此也十分疑惑，曾當面問過周恩來，周的回答也很坦率，他說這些階級劃分是政府用以表達對資產階級一部分人士友善而譴責資產階級中另一部分人的用詞，可以靈活運用。前幾年哈佛大學出版過一部有關劉鴻生家族的專著，主要作者是著名中國近代史教授高家龍（Sherman Cochran and Andrew Hsieh, *The Lius of Shanghai*），其中也提到此事。所以確實上海一直到「文革」前還有很有錢的資本家，他們的物質生活基本上沒有變。當然，要做生意是不行了，或者要把子女送出國這個大概也不行了。但是他們有定息和高薪，平時的物質生活仍養尊處優，絕對超過一般民眾，家裡的傭人還可以一直用下去。三年困難時期，照樣能上高級飯店。

李禮：圍繞上海歷史的研究，或者說「上海學」，如今相當發達，然而不少人覺得上海似乎又太特殊了，以至於對它的研究無法拓展到中國，您如何看待這個判斷？

盧漢超：這要從兩面看，一方面上海確實有很大特殊性。許多西方人士認為，一直要到抗戰前吧，中國真正意義上的現代城市就上海一個。又有人認為上海是另外一個中國：上海在中國但又不是中國，等等，所以它確實有特殊性。但從另外一個角度看，近代上海百分之九十七以上的居民都是中國人，而且大部分都是從農村和小鄉鎮過來的，所以很多發生東西在上海的事情還是在很大程度可以反映出中國近代史的方方面面。

從大的歷史上看，比如辛亥革命、五四運動、共產黨建黨、中日戰爭等等，發生在上海的事其實也是全國大事件的一部分。近一

些的歷史，比如反右、大躍進、文革等等，上海都是和全國相通的。從微觀歷史來看，上海也和內地其他城市，比如我寫的上海石庫門內的市民生活，其實在北京的胡同裡也有一些類似的事情。上海的街坊鄰里場景，在許多江南小鎮都可以找到影子。

我一直說上海能夠這樣發展，和當地的文化大有關係。上海比較習慣向外看，包容外來文化，也比較守規矩和有契約精神。在清末的時候，鴉片戰爭以前，上海已經是一個非常繁榮的商業中心了，以棉花貿易為主，我稱之為「棉花城」。國內史學界在相當長的一段時間內，非常熱烈地談論過封建社會晚期的資本主義萌芽問題，而鴉片戰爭前的上海的棉花貿易，就是所謂資本主義萌芽的一個典型例子。當時在上海經商的大部分不是上海本地人，而是外面來的客商，客商的贏利佔棉花（包括棉製品）貿易利益的百分之七八十。所以當時已經有這種文化，就是外來的商人喧賓奪主，賺得比當地人多。現在其實也是，現在流行一種玩笑，說是上海市中心最好最貴的地段，通行英語，外圍一圈講國語，再外圍一圈住的才是講上海話的本地居民。

一直有一種說法，說上海排外，看不起外地人。其實我的看法是，正因為上海很多元，真正的本地籍人士很少，才會有這種問題。它是人們來自五湖四海中的一個問題，正如美國因文化多元才產生了種族歧視問題。有兩個詞好像專門跟上海連在一起，很能說明問題。一個叫「大上海」，中國的大城市不少，只似乎只有上海習慣上可加「大」這個形容詞。北京很大，南京很大，廣州很大，但習慣上少有稱大北京、大南京或大廣州，而大上海則耳熟能詳，這個「大」就是有容乃大，體現了上海的包容性；另一個習慣用語

是「上海灘」。中國不乏沿江沿海城市，但只有上海常用「灘」這個後綴詞。大概不會有人說「天津灘」「青島灘」「廈門灘」或者「香港灘」吧，雖然它們都是沿海城市。灘是延伸的、外向型的，是內陸與外洋的交接處，灘又是接納性的，包容性的，甚至藏詬納污。所以一個「灘」字把近代上海的城市文化性質畫龍點睛地道出來了，至今還常在人們口中。

李禮：現在您還會每年回一次上海嗎？對這些年那裡的變化有甚麼新的感受？

盧漢超：對的，一年一次基本上可以。對國內的城市發展，大家包括學術界或是稍微有點文化意識的都有這種想法，就是拆得太多了。文化遺產保護意識無法抗拒商業利益。現在大家比較重視文化保護了，但許多地方為時已晚。例如上海社科院歷史研究所在徐家匯的那棟樓，原來是一幢精緻講究的建築，以前是天主教堂產業的一部分，解放後一直用作辦公樓，上世紀末由港商看中這地段，雖經社科院抗爭，最後還是拆掉了，建了那棟賣高檔百貨的東方商廈。從文化遺產保護的角度而言，在這一帶造商業樓是短視的。如果將天主教堂、藏書樓、徐匯中學（其前身即創辦於 1849 年的徐匯公學）、天文臺、徐光啟墓、土山灣民居、土山灣畫館（建於 1862 年）等修復重建起來，形成一個徐家匯文化公園，這樣的文化遺產保護對提升整個上海形象和國際地位絕對有舉足輕重的影響，經濟效益不會輸給東方商廈和附近幾個酒樓飯店，文化價值則更不可同日而語。

這當然不單是上海現象，北京也是這樣情況，天津也是這樣，其他城市大致如此。所以我一直說，二、三十年代老上海的城市建築和佈局，戰爭沒有破壞它，革命沒有破壞它，最後是建設把它破壞了。現代化是要付一些文化代價的，但是如果文化保護意識能同步跟上，代價就可以小一點。有文化保護的社會意識，有與此相應的政府立法，就不至於在和平時期為了一點眼前的利益，做出對不起子孫後代的事。

一個多世紀以前，十九世紀下半葉，上海也有過類似的「現代化」城市進程。黃浦江畔的三五茅舍、幾畦農田的寧靜鄉村以及縣城附近的一些擁擠的老街區也曾被無情地夷為平地。在新的空間裡，洋樓崛起，商賈萃集，到了二十世紀初，上海早已從小縣變成名邦，為民國年代的「東方巴黎」作了鋪墊。最近二十年，則又來一次，把東方巴黎拆了，造了一個杜拜，這也許就是發展是硬道理。開設於 1935 年的東京築地魚市場，在建築上也許乏善可陳，但其歷史可以上溯到江戶時代，沒有毀於戰火，1945 年的東京大轟炸也沒有傷動筋骨，最近因為要籌辦 2020 年的東京奧運會，也拆遷了。

四、中國歷史上的精英和群眾

李禮：我們知道，一些歷史學家傾向於認為精英是真正的決定力量，普通民眾看似龐大，實則無關緊要，而一些人的觀點則與此相

反，他們認為普通人或「群眾」更為重要。那麼對您來說呢？

盧漢超：我覺得兩者缺一不可，雖然是大部分歷史書籍還是寫精英。我上課和學生講過，20 世紀的中國歷史，大約也就是那麼四五個人的歷史。從孫中山算起，袁世凱、蔣介石、毛澤東、鄧小平，20 世紀的政治史就基本上就被概括了，連周恩來都算不到其中。所以從這個角度，可以說精英創造歷史。但是他們之所以成為大人物，在於他們歷史上發揮的作用，而他們能發揮這樣的作用一定要有社會基礎。

　　辛亥革命時孫中山只是一介平民，流亡海外。有一種說法是他收到有關武昌起義的電報時，還在美國科羅拉多州丹佛市的一家中餐館打工，雖然是野史稗聞（見唐德剛《晚清七十年》），但孫當時在海外奔波流離、居無定所則無疑。儘管被清政府通緝，有家難回，孫中山的共和革命思想則已使他名滿天下，而天下苦秦久，武昌起義一聲炮響，孫中山就被恭迎回國，並被革命黨、立憲派共同推選為亞洲第一個共和國的臨時大總統，所以這是有民意基礎的。鄧小平在文革中兩次被打倒，改革開放以後為甚麼能一呼百應？就是有這樣的社會基礎。

李禮：我留意到，您的各種著作非常關注精英與底層之間的「關係」，更關心他們之間如何交流。您是否認為這種互動才是真正影響歷史的力量，或者說這才是理解歷史的關鍵所在？

盧漢超：精英這個概念本身就有問題。我記得出國的時候，國內

基本上沒有這個概念，或者說不大有這種提法。精英概念應該是近代西方社會學建立以後形成的。二十世紀以前中國的精英比較簡單，就是士紳階級：不論家庭門第，通過科舉考試拿到基本功名，即獲得「生員」（俗稱秀才）稱號，你就成為士紳階級一員。縣和縣以上的官員必須有科舉學位。進了二十世紀後就複雜了，因為經商成功者、演藝界名人、運動健將等等都可成為社會名流，就不一定唯有讀書高了。在西方社會，精英這個概念大致上是中性的，但人們使用精英 (elite) 這個詞時，常帶有一點揶揄的味道，如果說某某人是精英，往往不是恭維語，反而含有點此人不食人間煙火、不知民間疾苦的意思。近來國內有一個不大好的流行詞，甚至出現在政府文件上，叫作「低端人口」，我想發明這詞的必定是中國的「精英」無疑了。

社會當然需要精英，有關名人的故事也總是比下里巴人的生活更引人入勝，這就是為甚麼現在清宮戲大行其道，民國時代的許多名人遺事至今仍為人津津樂道的緣故。但做學問就不應該只關注精英階層和上層社會。像胡適之算是精英中的精英了，但他非常強調做普通人的生活。胡適有一個叫胡祥翰的族叔，曾寫過一本叫《上海小志》的書，胡適為他作序，批評傳統史學「賢者識其大，不賢者識其小」的偏見，強調「識其小」的重要。再比如魯迅在世時也算是精英了，但他最好的文字都是寫下層社會人物的，如阿 Q、祥林嫂、潤土等。沈從文寫湘西，通過小人物把當地的風土人情和民國初年的歷史寫活了，如果他寫當地的大人物，決不會有如此效果。

我寫了「乞丐」這個群體，一個主要出發點就是往下沉，看下

層社會，到了乞丐基本上不能再下去了，是低到不能再低的「低端人口」了。但中國的下層社會和主流社會（包括精英階層）有很多「交流」，而中國精英階層也並不一定以乞丐為恥，這和西方文化非常不一樣。西方文化中的精英文化和乞丐這樣的草根文化可以說是完全脫節的，而中國的乞丐文化卻與主流社會有許多關聯。比如說叫化雞、佛跳牆、竹筒魚等等，現在上了高等餐館對不對？西方也有類似的菜餚，叫做 hobo food 或 hobo meal（流浪者餐飲），一般是露營時的混雜燒烤，卻進不了高級飯店。又如中國社會最精英最上層的人物，如孔子、朱元璋，被丐幫奉為始祖，主流社會也並不以為忤。所以中國在文化上這方面比較有特殊性，這也許跟科舉制度有關。中世紀的西方社會貴族和平民壁壘森嚴，不可逾越；德川幕府時代的日本武士階級是貴族，只能憑出生獲此身份；而中國的平民可以通過科舉取得功名，進入上層，哪怕只有很少人能夠走通此路，但至少有這麼一條路在這裡。

李禮：如此關注底層民眾，甚至聚焦乞丐以及棚戶區這樣的群體，僅是一種「同情心」嗎？您是否還想表達自己的其他訴求？比如通過他們去理解中國社會？

盧漢超：我們應該建立這樣一個信念，不管人們的社會經濟地位如何，不管是精英人物還是下層百姓，在人格上是平等的。一個大官員、大企業家、或者有名的知識分子和馬路上一個乞丐，在人格上是平等的。但是我們往往不這樣想。中國雖然是個社會主義國家，我們從小受的教育就是要建立一個人人平等、沒有階級的共產

主義社會。但實際情況卻是革命後等級觀念反而更深了，衣食住行，都有等級，連吃飯都有大灶、中灶、小灶之分。工資有八級，幹部分成 24 級之多。我們的「階級」概念反而比以前更深了。

改革開放後鼓勵一部分人先富起來，貧富差距迅速拉開，社會就更加勢利。美國這樣的社會當然有貧富差別，而且貧富差距還在擴大，但整個社會卻並不勢利，既不笑貧也不笑娼，強調法治（rule of law）社會中的公平競爭以及全社會參與的慈善事業。一般人在平時交往時卻並不會因為一個人窮或從事某種職業而看不起你，或者見了富人覺得自己矮了一截，人們很少攀比，各人頭上一片天，這已經深入他們的靈魂。

也許我多少受了這個環境影響，所以覺得關注普通大眾的日常生活以及為「被侮辱與被損害的」人們作記錄（也可稱樹碑立傳），和研究精英人物一樣，是歷史學的一部分，同樣是順理成章的事。

李禮：除了關注底層這個視角，您的作品也被認為提供了一個地方史典範（《國際中國評論》〔*China Review International*〕評價）。地方史如今在中國方興未艾，您認為歷史研究、寫作在地方、區域史方面，應該保持那些「問題意識」？

盧漢超：我在前面提到，精英和普通民眾並非割裂的兩大塊，只是我們以前的歷史偏重精英人物、社會上層以及大事件，一定程度忽視了小人物和日常生活在歷史上的作用，所以我們要作點糾偏的工作。但不管做哪方面的研究，好的作品要在三個方面下功夫。第一是要有堅實的史料。板凳要坐十年冷，有多少史料講多少話，這

是基本功。除了出版物，現在有不少檔案開放了，為近現代史研究提供了新的資源。如果做二十世紀歷史，有些老人還在，田野調查和口述歷史資料也是一個重要的補充。

第二是提出看法或詮釋史實，也就是您所說的「問題意識」。我們在國外指導博士論文、為學術書籍或論文匿名審稿、在研討會上評論文章等等，常常提出的一個問題是「so what?」（那又怎麼樣呢？），也就是說，你講了這麼多，寫了這麼多，意義何在？做歷史研究切不可牽強附會地套用某些理論模式，但同時也不能史料堆砌，不知所云，還是要在充分掌握史料的基礎上，不僅知其然，而且要知其所以然，至少要提出你所認為的「所以然」，供學界討論。比如二十世紀中國從義和團開始，經歷了各種災難動亂，幾乎亡國，和平時期也有幾千萬人非正常死亡。但中國不僅挺過來了，二十世紀末又開始復興，是甚麼力量能使這個民族有此韌性？這是個大問題，研究二十世紀中國的學者可以從各個方面對此進行解釋和討論。

最後一點就是寫作技巧了。寫歷史與文學作品不同，似乎可以不太注意寫作技巧，但好的歷史作品，作者一定是很有寫作技巧的。作品也許不必文采斐然，但可讀性很強，即使所談論的是一個非常專門的題目，也不可詰屈聱牙。通過文字，把過去的場景栩栩如生地重現出來，這是好的歷史作品的共同特點。比如史景遷的著作，特別是他寫的傳記類作品，就有這個特點。

第十四章

章清 ｜ 從「知識轉型」重審近代中國

> 「晚清士人難以擺脫的仍是援據歷史的『想像』。中西漸開溝通，很自然將歷史拉回到春秋戰國時期，難以穿透時空的格局認知現代世界的構成。」

章清

男，1964 年生於四川。1998 年於復旦大學獲歷史學博士學位。現為復旦大學歷史學系教授、文史研究院院長、教育部重點研究基地中外現代化進程研究中心主任，任國務院學科評議組中國史組委員等。出版有《會通中西 —— 近代中國知識轉型的基調及其變奏》《清季民國時期的「思想界」》《學術與社會 —— 近代中國「社會重心」的轉移與讀書人新的角色》《「胡適派學人群」與現代中國自由主義》《殷海光》（臺北，1996 年）《胡適評傳》等多部著作。

一、如何看「中體西用」和廢除科舉

李禮：晚清世變，中、西學對峙是一幕令人印象深刻的歷史畫面，「中學」的優越感在此消彼長中漸漸不復存在，能否描述一下這一變遷過程中的關鍵因素？對於眾說紛紜的「中體西用」，您持怎樣的看法？

章清：中學與西學，恰好是我《會通中西 —— 近代中國知識轉型的基調及其變奏》一書闡述的主題。任何一種文明，大概都是基於「我族中心主義」想像其他文明的，西學東漸，我們也是立足於「西學源出中國」等論調來看待的，後來又發展出「中體西用」論。實際上，這些口號的流行未必是為了排斥西學，或者放大中學的地位。既如此，這恰好說明這些口號流行的時候，中學實際上已陷入深深的危機中。故此，生活在明末清初的梅文鼎就鮮明表達了會通中西之見解：「法有可採，何論東西；理所當明，何分新舊。」到晚清時則越來越多人逐步有了這樣的見識，「昔之學在貫天人，今之學在賅中西」。

　　當然，這些看法都只是體現在部分「先時的人物」身上，外來的「西學」要為更多人接受，還需要落在制度層面，如新式教育的推行。要說是否有一些關鍵的因素推動這樣的轉變，照我的理解，這其實是一個自然的過程。因為敗於洋槍洋炮，所以我們也要造船造炮，然而不掌握相關知識，顯然無法進行，於是會考慮接受天文、算學等方面的知識。而這些知識又並非孤立的，還與其他知識

有關，這樣又開啟了對更廣泛的分科知識的接納。

當需要針對中學、西學進行選擇，更不免陷入「緊張」。「西學中源」說、「中體西用」論的流行，即是因應中學、西學如何抉擇而產生的看法。我們看「中體西用」論，這似乎是一個保守的方案，但究其實，反倒為「採西學」大開方便之門，因為說是「西用」，「西學」「西政」實際也包含其中。與此相關的，何為「中體」，反而是越來越不清晰，只是一種「說辭」，一種「姿態」。為此我也將此作為中國近代學科知識建立過程中的一段插曲，起點是別立「中西」，而歸途卻是「學無中西」。

李禮：您筆下的近代知識人對「現代性」有一種不安。對現代性的懷疑廣泛存在，可以說全球皆然。但對被動捲入「現代」的中國說，顯然有不同感受。中國知識精英理解「現代性」的困難來自何處？比如，記得您曾談及歷史傳統所造成的屏障。

章清：對「現代性」的質疑確實廣泛存在於整個世界，但各國存在不少差異。差異的產生部分是歷史因素，部分則是知識傳播的方式。這方面晚清對「公法」知識的接納就明顯表現出這一點。「萬國公法」知識的傳入，算得上是將中國捲入現代世界的最初體現，晚清士人對相關知識的接納與評估，也呈現出晚清中國審視「現代性」的特質所在，理解「現代性」所經歷的曲折，於此中也得以呈現。

晚清士人認知世界往往受到「縱」「橫」兩個因素制約，前者乃以往應對「夷務」的「歷史經驗」，後者則來自現實世界所感受

的中外交往的點點滴滴。此既構成對「現代性」進行質疑的基礎，也制約着對此的認知。對於所生活時代的理解，晚清士人難以擺脫的仍是援據歷史的「想像」。中西漸開溝通，很自然將歷史拉回到春秋戰國時期，難以穿透時空的格局認知現代世界的構成。當進入「橫向」的思考，由於遭逢列強紛爭的年代，自也難以不把這個時代看作「霸道」超越於「王道」的年代。這也意味着，處於弱勢地位者很難相信有甚麼可以依憑的「公法」。

李禮：科舉制度改革和最終廢除造成的利弊，近年一再被突出和放大，一些人認為它導致了清王朝 1912 年的終結，一些人則不以為然。我想知道您如何評價？畢竟「廢科舉」是西學傳播和接受過程中的一個重要「變量」。

章清：科舉考試制度的廢除，確實影響很大，關鍵是儒家經典的傳承遇到問題。我常常問我的學生，如果有考試不會涉及的書，大家會讀嗎？廢除科舉帶來的或許就是這樣的後果。

科舉制度在中國歷史上曾經發揮重要的作用，這誰都不否認，不過，或許也當接受，在中國成長為近代意義上的國家的過程中，廢除科舉、開辦學校，也是難以避免的，關鍵不是考試制度，而是考試的內容。這也需要納入近代學科知識的建立加以理解，了解到學科知識的建立與「現代性」有關，對於催生現代世界的誕生具有重要作用，或許就能理解並接受科舉之廢。這是否直接導致了清王朝的覆滅，或許只是間接的原因。因為廢除科舉後，學堂培養出的學生確實構成革命的重要力量。當然也可以這樣看，近代知識所

提供的資源，也難以為「皇權」進行辯護。

二、近代中國「知識轉型」

李禮：傳統中國將道器之術視為等而下之，近代至五四卻明顯可見「科學」的抬升，甚至科學主義的流行。這是否源於來華的西方人將新興自然學科提升為「第一」學問，而將修齊治平之學降為次要？自然科學在西學東漸中扮演了甚麼角色？它會是決定性因素嗎？

章清：對近代知識的界定往往基於分科知識展開，此所意味的是教、政、學的分離。科學佔據強勢位置，也是不可否認的，源於近代知識成長於對外部世界的重新認識「科學」在其中扮演着重要角色。不過，就西學東漸來看，就不那麼單純。畢竟曾經擔任「援西入中」主體的，或者是耶穌會士，或者是新教傳教士，因此結合「教」與「學」進行知識傳播，也是題中應有之義。來華西人之所以強調「格致之學」的重要性，將修齊治平之學降為次要，部分是要確保「教」的地位。

　　大致說來，基於中國背景檢討近代學科知識的形成，需要考慮兩類相互聯繫的問題，其一是西方以分科為標誌的近代知識是如何傳入的；其二是中國本土是基於怎樣的背景接引的。作為知識的「傳播者」，無論是耶穌會士，還是新教傳教士，其身份已決定了

所謂「援西」是有高度選擇性的，甚至不免迎合中國本土的知識架構；「接引者」呢，則往往將外來知識納入其所熟悉的架構，尤其致力於從中發現西學所謂之「關鍵」。來華西人對「格致之學」的介紹，就往往論辯其源出「三代」，乃「修齊治平」之基本工夫，這可看作西人傳播新知策略性的考慮。這於化解中西之差異，在「普世性」的架構裡論辯「學」，無疑具有重要意義。從一開始，中國本土針對格致之學的闡釋，所考慮的主要是如何「安置」的問題，將格致之學納入「修齊治平」的架構，也因此化解了格致之學帶來的衝擊。到五四時期情況自然有所不同，那個時代是立足於「普世價值」來看待科學的，由此也表現出「科學主義」的一面，這也意味着我們對於「科學」的信念，實際上超越西方世界。

李禮：以人類的大歷史看，東西方或各國之間的知識交流、互相影響，本是應有之事。如果說一個國家甚至文明在「知識轉型」上存在自身的脈絡，近代中國有何特別之處？

章清：近代學科知識的成長構成全球性文化遷移的一環，這確實是需要直面的問題。將此過程描繪為「西學東漸」，但絕非認為有「知識移植」之事。相反要看到，對於西方世界來說，同樣在發生知識轉型。可以說，學科是特定歷史時空的形式，西方完成「政教分離」的轉變，也經歷了很多曲折；而學科知識的形成，同樣走過漫長的歷程。中國發生的「知識轉型」，也有其因襲的負擔。從一開始就蘊含着本土的作用，往往將外來知識納入所熟悉的知識架構中進行理解。換言之，從一開始中國所接納的「西方知識」，已經

加入了「中國」元素。

　　「西學中源」說、「中體西用」論的流行，也意味着中學、西學的會通糾纏着民族主義的因素。唯有消解知識的「國別性」，才能化解接納學科知識的種種緊張，才能實現「國無異學」。隨後所發生的改變，則是西學轉化為新學，中西之爭也轉化為新舊之爭。照我的理解，近代中國的「知識轉型」，是在陷入全盤性危機的格局下發生的，影響所及，論證現實世界及社會理念合法性的思想資源或知識學基礎，都立足於各分科知識展開，傳統不再構成主要的「知識資源」。

李禮：我注意到，您此前主持一套書系，名為「學科、知識與近代中國」，旨在關注中國近代以來的知識轉型。這個主題顯然很大，具體來說，你們會更多關注哪些具體方面？

章清：以分科為標誌的學科知識的成長，涉及全球範圍的文化遷移，一直引發各國學者濃厚的興趣，關注的重點確實存在不少差別，主要即是在此過程中各國扮演的角色不同。問題涉及的面非常廣，促成我們這些來自不同國家和地區的學者走在一起，從不同的專業背景檢討其中的一些問題。如來自德國的阿梅龍教授（Iwo Amelung），他關注的是科學史，兩位來自日本的沈國威、陳力衛教授，則是從事語言學研究的，他們會從語言的層面檢討和近代知識成長相關的一些新名詞、新概念是如何產生，又有怎樣的影響。我本人主要從近代學術史、思想史的背景切入，更多關注中學、西學如何會通，較為重視「本土」因素的作用。

這個計劃醞釀了很多年，我本人從 2000 年開始介入其中。有不少機會參與到不同國家和地區的學者組織的課題中；我本人主持的課題，也有幸邀請眾多學者參加。這套書的出版還只是階段性的成果，將來還會繼續推進這方面的研究。

三、社會力量的崛起和限制

李禮： 記得丸山真男先生曾提到文學家和學者的差異，這很有意思，也讓人想到中國傳統士人與學科化之後的「知識分子」，對於他們的角色或心理切換，您在研究和寫作中有甚麼感受嗎？

章清： 從「士」到知識分子的轉換，也是處理近代中國思想史首先要面對的問題。這方面有不少研究，我過去也寫過文章加以討論。余英時提出由「士」向知識分子的轉型，實質的意義是中國知識分子從社會中心位置退到了邊緣，而一些邊緣人物卻佔據了社會舞臺的中心。僅就讀書人的社會角色而言，確呈現出余先生所揭示的從中心向邊緣的流動，商人地位上升，以及湧現許多新的社會階層，也是不爭之事實。

不過，變化的不只是讀書人的「身份」，「社會」也在變。立足於社會轉型或許就可以注意到，讀書人仍在這樣的變局中佔據重要位置。以「合群」以及集團力量的形成來看，讀書人同樣形成了具有某種組織意義上的「共同體」。只是這樣的「社會力量」難以

構成「社會重心」。

我曾經用「學術社會」來描繪那一代讀書人的「創世紀」。將此與近代學科知識的成長相結合，也可以反省讀書人建設「學術社會」的成效與意義。所謂「學術社會」，既立足於學術，又並非僅限於學術。從其主旨來說，是要掙脫傳統中國「學」與「術」的纏繞、「士」與「仕」的糾葛，為近代中國讀書人確立區別於「士大夫」的社會角色與身份，其目標則是讓「學術」構成未來社會的重心。應該承認，20 世紀中國讀書人確立的大學教育理想，在學術領域的「舊域維新」與「開拓方來」，都結出了豐碩果實，正是那一代人的努力，奠定了中國以分科為標誌的近代學科知識體系。只不過讀書人在政治上的作為，難以令人滿意。

李禮：對於讀書人的作為，您如何看待社會力量在近代中國的興起？包括您研究的「集團」、「業界」等亞文化圈世界的形成，很多正是傳統體制之外的力量。這一點，對探討 1920 年代思想界的轉向顯然也非常重要。

章清 ：這確實是研究近代思想史所涉及的重大問題。列文森（Joseph Levenson）闡述了這樣的看法：「近代中國思想史的大部分時期，是一個使『天下』成為『國家』的過程。」重要的是，擯棄「天下」觀念，無論是對外，還是對內，都具有潛在的意義。對外來說，是基於天下萬國之理念承認對等的政治實體的存在，並接受近代世界的構成乃是「以國家對國家」；對內來說，有了近代意義上的國家意識，也便確立了國家內部新的政治邊界，如何組成國

家，如何安排個人與國家、個人與社會等涉及政治生活的問題，才會被重新提到議事日程。

對於現代國家的治理，依靠以前的「皇權」顯然是不夠的，社會控制與社會動員的目標都難以實現。也因此，需要社會力量來替代政府完成一些工作。我也將社會的成長與「集團力量」的形成，視作近代中國轉變的象徵。聚集方式明顯發生由「省界」到「業界」的轉換，就構成「亞文化圈世界」形成（亦即是各種社會力量成長）的重要徵象。不過，基於「省界」「業界」的動員，所形成的社會力量還是有限的，針對階級進行動員，無疑更為有效。

1932 年胡適撰文檢討中國民族自救運動的失敗，集中表達了這樣一層意思，中國這六七十年之所以一事無成，一切工作都成虛擲而不能永久，只是因為「我們把六七十年的光陰拋擲在尋求一個社會重心而終不可得」。我最近在研究「社會」這一概念，是因為這構成近代中國社會發生深刻變動的寫照，讀書人也頗為關注「社會」各種力量的成長，並且追求基於「社會」的變革。我想進一步思考這樣的基本問題：在國家政權建設中是否推動着「社會力量」的成長；抑或是「社會力量」在國家政權建設中發揮着怎樣的作用？

李禮：後五四時代，「全能主義」政治日漸彰顯，思想界頗受其影響。您如何理解 20 世紀初中國開啟的「全能政治」？它是「普遍王權」全面崩潰後的一種總體回應嗎？

章清：「全能主義」是政治學者鄒讜所使用的概念。在分析中國 20 世紀政治發展時，鄒讜提出 20 世紀初期面臨的全面危機是中國社

會革命與全能主義政治的共同淵源。史華慈也曾強調 20 世紀中國
政治的發展，很大程度上受制於「普遍王權」崩潰後所引發的全盤
性危機。全能主義政治的表現，是強調只有先建立一個強有力的政
治機構或政黨，然後用它的政治力量、組織方法，深入和控制每一
個階層、每一個領域，才能改造或重建社會國家和各領域中的組織
與制度，從而克服全面危機。這裡所涉及的，也正是我們理解晚清
民國時期的讀書人值得借鑑的角度。近代以來嚴重的危機感，加
重了闡述中國的「焦慮」，也因此會影響到讀書人對很多問題的看
法。個人價值讓渡於國家利益，國家主義、民族主義成為讀書人
首要的選擇，都與此密切相關。「社會力量」的成長也受制於此。
政黨力量的強勢，意味着超越於此的「社會力量」，難以有活動
的空間。

四、中國真正融入世界的一場運動

李禮：2019 時值五四運動 100 年，我想知道您對「五四」總體上
持何種評價，特別是對其中的「反傳統」？

章清：我注意到，不單對五四，對於晚清以來重大的歷史事件和
相關人物，現在都有各種聲音出來，這是當下的一種反映。我是做
歷史研究的，因此重視按照專業的要求去評價歷史人物、歷史事
件，重點是要在特定的時代、特定的語境中去展開，否則難以做到

「返諸舊心」。涉及對五四一代的評價，分歧較大的即是那一代對於傳統的態度，五四一代的反傳統不乏聲音質疑，尤其不能接受所謂「打倒孔家店」。

如果把五四時期流行的一些講法抽離出那個時代，當然覺得非常刺耳，也覺得很難接受。但是如果熟悉那段歷史，了解五四一代的主張，特別是中國當時的現實尤其政治環境，或許就能理解其中所包含的良苦用心，因為現實社會提供了太多的「負面」啟示，導致五四一代才以這樣的方式加以回應。有一點是清楚的，今天我們所謂「傳統」，對於那一代讀書人來說，實際上就是他們的現實。反傳統也好，打孔家店也好，都是因應於現實的一些問題。

當日的「思想市場」，確實展現出五花八門的情形，尤其政治勢力往往藉助於傳統，更增加了問題的複雜性。難怪李大釗要表達這樣的感想：「我總覺得中國的聖人與皇帝有些關係。洪憲皇帝出現以前，先有尊孔祭天的事；南海聖人與辮子大帥同時來京，就發生皇帝回任的事。」因此，五四一代所批評的「傳統」，某種意義上看就是當時的「現實」。而且，近代以來中國所遭遇的種種屈辱，也難以讓那個時代的讀書人對自己的文化有很強的自信心。讀書人把目光聚焦到文化層面，再自然不過。何況之前也曾經在制度、政治等其他層面做出過努力，只是成效不明顯。陳獨秀在言說中就揭示出其中之邏輯：「倫理思想，影響於政治，各國皆然，吾華尤甚」，故「倫理的覺悟，為吾人最後覺悟之最後覺悟」。

李禮：不少人反對從國際環境來解讀五四運動，傾向於從中國內部加以理解。

章清：五四運動之重要，是因為這是中國真正融入世界的一場運動。而新文化運動的開展並且表現出不同於以往文化運動的特色，最鮮明的一環即是新型傳播媒介的影響。不只是印刷書刊，那個時代技術層面的推進都影響着信息傳播的效力。這也賦予了新文化運動不同於以往文化運動的色彩。

新型信息傳播機制對新文化運動發揮的效力，大致可區分為「外部」與「內部」兩個方面，前者系指外部世界的信息及時傳入到國中，當即引發迴響；後者則指國內一地所發生的事件不斷發酵，激起全國的響應。巴黎和會召開，所引發的事件即充分顯示出電報及報章媒介具有的作用，其所產生的動員效應，無疑是決定此一事件持續發酵的關鍵。這其中，北大學生捐了幾百塊錢打電報，即是人們津津樂道的事。胡適在一篇短文中還援引英文報紙介紹的信息說明，巴黎中國議和專使團先後收到國內國外團體或個人關於和約的電報，共七千通。

中國真正融入到世界中，最直接的後果是世界上發生的事情，很快會影響到中國。一戰的爆發、巴黎和會的召開，以及十月革命的成功，外部世界所發生的這些重大事件，對中國政治的走向產生了深遠影響。研究者已經說明，正是這些事件的發生，籠統的西方或者作為美麗新世界的西方發生了「分裂」。中國因此可以面對「分裂」的西方，思考該走英美的道路，還是俄國的道路。列寧式組織政黨的方式介紹到中國，就促成中國國民黨的改組、中國共產黨的成立。

李禮：說到五四前後的各種思潮，胡適稱之為「中國的文藝復興」，

海外也有不少學者以這種視角理解新文化運動。不少人認為這種表述相當西化，並可能以此失去複雜性。您對此如何評價？

章清：是文藝復興還是啟蒙運動，這是余英時先生作出的分析。胡適確實講過關於中國文藝復興的問題，最初他是用英文講出來的，希望以西方人容易理解的方式展示中國讀書人的努力。胡適對於中國文化的診斷，明顯區分出兩種不同的言說方式，相應的也區分為用中文表達和用英文表達，這也是值得重視的一面。面對中國讀者時，他主要告誡大家要打破中國本位無所不在的鉗制與根深蒂固的惰性，所以中國文化展現出來的便是駢文、律詩、八股、小腳、太監、鴉片、姨太太、五世同居的大家庭等等，認為這些都代表着不足迷戀的「幾千年之舊的固有文化」。

而當他面對西方讀者時，立場迥然有別。上述象徵性的符號——或許也是西方對中國的「想像」，不再被提及，反而努力強調「中國哲學裡的科學精神與科學方法」，以及充盈着「人本主義與理智主義」光輝的中國傳統。兩相對照，不能不令人感歎差別何其之大。這也難怪胡適在中國有着「西化」代表的形象，在西方卻博得「現代中國的孔夫子」的稱譽。

李禮：這確實是個很有意思的現象，中、英文各自表述的方式和差異，是那一代人的共同特點嗎？

章清：不能說是那一代人的共同特點，畢竟有這樣能力、有這樣機會的讀書人畢竟不多。當然，胡適這樣一種言說的方式，也包含

着他對於「普遍價值」的認同，努力將中國歷史納入西方的歷史系譜中，為中國確立發展的信心。

胡適在海外所發表的演講，所顯示的立場是一以貫之的。其一是反駁西方世界對中國前途令人沮喪的評判；其二則是努力發掘中國傳統的某些因素，以與西方接榫。「一個古老民族的復興」，確實是胡適終生致力的目標。

五、自由主義和社會主義的蜜月期

李禮：新文化運動算得上西潮的一個巔峰，某種意義上卻也是衰落的開始，比如「自由主義」開始被認為在中國水土不服。不過很多人或許忽略了，「社會主義」那時也是西潮其中的一種，胡適好像提過這一點。

章清：那個時代的讀書人在「主義」上的選擇，有差異，也有共同的一面。大約在 20 世紀初年，「社會主義」、「自由主義」等差不多同時得到闡述，但受到的重視遠不及「民族主義」「國家主義」，未能作為一種優先的選擇。而到了五四時期，各種「主義」呈現此起彼伏的景象，而且更加密切地與政治選擇結合在一起，社會主義確實開始為更多人所接受。

楊端六歸國時就注意到社會主義迅猛的傳播勢頭，他用「雄雞一鳴天下曉」加以形容。張東蓀也說過，歐戰結束前幾乎沒有

人談社會主義，歐戰結束後討論社會主義成為潮流。1920 年秋羅素（Bertrend Russell）在中國講學，也有這樣的感受，「大多數中國最好的知識分子都是社會主義者」。接受社會主義，固然有傳統的因素，也是因為「經濟平等」這一核心價值。這又和那個時候人們看到的資本主義有關。資本主義的負面啟示，成為社會主義風行的土壤。

肯定個人價值的自由主義，也不能因此說就過時了。「五四」同樣是「自由」張揚的時代。大致說來，五四時期是以「個人主義」或「個人自由」作為「自由主義」的異語同義詞，《新青年》雜誌連出兩期「易卜生專號」，就顯示出「個人主義」在五四思想舞臺的特殊地位。值得注意的是，比之其他主義，自由主義主要與「西方」「資本主義」聯繫在一起，對此的接受也採取了「修正」的辦法。以胡適來說，就努力在「個人」與「社會」之間尋求一種平衡，鼓吹「社會不朽論」。

李禮：自由主義和社會主義，還是度過了一段罕見的「蜜月期」。「五四」前後知識分子對社會主義的看法和後來的轉變，很值得回味。

章清：「五四」那段時間社會主義確實得到很多讀書人的欣賞，大的背景就是西方的分裂。經歷「一戰」，西方世界之前建立的對理性、科學的信念，都受到很大衝擊。中國在巴黎和會上所遭遇的，自然也會影響到對西方的看法。而社會主義之所以引起重視，是看到有另外選擇的可能，以修正資本主義的弊端。儘管當時對社會主

義的認識未必那麼清楚，但資本主義變得負面，就足以成為人們轉向社會主義的理由。

我們今天往往放大胡適與李大釗圍繞「問題與主義」的論辯，以此作為「自由主義與社會主義分裂的象徵」，或視作「馬克思主義與非馬克思主義」的衝突。這場論爭作為中國自由主義與社會主義浮出水面的象徵，其意義固不可小覷，但要說李大釗與胡適的幾篇文字，就解決了近代中國思想史上如此重大的爭端，也難以想像。事實上，這場爭論所具有的實質性意義，或許只是在尋求解決中國問題的方式上凸顯出兩種不同主張。而且對中國社會的改造，無論主張改良再生，還是主張從根本上起死回生，目標上原本是相通的。

胡適後來的蘇聯之行，對他刺激非常大。胡適是在李大釗的建議下赴莫斯科的，僅停留了三天。短短幾天的觀察，他就肯定蘇俄嘗試的意義，甚至認為可以開創一個新的時代。最基本的，蘇俄當時開展的政治新試驗打動了胡適，那就是有理想、計劃與絕對的信心，可以在很短的時間裡使一個古老的民族起死回生。當他看到政治革新具有如此效力時，也有「應該出來做政治活動」甚至組織政黨的表態。隨後胡適去了美國，又對美國的進步印象深刻，感受到第三種選擇的可能。有意思的是，胡適並不是把美國作為資本主義發展的典範。當一位日本學者提出在純粹的馬克思主義和純粹的資本主義之間，沒有第三條路，胡適就表示可到美國去看看，或者可以看到第三條路。

因此，對於那一代所言說的社會主義、自由主義，都需要重視其特定的語境。胡適、傅斯年等我們通常所說的自由主義者，對於

社會主義的價值長期都是肯定的。一直到 1945 年，傅斯年還深有感觸地表示：「我平生之理想國，是社會主義與自由並發達的國土，有社會主義而無自由，我住不下去，有自由而無社會主義，我也不要住。所以我極希望英美能作出一個新榜樣，即自由與社會主義之融合。」

李禮： 以胡適來說，甚麼時候才算他完全放棄「社會主義」，不再抱有幻想？

章清： 胡適晚年自稱，到 1941 年已經對社會主義不再嚮往。準確地說，那段時間應該是結束了對蘇俄的夢想，並不意味着對社會主義失去希望。真正「放棄」是到臺灣以後，結合殷海光翻譯的哈耶克《到奴役之路》一書的出版，胡適 1954 年做了《從〈到奴役之路〉說起》的演講，總結了過去歲月裡自由知識分子對社會主義的認知。儘管胡適對此表示「懺悔」，但他也承認，中國自由主義者多少年來都認為社會主義是將來必經之路。

李禮： 不僅對中國，蘇聯在世界範圍內都曾對知識分子有過一種特別的吸引力，尤其在開始階段，不少人覺得那可能代表人類未來的一個方向。

章清： 對於近代中國思想史上的自由主義、社會主義，確實需要結合世界的潮流加以認識。蘇聯之所以產生特別的吸引力，主要是政治的效率問題。托克維爾（Alexis de Toqueville）討論美國民主

時也特別說明：在處理對外事務方面，「民主政府絕對不如其他政府」。關鍵即在於，民主難於調整一項巨大事業的各個細節，往往缺乏「效率」。「國難」之際，中國讀書人也曾圍繞「獨裁」與「民主」展開論辯，所涉及的要害問題，是採取怎樣的政治制度更有助於國家度過危機，結果不少讀書人都主張「新式獨裁」。丁文江就明確表示，國家正遇着空前的外患，在沒有度過這雙重國難之前，要講民主政治是不可能的，相反獨裁政治倒不可避免。

六、傳統—現代學術轉換中的關鍵人物

李禮：您曾經下了很大功夫研究胡適和自由主義，今後還會繼續嗎？目前中國大陸胡適研究的現狀如何？

章清：上個世紀 80 年代胡適在中國重新引起重視，我也是在那個時候開始接觸胡適的論著，先後參與到《胡適學術文集》《胡適全集》的整理工作中。當然，「全集」不「全」，是難以避免的。最近臺灣中研院胡適紀念館在編輯新版《胡適全集》，可望成為「最完整」的《胡適全集》，已陸續出版。此外，中國社會科學院近代史研究所、胡適紀念館所藏胡適檔案資料，都已經電子化，可以方便使用。這表明胡適研究現在有更好的資料條件，相信也能推動胡適研究的開展。

胡適作為 20 世紀中國思想界、學術界的中心人物，不僅個人

涉獵的學術領域非常廣，其廣泛的交往更為一般讀書人難以企及。我在學生時代的學術訓練以研究胡適為起點，確實獲益匪淺。對於胡適進一步的系統研究，目前還沒有計劃。但不管研究甚麼課題，胡適大概都是難以繞過去的。

最近幾年我對「概念史」有一定興趣，為此也撰寫了《胡適與自由主義：一個概念史的分析》《「造新因」：胡適對建構「社會重心」的省思》等論文。這樣的研究對於重新認識胡適，倒也不無裨益。胡適這個名字是與新文化運動聯繫在一起的，說他的「自由主義者」身份確定於此時，似乎也不構成甚麼問題。但其實不然。將新文化運動視作「自由主義」的思想運動，只是有識之士的「後見之明」。從時間上說，胡適大約在 1926 年開始才比較集中地闡述自由主義，而且明顯游離於「社會主義」與「自由主義」之間，故此他試圖用「新自由主義」或「自由的社會主義」替代沒有太好名聲的「自由主義」。

胡適與自由主義的結合另有樞機，與思想界的分化密切相關；主要是國共兩黨及其他政治派別賦予胡適與自由主義的關聯。大約至 1930 年代，胡適與自由主義以及中國自由主義才算完成正名的工作：胡適作為「中國自由主義者」以及梁啟超作為中國自由主義先驅者的地位，也得到肯定。

李禮：您如何評價胡適時代那批知識人，他們最令人印象深刻之處是甚麼？

章清：在討論那代人的時候，學界往往很願意用「舊學邃密」與

「新知深沉」加以形容。作為過渡的一代，「舊學」與「新知」兼而有之，確實是那一代展示的特質。或許更重要的是，他們中不少人屬於人類學、社會學者所描繪的「邊緣人知識分子」（marginal intellectual）。經歷兩種文化衝突的讀書人，會受到特別的刺激，更能看清楚自己的文化可能存在的一些問題。

19 世紀以來世界呈現為中心與邊緣格局，催生了很多留學生，也造就了較為典型的邊緣人知識分子。因為到異域留學，意味着參與兩種文化的衝突。如果說晚清以降的中國歷史，可以被理解為由中心淪為邊緣的歷史，那麼伴隨此過程，便是出現了大批邊緣人知識分子。這些人如何化解同時介入兩種文化所產生的緊張，進而再參與本土文化的創造，在胡適身上有充分體現。他對西方世界的了解較之於前輩，已不可相提並論。而對中國傳統的反思，也建立在對於傳統有真切了解的基礎上，同時是在了解西方的背景下展開。

研究近代中國讀書人，自然會產生對某些人的偏愛。研究者對於所研究的對象往往會投入感情，更容易寄予「了解之同情」，前些年圍繞魯迅與胡適的爭論，多少也說明這一點。胡適自然是我所偏好的讀書人，此外，我也很欣賞傅斯年，能做學問，又能成就那麼一番事業，這樣的人自然值得尊重。

李禮：梁啟超呢，他也很能做事。在中國傳統學術向現代學科轉換過程中，梁啟超和胡適會是兩個轉折點意義上的人物嗎？

章清：梁啟超與胡適，分別代表兩個時代，可以說是引領不同時

代輿論潮流的人。他們所展示出來的才能也好，或者說大局觀也好，自然都令人欣賞。學科知識的成長，重要一環是制度的變革，梁啟超與胡適都是這個轉變中很重要的人物。依拙見，重點還是要從制度層面來思考這些問題，那也意味着個別人物的重要性會降低。換言之，需要結合具體的事例加以分析，傅斯年之重要，是他創建了史語所。

我們看梁啟超，他對於傳統學術的檢討，自然是那個時代的代表，同時他也闡述了很多新思想，影響到很多年輕人，胡適就是其中之一。

但是在梁啟超那個時代，制度層面的變革才剛剛起步，所以這方面的成績相對薄弱一些。在《清代學術概論》中，他就表示說，「啟超之在思想界，其破壞力確不小，而建設則未有聞。」當然，影響到對梁啟超評價的，還有另一棵大樹康有為。

李禮：說到制度層面，您會把「新式報刊」這類東西理解為一種制度化力量嗎？「學術刊物」呢？

章清：當然是的，新型傳播媒介在晚清以降發揮了其他媒介難以替代的作用。我在《清季民國時期的「思想界」》這本書中，正是期望能揭示出這一點。晚清「思想界」的形成，最初的動力無疑來自於「合群」的訴求，只是如何「合群」，圍繞着學校、學會及報章，各有看法。報章的創辦更容易實現，並且影響更快捷，因此也成為推動「合群」的重要媒介。報章對於推動晚清以降的社會變革所發揮的影響，值得充分重視。胡適在 1923 年就曾說過：「二十五

年來，只有三個雜誌可以代表三個時代，可以說是創造了三個新時代。一是《時務報》，一是《新民叢報》，一是《新青年》。」一份報章的創辦意味着聚集了一些同道，同時也會影響一批人。報章有不同的色彩，有的偏重學術，有的關心政治，因此晚清以來學術與政治的成長，也需要透過這些報章進行分析。再往後，具有明顯政黨傾向的報紙雜誌也出來了，成為某一黨派進行政治動員的重要媒介，其影響則更為顯著。

從知識生產的角度看，最初還沒有嚴格意義上的「學術刊物」，學術發表機制要到 20 世紀 20、30 年代才建立起來。很多學術文章往往發表在時論雜誌上，1904 年創刊的《東方雜誌》發表了不少學術論文。《新青年》群體分裂後，1922 年胡適等人創辦了批評政治的刊物《努力周報》，第 1 期就發表了陳衡哲的《基督教在歐洲歷史上的位置》，第 2 期又有胡適的《跋〈紅樓夢考證〉》。

七、近代以來的國家主義

李禮：是否把梁啟超、嚴復視為中國第一代自由主義者，一直頗有爭議，在您看來，其中的困難之處在哪裡？

章清：我在研究中也試圖理清中國自由主義的命名問題，即甚麼時候開始有中國自由主義這樣一個提法？並且有很明確的指向。通過歷史分析，可以發現中國自由主義的命名，實際是由國共兩黨來

完成的，當然也意味着從負面看待自由主義。也正是在這一過程中，梁啟超作為中國自由主義先驅者的地位得到肯定。

　　將梁啟超和嚴復視為中國第一代自由主義者，主要是指他們對自由價值的肯定，並且所闡述的一些看法與自由主義思想有相通之處。但必須看到的是，將近代中國思想人物置於「主義」的框架下進行評說，需要特別小心。任何主義都有特定的指稱與語境，游離於此，則不免對「主義」的了解產生歧義。同樣，為近代中國的思想人物貼上這樣的標籤，或許也只是因為其生平的某一階段或思想上的某些主張較為接近某一「主義」，但很難以此「蓋棺論定」。

　　我想強調的是，不僅是胡適，包括嚴復、梁啟超等人作為「自由主義者」的身份，其命名也有具體的時限問題。確立這樣的時間點，自有其意義所在，因為我們習慣以「自由主義」的身份來判定其對某些事情的看法，如能確立「命名」的時間以及具體的來源，多少能減少一些武斷，避免基於對「自由主義」籠統的認識貼標籤。實際上，西方世界研究自由主義的論著，同樣受制有這樣的困惑：要斷定誰不是自由主義者，甚麼不是自由主義，已經十分困難。

李禮：如果按照國共兩黨這種「命名」過程，一開始就隱含了批判意味。

章清：確實是這樣。不僅是自由主義，其他的激進主義、保守主義之類，也是如此。簡單說來，近代中國對「主義」的選擇是充滿政治考量的，胡適與「自由主義」發生關聯，即來自國共兩黨及其他政治勢力的賦予。南京國民政府建立以後，國民黨官方對胡適的

批判，就將他作為「自由主義」或「自由派」的代表。如汪精衛將胡適等「人權論」者，歸到「自由主義」這一派。共產黨方面，則將「自由主義」與胡適聯繫在一起，主要是通常稱之為後期創造社的社員扮演着主要角色。大致可以說，胡適與「自由主義」的結合，是伴隨中國思想界的分裂而發生的，緣於國共兩黨逐漸佔據強勢地位。

當然，之所以強調中國缺少典型意義的自由主義者，主要體現在對「個人為不可化約的價值」的捍衞上。五四時期，讀書人對於如何建立一個保障個人價值的社會，甚為關切，但個人價值很快就屈從於群體意識，社會有機體的論調馬上也起來了。這也意味着，個人自由之所以引起讀書人的強烈反響，主要是看到其作為尋求富強、重建民族國家尊嚴具有的價值，反倒是忽略了一個核心問題：任何國家的主要目的，是對個人價值的保護與維持。

李禮：其實晚清知識人對個人主義的理解已經達到一個新高度，比如章太炎的「個體為真，團體為幻」。五四時期，個人主義一度也很有氣勢，最後卻似乎都是曇花一現。一些研究者聲稱，中國思想傳統內在地排斥這種東西，對此您怎麼看？

章清：今天但凡提甚麼主義，通常就在放大它負面的東西。中國語境中的個人主義、自由主義，充斥着種種負面的東西，往往和自私自利、自由散漫聯繫在一起。這表明在一些核心問題上我們沒有找到解決辦法，如個人價值、個人權利如何體現。這是不是因為中國傳統思想中就排斥這些東西，也未必如此。

即便傳統思想中有負面的一些東西，通過所謂「創造性的轉化」，也可以做出一些嘗試。這方面說來話長，不是三言兩語可以說清楚的，問題的關鍵還在是「法律主治」（rule of law）還是「依法而治」（rule by law），這需要長期的努力。

李禮：不過從晚清一直到現在，各種「國家主義」所施加的外在驅動力，對整個知識界似乎一以貫之，其結果也延伸至今。

章清：這一切或許都要歸於中國在近代的處境。作為一個老大的帝國，一下子跌落到弱國之林，自會產生巨大衝擊，也會影響到對很多問題的看法。如前面所說的，胡適、傅斯年等人身上有濃厚的民族主義的一面。甚至可以說，近代中國讀書人，從未放棄使中國作為一個國家和作為一種文化日益光大的民族主義目標，使這些讀書人區別開來的只是他們各自開出了不同藥方，以及關注的焦點有所不同。傅斯年之所以要辦史語所，根本意圖是要扭轉乾坤，使科學的東方學正統在中國建立起來。立足民族主義立場來規劃中國學術發展，其特點甚為鮮明，那就是力求專精，以提高中國的學術品質。

不僅如此，對其他問題的思考也確立了國家優先的立場。這方面針對梁啟超和嚴復的研究，都有所揭示。梁啟超的「新民說」帶有明顯的個人主義色彩，但在中國處於滅亡的危機的壓力下，梁又強調討論脫離「國家」和「集體」的自由沒有甚麼重大意義。史華慈對嚴復的研究也特別指明，嚴復主要受「國家主義」的驅策，所揭示的個人價值的本質意義也讓渡於對國家富強的追求。

李禮：回頭看那幾代知識人，對於中國與西方如何相處，胡適的看法可謂平和、理性，他很少強調被侮辱、被傷害的姿態，也沒有顯示過度的文化自信，可以說是一種健康的世界主義，今天看來仍很動人。當然，我有一點個人感受，和多數留學生比，胡適似乎很早便踏入美國的主流社會，讀書時代他從東海岸到西海岸到處演講，大受歡迎，這種經歷和天天躲在一個角落，只和留學小圈子交流的人顯然非常不同。

章清：胡適在留學生中確實很特別，交往頗為廣泛，也留心觀察美國社會。觀察美國的選舉以及其他方面的政治生活，對他刺激很大。不過，很難說胡適進入了美國主流社會，民族主義實際上構成他應付種種危機的主要精神憑藉，貫穿於其志業和思想的選擇的，仍然是典型的民族主義關懷。

　　這確實涉及到今天仍需面對的問題：我們如何和這個世界相處？「充分世界化」是胡適所闡述的重要主張，這是以一種開放的心態面對世界，並希望中國能分享各國所取得的進步；「世界主義」一度在中國也頗有影響，成為不少讀書人的選擇。如同前面所談及的，五四以後中國真正融入到世界中，在選擇上也體現出多元性。不僅五四時期如此，到 20 世紀 40 年代之所以會形成所謂「第三條道路」，也表明讀書人追求的，是既能保留資本主義的「政治民主」，又汲取社會主義「經濟平等」的主張，這也是立足世界進行的抉擇。

八、中國「學術社會」弊病

李禮：脫離傳統的「學術資源」，轉而採納近代學科知識所提供的「知識資源」，除了這個大問題意識，您這一系列研究有無特別的當下關懷？

章清：這是 2000 年我在《中國社會科學》雜誌發表的一篇文章所闡述的主旨。近代中國遭遇「三千年未有之大變局」，最突出的一環，即是中國合法性論證的基礎，漸次脫離傳統中國的「學術資源」，轉而採納近代學科知識所提供的「知識資源」。從事近代中國歷史研究的學者，自會感受到學科知識的成長和近代中國的不少問題都有關聯，故此，結合近代學科知識的成長，從新的視野認識近代中國的歷史，也是題中應有之意。由於近代知識的成長糾葛着古今中外諸多因素，對此的檢討也有裨從更宏大的視野看近代中國的歷史。

學科知識的建立仍處於「未完成性」的狀況，對此的思考自然會和當下的一些問題聯繫起來，也需要立足現實進行研討。比如，今天無論是大學的狀況，還是各學科研究的狀況，大家都不滿意，對此就有必要通過歷史的回顧去看具體的成因究竟如何。

李禮：目前國內的學術制度或者說「學術社會」，在您看來，主要問題出在何處？大家對此顯然有很多不滿和批評。

章清：這個話題當然說不盡道不完。結合歷史來思考，大概可以感覺到問題在哪裡。我自己最切身的感受是，用一套制度、一種方法來管理這麼大一個國家的教育與學術，一定會遇到問題。中國社會內部存在很大差別，存在着所謂「多個世界」，這是分析近代中國歷史所形成的「共識」。於今而言，自然消除了一些差別，但又形成了新的差別，用單一的方式進行管理，實在是困難重重。

就像今天已經制度化的很多管理辦法，針對 985 高校如此，針對一般學校也是這樣。文科方面的教授，則往往抱怨其所在的大學按照理工科的辦法在管理。在我看來，大學如不能按照不同的類型、不同的學科進行管理，並且各類型的學校都能成為一流大學，恐怕難以解決問題。起碼我們應該知道，並非學科齊全的大學，才稱得上是好大學，也並非所謂研究型大學就是好大學。這是從大的方面可以看到的問題。至於現在的一些學科制度，可以說也並沒有鼓勵產生好的研究成果。當我們把所有的專著、論文，都完全變成一個數字的時候，甚至沒有辦法去衡量一個好的研究成果的時候，又如何能夠產生學術精品。

李禮：治思想史這麼多年，回過頭看，有無一些特別的心得感受，或者說一些「經驗教訓」。

章清：我們這一代做近代思想史、學術史的研究，基本上是從人物出發的，那個時候確實有很多人物尤其是卓有影響的人物可以選擇。由於這些人物涉及面較為廣泛，以此為中心展開研究，可以串聯起晚清、民國的歷史，相應的也能得到較好的學術訓練。從上個

世紀 80 年代開始進入近代思想史、學術史的研究者，往往都會走這個路線。對於今天的年輕學人來說，再選擇人物進行研究或許就不那麼理想。選擇較為重要的人物，由於積累的研究成果較多，消化起來不容易，意味着門檻很高。而如果選擇影響不大的人物，則又會影響到學術訓練。如果不選擇人物，另外一個可能的選擇是聚焦於「文本」。但晚清民國時期留下的值得做思想史、學術史層面分析的文本，其實是不多的。如針對中國自由主義的研究就碰到這樣的難題，哪一本書可以作為中國自由主義的「經典」？張佛泉的《自由與人權》，是大家較為肯定的一本書，但那已是 1949 年以後的出版物了。以此來看，今天的年輕人要進入近代中國思想史、學術史的研究，聚焦於「問題」，以此為導向做思想史、學術史的梳理，或許是可行的。

從事思想史、學術史的學者普遍有這樣的擔心，年輕的學生越來越不願意選擇思想史、學術史方面的課題。這既是因為這些研究領域需要消化的東西較多，也在於近代史本身有很多可以選擇的課題。當下的中國近代史研究正處在一個「史料叢出」的時代，有太多的史料可以利用；我們的學科制度往往又鼓勵這樣利用了「新史料」的「創新」研究，這自然會影響到思想史、學術史研究人材的培養。我對此多少有些擔憂，但又不能不體諒年輕人的處境。

當下熱議的「碎片化」問題，也與此相關。對此我是抱持「同情」的。當下的學科制度鼓勵年輕人盡早發表成果，這自然推動「碎片化」的研究成果不斷生產出來。需要重視的是，史學的訓練與史學的研究成果，本不是一回事，「碎片化」的出現也當引發我們對學科制度的檢討。此所產生的「誤導」影響於史學新人的培

養，問題則更為突出。進入史學研究，不用提「通人」這一目標，即便是進入某一個領域的研究，也要求對那個時代的基本史料、基本史事有初步的掌握，非三五年可為功。但在當下鼓勵「發表」的制度下，這些或都被擱置在一邊，進入的是「碎片」，出來的自然也是「碎片」。如果我們對於學生的訓練，一上手就是處理一些個案，不免使學生難以得到很好的專業訓練。

李禮：或者說「從小見大」的折射能力還比較弱，個案有時僅僅只能只是個案。

章清：即便是個案的研究、微觀的研究，同樣可以區分為好的與不那麼好的研究成果。所謂「碎片化」其實與題目的大小無關，重要的還是如何研究。微觀研究中出現的諸如《蒙塔尤》（*Montaillou, village occitan de 1294 à 1324*）《奶酪與蛆蟲》（*The Cheese and The Worms*）等著作，就完全符合對好的研究的期待。真正值得檢討的是，原本是個案研究，卻將問題上升到對「近代中國」歷史的把握。之所以在中國近代史研究領域「碎片化」傾向更為普遍，即是因為近代歷史所留存的材料，此前的歷史不可相提並論。

李禮：這些年中國近代史研究、著作一直備受關注，不過也備受詬病。您有沒有想過從自己熟悉的角度，重新梳理一下中國近代史。

章清：不久前，華東師範大學舉辦紀念陳旭麓先生誕辰 100 年的

活動，去的人很多，開了一天會，都是各自在談和陳先生的關係，追憶所受陳先生的影響。會上潘振平先生透露，陳先生的《近代中國的新陳代謝》出了一個新版，結果很短時間就賣了五萬冊。這是頗值玩味的事。為甚麼上個世紀 80 年代的論述，到今天還讓大家感覺很有思想性，具有很高的價值。陳先生是富於思辨性的學者，這自是其產生長久影響的原因，但同時也說明，中國近代史研究在理論上還缺乏真正突破，陳先生那一代所揭示的重大問題，今天仍是學界所關注的。

重新梳理中國近代史，這絕非個人能力所能為。最近這些年近代史研究中的「碎片化」現象頗遭人詬病，確實也道出當下的近代史研究，多集中於個案。對此，我個人覺得需要有「了解之同情」。在當下的學科制度下，研究者要完成發表的任務，自然需要聚焦個案，何況近代留下的材料實在太多，也難以做系統的研究。只是擔心如果都是如此，尤其是對博士研究生的訓練也「碎片化」，可能就會產生較大弊端。我本人做的同樣是個案研究，只是希望通過個案揭示涉及面更廣的現象，如以「胡適派學人群」為個案檢討近代中國的自由主義、結合清季民國時期的「思想界」以把握新型傳播媒介的影響，都是如此。

第十五章

馬勇 ｜ 五四運動與現代中國的展開

「自由主義所主導的社會架構缺乏力量，因為它每
每遇到關鍵時候，不能形成一個整體性的力量。國
家主義架構就有力量，因為國家主義可以犧牲一
切，一切個人在國家主義那裡只是個數字。」

馬勇

中國社會科學院近代史研究所研究員，博士生導師，主要從事
中國近代史、中國現代化史等研究。著有《近代中國文化諸問
題》《1894—1915：夢想與困惑》《1911 中國大革命》《晚清
二十年》《重新認識近代中國》等，並為嚴復、章太炎、蔣夢
麟等多人立傳。

一、晚清以來的「現代化」節點

李禮：2019 年是五四運動的百年，您出版了《現代中國的展開：以五四運動為基點》，在我印象裡，出版方山西人民出版社和「五四」有很大淵源。1989 年的時候，他們出過一套《五四運動和現代中國叢書》，應該是 7 本左右，那裡面有比較經典的，如舒衡哲的《中國的啟蒙運動 —— 知識分子與五四遺產》，還收了張灝的《危機中的中國知識分子》。那套書當時影響很大。那時是五四運動 70 週年，到 2019 年已經 100 週年。這充分說明了「五四」是一個不斷被解釋的歷史。

其實從五四運動發生一年以後，1920、1921 年開始，一些親歷者已經開始在解釋了，他們用不同的視角來回憶這件事，重新詮釋這場運動。之後，大家都知道，國共兩黨對五四運動有自己很經典的解釋。1949 年以後，教科書對五四運動也有一套固定的解釋框架。不過最近二三十年，整個歷史學的研究從政治史、革命史範式轉向社會史、新文化史，以及現代化這樣一個角度來闡釋「五四」。今天我們更多要聊的肯定是「大五四」，而不是「小五四」。「小五四」即五四運動的很多事情，這麼多年下來，雖然一些客觀事實比如說誰幹了甚麼，不同的回憶人仍有差別，但基本上可以從一些客觀史料去了解，也有一些經典著作，比如周策縱先生的《五四運動史》。今天要聊的是廣義上的「大五四」。不僅包括之前的新文化運動，也包括清末和五四運動之後的中國歷史。

說「大五四」概念，很多人會想到王德威先生那句：「沒有晚

清，何來五四。」它牽扯到晚清到五四之間的所謂「兩次啟蒙」，而且不少人認為第二次啟蒙並沒有超越第一次。比如史華慈很早就提出過，五四一代沒有出現超越章太炎、梁啟超、嚴復那一代人，前一代人似乎更有突破力。海內外一些學者也一再討論這樣一個話題：「五四」到底是一個新的開始，還是對辛亥革命的文化掃尾？對此馬老師如何評價，您如何看晚清到「五四」這一段歷史？

馬勇：我們怎麼看待從晚清到「五四」這麼一個過程，這幾年我主要的精力都用於這方面的研究，即近代中國的主題究竟是甚麼？其實剛才說的當年那一套關於五四的小書我是精讀過的，從那時我也開始了對五四的觀察和研究，每十年肯定會有一次介入。30 年前我們跟丁先生（丁守和）編了一部「近代啟蒙思潮」三卷本資料集，這個書還能夠找到電子版，就是《中國近代啟蒙思潮》（上中下），我正好編了五四這一段。20 年前編了五四圖史，但當時沒有出版，由丁守和先生主編，實際是我寫的稿子，選的圖片。

　　2019 年是五四運動 100 年，我們看，五四的研究到我這兒已經至少經歷了三代人，不包括歷史本身介入者的表達，像胡適、蔣夢麟、羅家倫等，他們從第二年開始就去回望和定義這件事情。我們後邊的研究者其實也已經有三代人。那麼三代人走過，我們可以看到研究的範圍不是在收窄，而是在擴大。最早的五四研究主要是研究 1919 年天安門遊行所導致的學生運動與巴黎和會之間的互動，研究基本上都是處理史料，而這個史料到現在為止也沒有說真正處理清楚，今天還有討論空間。但總體來講，對政治事件的描述，它的原因、影響力現在大概能講清楚了。這是一個幾十年的進

步，後來就引發出「大五四」、「小五四」的概念。過去很多年大家覺得「小五四」是愛國運動，「大五四」的新文化運動，也叫做啟蒙運動。那麼剛才講的兩次啟蒙，晚清到五四。其實我們要放在一個更大的中國轉型的歷史當中來看，五四是一個很重要的節點，它不是去終結晚清以來的啟蒙，也不是說單純地開啟了一個現代中國，它實際上是一個邏輯鏈。邏輯鏈在哪？就是說中國為甚麼要啟蒙？因為中國面對着一個完全不一樣的西方。

中國和西方打交道很早，不要說推到古羅馬，我們就推到明清時期，中國和西方之間的交往、聯絡、貿易、文化交流都很多。但是中國到了 19 世紀，面對一個全新的西方 —— 工業化的西方。工業化的西方給中國帶來的衝擊，從 18 世紀晚期開始一直到 19 世紀晚期，從譚嗣同到 20 世紀初年的陳獨秀、胡適，都沒搞清楚西方的意義究竟在哪。我們看陳獨秀的憤怒，他憤怒傳統中國的東西束縛了中國現代性。中國要走向現代，必須要徹底粉碎傳統，要解除原來舊的枷鎖，衝破倫理的觀念、道德束縛。這個觀察有其狹隘的一面，因為後來新儒家的研究和對東亞四小龍成長的研究，發現陳獨秀的問題可能是假問題。如果儒家的東西不符合現代生活，怎麼到東亞四小龍就符合現代生活了？

反過來看，陳獨秀當年的判斷有點過於憤怒了。這個問題究竟怎麼看，要從一個大的中國歷史背景當中來看。中國面對西方，有一個轉型，第一步要接受西方工業化的衝擊和影響，之後中國工業化的成長、城市化的增長、市民社會的崛起，一個新的社會架構出來，才會導致一系列的政治、社會組織方式以及社會結構、倫理關係全面變化。這個變化中可以看到，晚清大概有兩個重要節點，第

一個節點是 1860 年外國商品進來了；到了 1895 年第二個節點是外國資本進來了，中國資本家階層成長起來了。這兩次變化使中國社會結構發生很大的改變，但仍然不足以解決問題。特別等到發生國體變革，都不能解決中國現代性的問題。國體變更之後很快又回歸了舊的制度，一度回歸到一個帝制狀態，陳獨秀這一撥人就覺得很不能理解，共和怎麼又回帝制呢？

但是我們今天真正去讀帝制的一些理論，讀勞乃宣的論述，勞乃宣、林紓這些我們過去判定所謂舊人的看法，就會感覺到他們講的其實也有道理。但是這些東西慢慢就激活了一個新的啟蒙運動，這一撥人開始在建構一個新的啟蒙觀，完全按照西方近代啟蒙思想在影響中國，那麼這一次對中國傳統的意識形態、傳統的價值觀，當然是很大的衝擊。我們看 1917 年、1918 年中國思想界的衝擊很大，緊接着發生了一個大的逆轉，1919 年一個標誌性的東西，就是梁漱溟在北大開始宣講孔子思想。1919 年，新文化運動、五四運動發生的時候，梁漱溟去講這個東西。我們看到經過 1919 年的五四政治運動衝擊、學潮的持續不斷、社會的創新組合、各種因素的調整，以及中間伴隨着兩次世界大戰，這樣，中國現代性的建構應該到了二戰快結束的時候，才走完了一個現代國家重構的過程。

二戰結束前——從太平洋戰爭爆發到二戰結束，中國實際上已經完成了從原來的一個傳統國家向現代國家的轉型，「華麗轉型」，當然這點在我們過去的歷史表達當中，大家都忽略了，就是中國成為二戰的戰勝國，成為聯合國的構建者，成為世界四強、聯合國五常。這個時候，原來說和現代性沒有接觸的儒家傳統各種因素，到了 19 世紀 40 年代都不構成問題，而且世界在這過程當中

也充分接納了東方的倫理價值觀念。聯合國憲法的制定，人權宣言的簽署都有中國本身的變化因素，使中國的一些概念成為一種世界性的概念。過去我曾說過，一些所謂普世價值，其實在很大程度上，從一戰到二戰很大程度上不是世界強加給中國，是中國提示給世界的。

二、五四運動是「一場不幸的政治干擾」嗎？

李禮：您剛才提到了梁漱溟。觀察五四運動，我覺得三個北大人非常有意思，就是胡適、陳獨秀和梁漱溟。這三個人某種意義上代表了三種非常不同立場，來介入這場運動。陳獨秀當然反傳統更多一些，或者像日後評價的那樣，他的思想更加蘇俄一些，當然實際上開始時還沒有；梁漱溟的反應和評價非常有意思，比如他從法治角度加以評價，他強調說，曹汝霖這幫人也有公民權，學生這麼鬧是侵犯他的基本權利，你們要去伏法認罪，這才是國家往前正常推進的方式。

　　胡適，當然更多體現的是自由主義精神，而他面對海外的介紹是把五四稱為中國的文藝復興，不過很多人不同意他這個看法，因為文藝復興在歐洲很多是由貴族階層來承擔的，五四運動的主體卻是學生，這是另外一個話題，不在此展開。不過胡適本人後來的回憶，對五四運動確實持有一些負面評價，認為五四運動對新文化運動來講實在是一個挫折。今天，不少人也認為五四運動把新文化運

動帶到了另外一條道路去。您對此如何評價？新文化運動和五四運動之間的承接和變異，究竟應該怎麼看？

馬勇：胡適的原話叫做「一場不幸的政治干擾」，對吧？他覺得本來中國的啟蒙運動非常順暢，1919 年 5 月 4 號之前，非常順暢地進行這種個人啟蒙：自由主義的立場，個人大於國家，個人尊嚴、個人自由大於國家的強大。他認為這些觀念當時在五四遊行之前，中國在這方面進展得非常順暢，當時他們從國外回來之後說，不要介入政治，要給中國真正的文藝復興以發展，給中國現代國家的建構做 20 年文化基礎工作。當時是這樣想，但五四運動畢竟還是發生了，而且今天去看五四運動，實際上政治家，不論國民黨的政治家還是共產黨的政治家，在不同時段對五四愛國運動都有不同的觀察和思考。最初階段，從孫中山到蔣介石也都覺得學生愛國運動很好，但是當他後來執政的時候就覺得學生運動不好，這點非常明顯，大家現在讀蔣介石的作品很容易能讀到，可以看得很明白。這其實也有一個轉化過程，就是究竟在甚麼時候覺得學生愛國運動好，甚麼時候覺得不好？這是一個政治立場的考量。

其實我個人反而並不同意政治家的判斷。我認為當時的五四運動，包括火燒趙家樓，包括很多暴力行動、一系列暴力行動，我反而認為有另外的價值。梁漱溟當時的講話，那篇文章也是我最早搞出來的，在《梁漱溟全集》第 4 卷，他講的是學生運動應該走法治立場，當時我也圍繞這個寫過文章，我反而不認為愛國運動當中這種暴力傾向和學生的抗爭有問題，為甚麼這麼講？其實抗爭的隊伍中有我的太老師，而且和放火相關的最重要的人物 —— 周予同先

生。看五四史料當中都會講到他了。不論看當事人的回憶、當事人的觀察還是今天去看，我們只要反過來想另外一個問題，假如1919年的五四遊行，到了趙家樓甚麼事都沒發生就結束了。就到隔壁去喝酒，然後就回家了，還有這個運動嗎？就沒有。我們研究歷史的時候，會想到歷史的發生，它為甚麼發生？因為當時的中華民國政府是一個憲政架構，學生遊行那就遊唄，警察陪着你，還跟着護着你走。沿途護送，你走到哪都沒問題，走到了美國大使館也沒問題，走到日本大使館過不去也沒問題，結果走到趙家樓，裡邊有幾十個警察，外邊有幾十個警察，好像馬上就要散場了。但是政府也沒回應，到美國大使館遞呼籲書遞不進去，到了日本大使館進不去，那你說學生如果沒有其他暴力的表達，可能這一點點運動都不存在了。

所以回到那個場景當中去看，你會覺得真的不能去指責政治運動參與者的暴力行為，還真不能這麼去講。它為甚麼發生，一定有它發生的道理，並不是好像一波「小痞子」在那亂來，因為他們的政治訴求很明白，當事人的回憶錄中對這件事的記述，真的都是以一種必死的信念來處理的。所以說我們今天對他們的愛國情懷有任何質疑，都應該算不道德的。我想，可能不能講這是不幸的政治干擾，使啟蒙運動中斷了。胡適當年在做口述回憶的時候，其實唐德剛並不完全認同他的說法，但是胡適那一代人有一個情結，他認為這一系列的政治變動當中發生了很多問題，讓中國左傾化，讓中國共產主義化。在回憶錄裡他講了甚麼？他說我和馬克思主義第一個回合的較量，他認為就在五四新文化運動過程當中，和李大釗的兩次爭論，關於問題和主義。今天去看問題和主義的爭論，不就是非

常哲學性的討論嗎？李大釗講，這個問題應該有主義的介入，沒有主義的介入國家找不到方向。胡適講，甚麼主義？就應該研究具體問題，人力車的問題、妓女的問題，研究一個個具體問題，今天去看的話會覺得不過了了，但胡適把它看得非常重，認為這就是中國開始往一個左傾路線走了，當事人這種此情此景的狀態，作為歷史研究我們就要還原去看，應該看到在這樣一個過程當中，五四愛國運動本身真的不必去質疑，你可以看到它實際上存在正面和反面，在推動中國一個大的變化 —— 中國人觀念的重塑。

中國人在那之前的幾十年當中一直是以西方為師，從 1860 年之後，學西方的過程，嚴復講的是一種叢林狀態的競爭，這種競爭並不是先發帶後發，先發國家利用自己的優勢帶領中國這樣的後發展國家。當中有很多問題，特別是對中國人的感情是一個傷害，我個人覺得傷害最大的是巴黎和會，巴黎和會的議程本身沒問題，但是當時通過媒體所傳導出的信息，對相當一部分中國人確實有傷害。本來是我的土地怎麼就不給了呢？今天的研究可以看到這裡有中日之間的政府外交的妥協，有他們自己的預案，但畢竟當時在那種匆忙的外交背景下，政府也講不清楚，人民也不知道，學生也不太清楚，所以有這樣一種狀態。

至於梁漱溟，當然是一個比較特殊的人物，梁漱溟在五四和現代中國史、當代中國史上都是比較特殊的人物，梁漱溟一輩子以新異為標的，無論年輕的時候還是到生命的最後，一定不會表達和別人一樣的觀點，他總要和別人說的不一樣，這是他最重要的一個東西，他在五四時的這個表達，其實也可以理解為給中國現代性的建構，提供一個很重要的參考。後來大家都覺得梁漱溟的提醒非常重

要。法治要從我開始，他當時勸學生就是說，如果你是正義的，你就應該到法庭裡邊去接受審判，法庭判你有罪你就有罪。這個觀點當時和主流的看法完全不一樣。我們看蔡元培作為北大校長，他覺得怎麼能燒人家房子？但是他上來講我是校長，我要救學生，要把學生全部營救出來，營救出來之後訓了一頓學生，辭職走掉了。這個時你可以看到當時對這種具體事情的討論，在中國思想的這種轉折當中，還會有幾個不一樣的可能，胡適的自由主義、馬克思主義、梁漱溟的新儒家等幾個路徑。

李禮：問題和主義的爭論，很多人首先是從歷史教科書裡了解的，那裡對胡適持批判姿態。當時包括陳獨秀、李大釗在內，其實並不很反對胡適說的觀點，甚至毛澤東 1919 年在湖南還構想了一個「問題研究會」。回到歷史現場，很多事情和我們想的確實有很大差別。剛才您提的，我也很贊成。就是在一個運動當中，很難出現一個完美的運動者或者抗爭者。如果大家回到現場，在趙家樓門口恐怕也很難置身「騷亂」事外，也許不知誰喊一嗓子自己也就爬過去了，畢竟人在社會運動中的狀態和平時不一樣，在此我們不多討論。

當然，還是一直有人在反思，五四運動帶來的一些負面因素，除了周策縱說的對傳統不夠溫情，一些聲音比如大家熟知的學衡派知識人，在後來的政治運動喧嘩聲中給淹沒掉了。五四運動對後來中國的歷史走向，對民族國家建構的影響，馬老師怎麼看？

馬勇：其實我們從一開始做五四研究，都在反思。任何運動肯定

不是完美的。五四的問題究竟在哪？後來胡適講五四的問題主要在於中國沒有能夠建構一個現代國家。現代國家的標誌甚麼？就是各司其職，不能越位。學生的責任是讀書，外交問題就是外交家的事，政治就是政治家的事情，五四最大問題就是大家都越位處理。政治家不對政治負責，外交家不對外交負責，所有的人都想煽動學生去往前衝，所以我們檢討五四的時候，這一點我比較傾向認同胡適的看法。

另外 1919 年前後的中國，中華民國政府是個憲政框架，組黨也可以，你要遊行也可以。但它的政治並不透明。喜歡表達的就把聲音造得很大，使政治失真。現在追溯到原點去討論五四，誰告訴你中國政府在巴黎和會準備簽字了？這個原點就在這了，沒有人這麼去說，但是一個電報從巴黎打過來，再找蔡元培，蔡元培說這事不對了，怎麼辦？是不是要表達一下？回到原點，你會覺得政治不透明導致一連串的問題發生。在中國現代國家建構的過程當中，怎麼能夠溝通朝野，讓各種聲音能夠在一個比較公開的、平和的狀態中有所表達，否則過去的事情會誤會，未來也會誤會。

研究晚清以來幾個大事，從 1895 年之後的公車上書一直到 1898 年變法，發現其實很多時候都是因為朝野之間缺少一種溝通的渠道，才使每個人幾乎都錯位。我們今天也是如此，我現在每天看到大量的微信，其實和我的專業研究毫無關係，看外國的教授，人家只做自己專業，我們現在每個講座，幾乎都是專業之外。這個原因是甚麼？就是一個現代社會沒有真正構建，所以如果講五四的經驗，講五四的教育，我個人只能提供一點反思，我想從這個角度可能算是一點思考。更多的，我從來的原則是不能遮蔽前賢，不論

怎麼講，他們還是給歷史的進步帶來很大的推動，而且做出了很大的犧牲。

三、「憲政架構」讓位黨國體制的歷史脈絡

李禮：如果我們把五四運動和「現代中國」聯繫在一起考察，很多人會有一個疑問：它從此展開了，但它完成了沒有？無論從 1912 年帝制終結也好，從五四算起也好，「現代中國」開始已久，但今天人民仍經常討論的是，中國到底有沒有完成現代國家的建構？在物質上多半是完成了，有一些甚至走在世界前列，比如互聯網技術。但在其他方面呢？

從古到今，中國歷史上有過幾次大的轉變，比較經典的看法是包括周秦之變，近代的帝制到共和，還有您在也提到的殷周之變。無論哪一次轉變，過程似乎都很長。您剛才提到唐德剛先生，如果用他著名的「歷史的三峽」視角看，今天中國到底走到了歷史三峽的甚麼地方？未來我們還要走多遠？

馬勇：歷史上三次大的轉型就不展開了，第一次是王國維講的殷周之變，中國構建了一個影響到今天為止的宗法社會關係，我們不必走出來，這也並不是一個完全負面的東西；第二次是周秦之變，就是中國構建一個中央集權國家，我們到今天也是延續了；第三次變化，其實我講的是從西方的工業化衝擊後引發了變化，導致中國

全面的調整。那麼這裡標誌性的東西是甚麼？工業化和城市化。也就是在中國原來農業文明的基礎上，又生長出來一個工業化、工業文明，要從農業文明向工業文明轉型。

根據這些年的研究，包括我個人比較認同的，就是從原來的熟人社會向一個陌生人社會轉型，我們去研究中國古典的倫理關係、司法關係，司法制度的安排都是建構在一個熟人社會，以及高度的倫理自覺上。中國古典價值觀所強調的沒有其他東西，就是一個倫理，因為它是農業文明、熟人社會。陌生人社會就是工業文明所導致的結果，只有陌生人社會真正構建起來，才能形成一套完整的企業制度和社會價值次序的安排，當然轉型從這個意義上來講，我們今天差得很遠，因為現在 14 億人當中還有 10 億多人口住在農村。這些人住在農村，怎麼能夠產生陌生人社會這種思維概念？陌生人社會就要遵守制度安排，領導者在不在你都要按照這個制度安排去做，沒有綠燈你就不能走。我們還在一個熟人社會架構當中，中國工業化發展還差得很遠，要把農民真正能夠從農村引出來，進入一個城市生活，進入一個陌生人社會。我想從這個意義上來講的話，其實五四這個節點之前大概幾十年，有兩個大的階段，一個 1895 年、一個 1860 年，再往前推，就推到 1793 年。

往後看，應該看到 1920 年代開始全球化的民族主義崛起，中國發生了國民革命，發生了排外運動。我們現在研究 20 世紀 20 年代的反基督教運動還有民族主義崛起，還有共產國際的迅猛發展，這一系列事情，中國在原來的憲政架構下走不下去，至少到了 1930 年初，當時中國政治家判斷中日必有一戰。但是半個世紀之前的 1895 年之後，中日之間關係的判斷，那時只有友

好一條路，為甚麼到這兒發生這麼大的變化？今天從全球史背景去看，那是全球民族主義的崛起，這種民族主義、國家至上主義開始發展，傳導給中國才使我們看到中華民國的憲政架構不足以維護國家的利益。我們去理解北伐和北伐所建構的國民政府的黨國體制，我們才能夠看到它的這種脈絡，那麼建構更強大的黨國體制，歷史就在這樣一種過程當中去發展。當然到底是歷史的邏輯導致的，還是各種偶然因素導致的，我個人認為可能偶然因素很重要。比如剛才提到走出帝制，其實怎麼能夠認為晚清的變革當中，一定是走出帝制才是中國制度的最佳架構呢？1900 年中國人普遍的預期是建立一個君主立憲的架構，君主要存在，到武昌起義之後一個多月了，嚴復在《泰晤士報》發表的文章，仍然向全世界呼籲要維護中國的君主架構不能動搖。他想維護中國的君主架構不要動搖，如果大家覺得小皇帝不行，我們可以選舉一個成年的有力量的皇帝，退出機制都不是問題，但沒說一定要推翻帝制。推翻帝制只是在 1911 年 12 月下旬到 1912 年 1 月份開始討論的問題，之前根本沒討論，那麼這時候你可以看到歷史的偶然性。

從 1901 年開始，從新政開始，梁啟超開始發表立憲法議，中國精英普遍的討論，就是認為共和的架構不適合中國，它一方面會導致威權的流失，一個政府沒威權，民選的總統上來之後怎麼能有威權？你和我一樣都是人。所以這你去看當年的討論，十幾年來都認同帝制架構繼續存在，但到了 1911 年帝制退出，構建共和，我們看到共和的構建是非常匆忙的，後來的問題就發生了，歷史的軌道就變更了。

李禮：辛亥革命爆發後，歷史仍有機會選擇君主立憲和共和國，甚至一度要成立一個民意機構來決定國家的政治制度。不過各種意外，最後讓中國驟然變成了一個共和國。此後關於袁世凱復辟，您曾提出一些看法，比如「二十一條」提出來後，一些人想恢復一個更強有力的統治者來扭轉局面。

馬勇：楊度他們處理「二十一條」，確實想藉助這件事情，來重新調整辛亥之後導致的一個沒有力量的共和架構。民國初期，從孫中山的二次革命開始一直到 1921 年，10 年時間裡辛亥革命參加者都有反省。他們覺得 1912 年匆匆忙忙建構的共和架構有問題，但是怎麼去修補？特別是當宋教仁案發生以後、二次革命發生之後，怎麼重新建構一個架構，找不到機會。而袁世凱不斷地去修改憲法，修改臨時約法，來加強大總統的權力。一直加強到了總統可以終身制，到 1914 年。這時面對第一次世界大戰的壓力，也面對着中日之間關係這樣一個新調整。

　　我們去看梁啟超的反應。梁啟超認為總統終身是可以的，總統終身讓全世界對中國的政治前景有個穩定的預期。他專門發文，認同這個制度。其實我們去分析它，不就在討論臨時約法所建構的共和架構沒有力量嗎？但是後來問題發生在哪？日本人提出二十一條，袁世凱在某種意義上不是在直接應對「二十一條」，他把一個外交談判轉化成一個內政的交流。這是我這麼多年反覆提過的，也寫過幾篇文章。他認為我們之前怎麼調整憲法，調整臨時約法，都不行。但可以趁着這個機會做一個根本性的調整。日本人給「二十一條」時，講得很明白，大總統覺得哪條不合適，你刪掉

就好了，咱們直接討論就行了，中日之間直接討論，就不要跟其他人講了。

我們分析「二十一條」的性質，五大文件主要解決歷史懸案，就是中日之間多年來所積累的問題，一籃子把它解決掉。中日在1915年初不構成敵對兩國，在之前日本出兵膠州打德國的時候，中國政府是開出一條路讓它進來的。和10年前的日俄戰爭一樣的，清政府讓出一條路讓日本進來，那麼這一次原袁世凱也仍然是這樣做的。但為甚麼兩個月之後，「二十一條」一提交出來，袁世凱把這個消息向外面透露？因為他想要把這樣一個外交危機，把一個救亡的問題凸顯出來。想解決甚麼？他要解決內政問題。這樣民意開始起來了。我就講，這是近代利用民意推動外交的第一次最重要的嘗試。這麼一搞，實際上最後民意也沒法駕馭了。這樣到1915年4月份，中日之間談判結束，日本只好接受中國政府修改的方案，「二十一條」不構成問題了。恰恰就在「二十一條」改成約法要簽時，楊度提出一個建議。他的意思是，中國為甚麼會這個樣子？中國為甚麼被人欺負？因為我們不恰當地走進了共和。那麼怎麼去解決問題？他提出三個問題：國怎樣才能富，中國怎樣才能強，怎麼不被別人歧視？最後導向一個結論，中國只有恢復帝制。這就是楊度君憲救國論的上中下三篇的一個基調。如果這個東西在報紙上公開發表，大家可能就會有回應，梁啟超可能會及時調整。結果這是通過內參報上去的，馬上就開始出現籌安會，出現一系列問題，導致這個事情越走越糟糕。這也是後來引發陳獨秀憤怒和思考的根本原因。

陳獨秀這時在日本流亡，他越看越不對。奮鬥犧牲得來的共

和，儘管是假的，畢竟還是共和，怎麼你把假的都不要了？陳獨秀就困惑在這兒。他在 1916 年講新青年、新國家，他講一定要從帝制走出來。陳獨秀是絕對的共和主義，黃興也是絕對共和主義。黃興認為走出帝制了，構建共和了，共和有毛病，但我們使用這個共和，也不能重回帝制。黃興和孫中山分開也是因為孫中山構建中華革命黨，要效忠他個人，黃興不能接受。

　　1915 年、1916 年，後邊這些歷史發生了這麼一個轉折。思想史的變動，要從政治上去找原因，因為思想家的任何思考，它一定有一個現實的政治上的考量。

四、「自由主義」和儒家的命運

李禮：提到「共和」可能不夠有力量，讓人想到後來新文化運動中一些思潮的歷史境遇，以及「救亡壓倒啟蒙」這個老話題。這個話題和「衝擊─反應」說一樣，並沒有因為提出的年代比較早而變得不合時宜，實際上仍有相當強的解釋力。據我所知，馬老師對於救亡壓倒啟蒙有自己的一些理解，我想聽聽您現在的看法？新文化運動、五四運動之後，作為啟蒙的一支重要力量，自由主義在中國慢慢黯淡下去了，您曾深入研究嚴復這樣的第一代自由主義者，如何解釋這種思潮及其政治主張此後的命運？

馬勇：20 世紀 90 年代以來，研究近代中國的歷史，自由主義是和

國家主義、馬克思主義、新儒家幾個作為對應來研究的。自由主義傳到中國來的情況非常簡單，就是中國資本主義發展之後，一定有一個個人的、人性的力量崛起，有個人權利的主張，完全是以個人為主導的。資本主義就是以個人為主導的。1895 年馬關條約打開了中國的市場之後，就是自由個人主義的開始。

嚴復最早在 1895 年開始傳遞西方思想，他有最純潔的自由主義的因素。所以我們現在講嚴復是中國自由主義的第一代大師。他不傳遞的話，我們根本就不可能衍生出以個人主義為主要特徵的自由主義。但是後來我們可以看到在五四運動這個節點，自由主義出了問題。陳獨秀說，沒有一個強大的國家怎麼行？陳獨秀早期也是個自由主義者，他更多的信仰法蘭西文明，相信法國所傳導的人權。但為甚麼在 1916 年他轉型為一個堅定的國家主義者，或者成為一個社會主義者？很大的原因是因為自由主義沒有力量。

自由主義所主導的社會架構缺乏力量，因為它每每遇到關鍵時候，不能形成一個整體性的力量。國家主義架構就有力量，因為國家主義可以犧牲一切，一切個人在國家主義那裡只是個數字。自由主義、國家主義在 20 世紀的中國博弈過程當中，每每都是國家主義勝利。胡適認為五四不該這樣發展，中國正走在一條正確的道路上，應該充分地發展中國自身的事情，外交問題交給外交官去打理。胡適這一代自由主義者像一個國際公民，陳獨秀也相信這一點。但就在巴黎和會上，美國威爾遜（Thomas Wilson）一變化態度，陳獨秀認為，美國變卦了。今天去研究，美國這其實是技術性調整，要讓日本同意歐洲的戰後安排。它暫時壓制了青島問題，並不是說接受日本的方案。但是自由主義沒法表達這些東西。所以到

20 世紀 20 年代以後，民族問題的發生，使國家主義變得更強大。

外交關係的好和壞和主政者本身的期待有關，外交官本來負責搞好外交關係，但為甚麼晚清以來我們的外交走着走着就出問題了？這可能因為政治家本身出了問題。1915 年的時候，很難說這時的外交官沒有自己的盤算，因為它涉及到國內政爭，涉及到國內政治派系的鬥爭。所以從這裡可以看出，自由主義才是晚清工業化開始以後中國發展最正確的道路，但是也必須看到自由主義每每是沒有力量的，從嚴復開始一直都沒有力量。但是非自由主義主導下的國家主義，必定使人們的權利受到很大的傷害。所以後來我們可以看到，從「五四」時期，到中日戰爭一直到西南聯大。20 世紀 30 年代發生的新啟蒙，實際上已經不是啟蒙了，而是國家主義教育，逐漸走上了國家主義和集體主義道路。因此，只有放在 20 世紀大的歷史脈絡中，我們才能看清這種變化的前因後果。

李禮：從嚴復那代人開始到今天，中國的國家主義一直都很強，大家在各種場合，從互聯網到線下都能感到這種瀰漫的情緒。如果說有兩條現代化路徑：一條路是國家強帶動個人強，另外一條是個人強而帶動國家富強，剛才說的自由主義架構的國家沒有力量，但也可以說，那意味着個人更有力量。從嚴復、梁啟超那代人開始，他們相信這兩條路是殊途同歸的。但是幾十年以後甚至更長時間下來，發現並非如此。先國家還是先個人，對整個社會政治結構的影響非常大，而且非常不同。

回到「五四」，最後我還想請您談談「儒家」的命運，畢竟五四運動的一個重要命題，就是所謂「打倒孔家店」，五四運動中所謂反

傳統，很多是反對儒家。對儒家的批判，比如以胡適的角度看，其實也是想結合一些傳統，再造一個新文明。但這個理想狀態沒有實現；另一方面，很多人一直以來認為儒家思想妨礙了中國的現代化，著名的像馬克斯·韋伯（Max Webber）。亞洲四小龍的成功讓很多人覺得儒家思想可能不妨礙。然而亞洲四小龍畢竟體量太小，不足以代表一個巨大國家。那麼儒家思想對中國的現代轉型到底意味着甚麼呢，這讓很多人困惑，我知道您對儒家思想的研究，從古典的董仲舒一直到現代的梁漱溟，都有相關專著。您對儒家在五四以及之後的遭遇怎麼看？

馬勇：從開始做研究，我一直研究儒家思想史。近代轉型中，儒家思想是很重要的一個考量因素。其實在中國歷史上，到底誰是儒家，儒家到底是甚麼東西，每代人都有每代人的說法。從孔子、孟子、荀子到董仲舒，差別都很大，他們對儒家思想進行了不同的構建。董仲舒在漢代建構了一個適應中國兩千年帝制的新儒家。五四時期的反孔，反的不是孔丘，其實反的就是董仲舒。在董仲舒之後的兩年多年中，儒家的變化也很大。《利瑪竇中國札記》就提出了所謂前儒家和後儒家，儒家本身的變異是很大的。到了晚清，章太炎和康有為所講的儒家，差別也很大，甚至水火不容。因此，儒家內部的分歧其實很大，但作為一個整體，它又是一個思想資源，是被批判的對象，也是重構中國思想的一個思想資源。

為甚麼說它是批判對象呢？因為從譚嗣同開始，衝破三綱五常，衝破一切網羅，其實就是衝破儒家。在譚嗣同以前，晚明思想家李贄就要衝破儒家思想。沿着這條路徑下來，一直到陳獨秀，陳

獨秀反對的是儒家與現代生活不相符合的地方，他認為孔孟所傳遞的僅僅是農業文明當中的東西，這與現代文明所要求的，也就是中國將要走的道路不相符。中國所要求的是來自西方的自由、平等、人權。這幾個人對儒家思想的批判，各有自己的道理，但是卻無法把儒家思想從中國人的生活中剝離出去。就算我們不讀儒家的書，把書全部焚燒殆盡，還是繞不開儒家思想的影響。陳獨秀等人對儒家思想的批判，反而導致儒家思想大放光芒。

因此，這就導致了後來梁漱溟等人對儒家思想的新解釋。他認為儒家有真儒家和假儒家之分，真儒家是尊重生命自然的流暢，真儒家是不在乎形式的，對人性並非是壓抑的。梁漱溟認為儒家思想極具包容性，它可以包容西方的科技以及團體結構。梁漱溟的解釋對後來的儒家思想影響非常深遠，經過這一代新儒家的解釋，再經過中日民族戰爭的衝擊。比如賀麟在「九一八」之前回國，他用西方哲學重新對儒家思想作了解釋，認為儒家思想不僅對現代文明沒有阻礙，相反，儒家思想對整個人類文明都有非常大的貢獻。接着馮友蘭作為美國的哲學博士，在 20 世紀 20 年代回國，在民族危機關頭，馮友蘭提出民族的振興應該從振興民族的思想開始，他的六本著作討論了包括天人關係、中國與世界的關係等一切關係在內的所有問題，構成一個獨立完整的體系。

其實早在一戰爆發後，嚴復就認為西方自由資本主義的發展是有問題的，因此他提出了回望孔孟之道，認為孔孟思想可以給人類提供一種新的思想資源。按照這個路徑，我們可以看到1918 年戰爭一結束，羅素、杜威、泰戈爾等人紛紛來到中國，斯賓格勒（Oswald Spengler）雖然沒來，卻發表了《西方的沒落》

（*The Decline of the West*），他和嚴復都認為西方的發展模式走了幾百年，已經到了面臨毀滅的狀態。因此直到二戰結束後，中國和外界的溝通，才不再有障礙。在聯合國的構建當中，中國提供了仁者愛人、四海之內皆兄弟等思想資源。因此，在 1945 年，中國其實已經完成了工業革命衝擊下自身思想資源的調整。二戰結束後，對儒家思想的解釋，是與全球發展這一背景有關的。

第十六章

梁治平 ｜ 我們必須直面「文明」的死亡和再生

「傳統在當下如何發用，取決於今人的文明再造能力，換句話說，是我們，而不是古人，要對今天文明的衰敗負責。」

梁治平

學者，中國法律文化研究的開創者，畢業於西南政法學院和中國人民大學法學院，現為浙江大學光華法學院兼任教授。著有《尋求自然秩序中的和諧：中國傳統法律文化研究》《法辨》《清代習慣法》《法律史的視界》《法律何為》等，最新著作有《為政：古代中國的致治理念》《論法治與德治》等。

一、文化更新與文明再造

李禮： 1990 年代後您開始從一個新的也是更具反省意味的立場上去理解和把握傳統，對傳統與現代的看法也不像從前那麼簡單和武斷，比如改變了《法辨：中國法的過去、現在與未來》中對傳統法律文化所做的激烈批判，多了一些「同情的理解」。造成這種轉變的原因是人生閱歷的增加還是閱讀、研究視野的改變？如今又過了 20 年，您現在的態度又有甚麼新變化？

梁治平： 你說的這種轉變實際就發生在 80 年代，確切地說是在寫《尋求自然秩序中的和諧：中國傳統法律文化研究》的過程中。這本書前後寫了一年多，如果加上之前寫的相關部分，比如《法辨》，時間就更長。寫作的過程也是閱讀和思考的過程，在這個過程中，有些想法、看法甚至表達方式都發生了改變。

　　造成這種改變的原因，我覺得既有外在的，也有內在的。外在的方面，可以提到幾人的名字，比如張光直、黃仁宇、李約瑟（Joseph Needham）等。我在一些重要的地方引用了他們的觀點，不僅如此，我談論歷史的方式也受到他們的影響，特別是黃仁宇的，他把握和呈現歷史的方式，和我們當時習慣的歷史敘述，不管是傳統的馬克思主義史學，還是更新潮的歷史文化批判，都不一樣，對我很有吸引力。當然，更重要的原因還是內在的，就是做研究的一種信念和態度。我覺得做研究和為人處世是一樣的，你要誠實，要有公平心，下結論要有根據，不能盲從，也不能自以為是。

回過頭去看，以我當時的知識、眼界和能力，對古人了解不多，成見不少，這些東西帶入研究，就是簡單的結論先行，這也是 80 年代文化熱裡相當普遍的現象。只不過，上面提到的那種信念和態度有一種自我約束的作用，可以幫助我接近研究對象，努力去理解她，而不是先入為主，居高臨下，找些材料把古人批一通了事。當然這是一個過程，慢慢有所領悟，有所改變。

遺憾的是，當時書寫完我就去了美國，而且身體和精神都很疲憊，沒能把全書重新整理一遍，所以留下不少問題。後來這本書再版，我做了一些修改，主要是針對書中一些不恰當的說法，特別是情緒化的表達。當然，這種修改還是表面化的，也比較有限。深一層的東西，不容易看清楚，改起來也難，索性就不動了。對同一時期文章的結集《法辨》也是這樣，這本集子後來兩次再版，除了篇目上的調整，也基本保持原貌。當然這並不是說，我後來看這些文章和我當時寫這些文章時的認識完全一樣，只能說，那就是 80 年代的我，今天的我是從那裡走過來的，有改變，也有不變。改變的，是簡單化的思想方式，是缺少反省的歷史觀；不變的，是自覺從中受益的為學的信念和態度，是在這個過程中探索出來的一些研究方法，比如作為方法的「法律文化」，旨在理解的解釋方法。我 90 年代寫的一些東西，比如《法律的文化解釋》，是對之前從《法辨》到《和諧》這一系列研究的理論思考和方法論總結；《清代習慣法》可以看成是《和諧》的續篇，從那裡往下延伸，又有了《鄉土中國的法律與秩序》這樣的當代問題研究。2000 年以後的研究隨機性很強，但有很多集中在當代法律發展方面，特別是對當代法治運動的觀察和思考。歷史的研究也有，比如 2013 年出版的《法

律與禮教：法律移植時代的文化衝突》，還有不久前出版的《為政：古代中國的致治理念》。總之，要說這二三十年的研究有甚麼改變，除了知識的增長、眼界的擴展、心智的成熟之外，主要是在研究領域、主題和側重點的方面，最重要的轉變其實是 80 年代末就完成了。

這裡還有一個問題可能需要說明一下。你剛才提到從對傳統的「激烈的批判」轉為「同情的理解」，這種描述可能會被理解為從否定、拋棄到肯定、接納甚至推崇，因為一般人在講「同情的理解」的時候，心裡想到的多半不是方法，而是立場。我的情況不是這樣。對我來說，重點是「理解」，而不是「同情」。「同情」是立場，也是態度，「理解」卻是方法。我的轉變不是因為先有了立場和態度，而是先有了方法，這個方法跟另一種態度有關，這種態度恰好不涉及價值，因為它講求公平，所以要「兼聽」，要把價值暫時擱置起來。從外部影響看也是這樣。當時我還沒有讀到錢穆，也沒有接觸港臺新儒家的思想，相反，我看重和引用的那些學者像上面提到的黃仁宇等，對傳統都有很深的認識和理解，大概也不乏同情，但都不屬於衛道的一類。我是沿着這條路走過來的，所以對傳統可以有「同情」，但不大可能成為「新儒家」的一分子。

李禮：1989 年寫的《傳統文化的更新與再生》，我摘錄了幾句，比如：「我們的文化已喪失了將不同文化經驗融匯貫通的綜合與再造的能力」「今天的中國人，全然失去了對於西方文化精神的理解與信任」。今天您如何再次評價其中提及的問題？

梁治平：你如果不提起，我幾乎忘了。這篇文章原來是要做《和諧》那本書的「跋」，後來沒有收進去，加了個標題在《讀書》發表了。

李禮：為甚麼沒有收呢？

梁治平：具體原因記不清楚了。回想起來，當時要出國，交稿比較匆忙，「跋」大概是之後完成的，沒有和書稿一起交。而且，你一眼就能看出來，「跋」的風格和全書完全不同，它直面現實，討論的可以說是書以外的問題，而且感情色彩很強，放在書裡也未必合適。儘管是這樣，這篇文章還是反映了《和諧》寫作過程中的思考，包括前面說到的轉變，但那裡所表達的思想和情緒，還有兩個重要來源，一個是對現實的感懷，另一個是翻譯伯爾曼（Harold J. Berman）《法律與宗教》（*The Interaction of Law and Religion*）的感受。應該說，伯爾曼這本小書給我思想造成的衝擊，超過了他的那本更有名的大書《法律與革命》（*Law and Revolution*）。因為它本身就是思想性、預言性的。特別是其中關於法律與信仰、文明的死亡與再生的討論，給我很大的啟示。

　　儘管歷史背景不同，但在我看來，中國當下所面臨的根本問題，正是法律與信仰、（文明的）死亡與再生的問題。同時我也認為，我們，今天的中國人，沒有真正認識和把握這一問題，也缺乏實現這一大轉變的智慧和勇氣。你提到的那兩句話，就是因此而發的。你可以把這種表述看成「激烈的批判」，但針對的不是傳統，而是當下。當然我並不是要美化傳統，而是想強調，傳統在當下如

何發用，取決於今人的文明再造能力，換句話說，是我們，而不是古人，要對今天文明的衰敗負責。作為一個例證，我提到了日本。我從吉田茂《激蕩的百年史》的敘述，看到日本是怎樣死而後生，轉型成功，同時傳統也比較好地保存下來，成為現代日本文明中不可缺少的精神性因素。後來我在另一個地方還提到中國的「一貫道」。我們這一代人對於「一貫道」沒甚麼個人經驗，只知道那是「反動會道門」，在中國大陸早就被趕盡殺絕了。後來我去臺灣才發現，「一貫道」在臺灣竟然是道教和佛教之外的第三大民間宗教，有很正面的社會功能。這方面的例子其實很多。

　　30 年後回頭再看這篇文章令人感慨。一方面，你會發現，那就是 1980 年代的文章，反映了那個時代的社會狀態、思想狀況和作者當時的心理和情感狀態，但是另一方面，當時所做的那些觀察，恐怕不是被這 40 年的巨大變化證偽了，而是以另一種方式印證了。

二、如何再造文明：對清末修法的回顧與檢討

李禮：那麼如何把死亡轉化為新生，腐朽轉化為神奇？我想起胡適說的，從來沒有全盤西化，他認為所謂全盤西化其實一定帶著自己的東西，結果自然會帶來折衷，然後出現一個中國文化本位的新文明。所以在方法論上，是否可以用這樣的方式獲得傳統的更新和再造，就像日本那樣？

梁治平：雖然我提到日本，但我對日本談不上有甚麼研究，只能說，日本的現代化是一個很複雜的過程，儘管在這個過程中確實有人主張要全盤西化，而且當時在國家和社會層面也確實有過一些極端舉措，但我們能說日本在明治維新以後走的是一條「全盤西化」的路嗎？恐怕不能。而且，就算日本是這樣，並且成功了，放到中國這樣一個大而複雜的社會裡就合適嗎？胡適主張的那種全盤西化沒有發生，如果發生了會怎麼樣？我們不知道。我們知道的是，這是一種激進的主張，而且換個角度，也可以說，類似的主張其實在中國是實行了的，馬克思主義來自於西方，列寧主義也算吧。而且，馬克思主義中國化，也可以說是一種折衷。但這是胡適想要的嗎？問題顯然不是他想像得那麼簡單。

李禮：「再造文明」的呼籲，從五四前後那代人提起來，到現在已過去 100 多年，今天看起來仍困難重重，至少離這個目標還挺遠的，對此您有甚麼思考？

梁治平：我前幾年出版的一個小冊子，《禮教與法律》，那本書討論的是《大清新刑律》制定過程中產生的一場爭論，那還是清末，一百年以前的事，但裡面涉及的所有重大問題我們今天還沒有解決。比如，清末修法的一個重要考量是要獲得世界列強的承認，是為獲得承認而鬥爭，這其實是個重新建構自我的問題，就是要重新確立中國的身份，確立一個能被世界所承認和接納的中國。這個「中國」的含義是甚麼？這個問題當時很糾結，今天也很突出，對吧？這是第一個問題。

第二個問題是法律與道德關係。這個問題在現在人看來太稀鬆平常了，但在當時，它涉及對禮教的性質和功能的認定。中國歷史上的禮，有教的成分，也有制的成分，還有法的成分，是一套社會、國家層面的制度，跟西方近代所說的道德不是一回事。但當時引進西方的法律與道德這一對範疇，套在中國的禮教和法律上面，把禮教變成道德，變成一個私領域的問題、一個教育上的問題，排除到政治和法律生活之外，其實是把禮教傳統解構了。這一點，當時維護禮教的一派自己都沒想到。現在更沒有人考慮這一點，我們直接承受了這一切，思考問題都是在這個架構裡面的。

第三個問題是家族主義和國家主義之爭。當時有一批精英推崇國家主義。甚麼是國家主義？用楊度的話說，就是「必使國民直接於國家」，中間不要有任何中介，所以他痛批家族主義，後來的五四新文化運動更進一步，把家從文化上批臭，連根拔除。再往後，傳統意義上的家、甚至一般意義上的家，經過一輪又一輪政治、法律、社會、經濟和思想上的衝擊，已經七零八落，哪裡還是中國文化價值的土壤和載體？這時候講文化復興就變得非常困難。

另一個問題是理性建構主義。主導變法的人強調自上而下，先有理性設計，然後改造社會。這和中國當時所處的情境有關係，後來的先鋒隊、領導者的觀念也是從這裡來的。這和激進革命也很合拍，對吧？不過當時也有人反對這種理論和做法，他們認為法律的基礎是社會、道德和風俗習慣，它要從這些東西裡面生長出來，這樣它才是本民族的，才有生命力。這些問題涉及社會發展路徑、國家與社會關係，還有規則生成方式等等。這些年國家在講法治的同時也強調德治，德治都包含甚麼內容呢？據我對官方話語的分析，

它至少包括了信仰主題、道德主題和社會主題，這些主題都與自下而上的視角有關。這說明，主政者也意識到，講法治，只有自上而下的一面是不夠的，還要有自下而上的一面，法治要建立在社會規範、道德和個人認同協調一致的基礎上。這是一個比較多元的視角。不管主政者事實上怎麼想、怎麼做，這問題是真實的、重要的。

最後一個是普遍主義和特殊主義的問題。清末的論戰中，一派開口東西各國、世界大同，閉口科學、公理、進步，完全是一套普遍主義話語。另一派講各國有各國的禮教，法律不能脫離具體的社會文化條件，最多也只能說這個道理本身是普遍有效的。這套話語我們今天不是很熟悉嗎？

現在看那段歷史，會覺得它離我們很近。雖然歷史舞臺改變了，具體話題也變換了不少，但是當時困擾人們的根本問題，現在還糾纏着我們。而且，前人對這些問題的回答，造成了我們今天的生活樣態；我們怎麼去回答這些問題，將決定我們現在和未來的生存狀態。所以，回顧和檢討這段歷史是很有意義的。

李禮：當年從美國訪學回來，您出版了一本旅美札記。第一次深入接觸如此迥異的「文明」，尤其是一種所謂高度現代的文明，當時對自己的心理、乃至一些學術判斷有無影響？

梁治平：你說的這種情況，有一個說法，叫 cultural shock，文化震撼。80 年代那陣，中國和美國之間，不但社會差別巨大，交通、交流也非常有限。那時候去美國訪問的人有這種心理體驗應該

很正常，但我好像沒有那麼明顯的感覺。部分的原因可能是我性格比較庸常，不是很敏感很情緒化的那類人。另外可能還有一個原因，我的一個朋友從美國留學回來，家裡滿是美國的物件和用品，從音響、唱片、雜誌，到廚房和衛生間用品，很多是從美國帶回來的。他還喜歡照相，有很多在美國拍的照片。我們那時候來往很多，無意間增加了不少對美國的了解，儘管都是很表面的。說到這裡想起一件事，有一次翻看那個朋友的美國影集，看到他拍的紐約唐人街街景，裡面突然閃出一個牌坊，上面大書「天下為公」四個字，當時真有一種直擊心靈的感覺。你想，上世紀 80 年代，在北京，一個「生長在紅旗下」、受了一套敵視傳統教育、既不知傳統為何物、又對傳統充滿偏見的中國人，突然看到這個場景，視覺上和思想上感覺到的反差會有多大？

在美國期間，我的身份是大學的訪問學者，沒有教書要求，也沒有讀書的壓力，這很適合我，特別是那個時候，因為那幾年過勞，出國前剛寫完《和諧》，身心俱疲，也想放鬆一下，走走，看看，甚至還想有機會去拜訪黃仁宇和張光直兩位前輩。後來沒見到黃仁宇，但在哈佛見到了張光直先生，聊過幾次，他還推薦了一本法人類學著作給我讀。

回來後應朋友之約寫了一本小書，就是你說的旅美札記，書名叫做《觀察者》，但不是研究的那種，不過是一些見聞和隨感，主觀性很強，倒是很能反映當時的心態，這和你問的第一個問題有關。比如有一篇是《在美國讀豐子愷》，涉及對傳統和文化變遷的認識。豐子愷的《緣緣堂隨筆》是我旅美時身邊帶的唯一一本中文書。我讀豐子愷很感慨，特別是讀到他文革之後，劫後餘生，70

多歲時寫的幾篇，講舊時舊事，平淡之極，我卻從中讀出了極大的悲哀。我覺得我能夠進入他的內心世界，我理解他，因為我們這一代人和他一樣，失去了自己的文化家園。中國幾千年的文明，有很多富有創造力的和精彩的地方，現在卻變成一個鄙俗不堪的社會，一個滿大街叫人「師傅」的社會。當然今天都改叫「老師」了，也沒好到哪裡去。作為中國人，我們的精神家園沒有了，只能是漂泊者、流浪者，在異國這種感受更強烈。

後來在哈佛過春節，法學院舉辦聯歡會，很多東方國家的留學生，新加坡的、日本的、泰國的，上去表演節目，都有民族類的舞蹈甚麼的。新加坡學生跳紅綢舞，很純的中國民族風，輪到中國大陸學生上臺，穿西裝，唱一首當時的主旋律歌曲，給人的感覺就是你沒有根。

三、如何看待西方「現代法律」的世界性傳播

李禮：剛才提到「文明」，近世西方法律體系在世界範圍內的擴張之前，法律最廣闊的邊界實際是由文明來劃定。早期您研究的是外國法制史，我們知道，現代法律的「世界體系」在歐洲誕生，然後擴張到全球……

梁治平：呵呵，有一個很著名的說法：羅馬曾三次征服世界，第一次是用武力，第二次是因宗教，第三次靠的就是法律。

李禮：有意思，您用了「征服」這個詞。這個體系為何能征服世界？不可能用諸如貿易、武力來解釋，是因為這些法律體系或者說其中的原則更符合人性嗎？

梁治平：這是個好問題，也是個大問題，涉及文明的興衰、繼替，還有制度和觀念的傳播，不是幾句話能講清楚的。特別是說到人性，這問題太複雜了，人類社會甚麼重大問題是和人性無關的呢？恐怕沒有吧。所以，討論這些問題肯定繞不過人性這個主題。但是另一方面，把問題直接追到人性上去，對討論問題到底有甚麼幫助？首先，人性是甚麼？這個問題太有爭議了。其次，就算這個問題解決了，甚麼問題跟人性有關，甚麼問題無關，人性的解釋力有多大，一定也是人言言殊。不過既然提到人性，我們也不妨從這角度考慮一下。

大體上，法律有兩方面的內容，一個是制度的方面，包括機構、設施、規則系統、制度安排，另一個是制度所體現和保護的那些價值，在現代法律，就是我們熟知的自由、平等、財產權、隱私權等等，人們經常講的法治、憲政，就是典型的體現這些價值的制度安排。從這個方面說，你提到的法律和人性的關係，可以轉換成價值與人性的關係，因為說人類的價值同人性有關大家更容易理解，從這個角度去觀察西方法的「擴張」或「征服」，問題就變成了，這種「征服」靠的是武力、貿易，還是體現於其中的人類價值？如果相信這些價值植根於人性，我們還要在價值兩個字前面加一個形容詞：普遍的、普適的或普世的，因為人性通常被認為是普遍的，所謂人同此心，心同此理。實際上，最早把西方法律體系推

廣到全世界的那些人就是這麼主張的，後來，這套法律和價值的接受者也這麼看。當然，作為非西方人，他們還要加上一句，這些價值雖然來源於西方，卻是普世的，屬於全人類。這就是我們耳熟能詳的普世價值論。

我們經常聽人說到普世價值，這是一個很神奇的詞，因為甚麼東西成了普世價值，那就沒有討論的餘地了。我關心的是，這個說法除了能增強說話人的氣勢，究竟有多少學理上的根據或者說理上的價值？很遺憾，我幾乎沒有看到這方面像樣的論證。那麼人性呢？古今談人性的很多，但關於這個問題人們還是莫衷一是。通常，人們講到人性的時候，都假定存在一些人所共有的、不變的東西，但要把這些東西跟法律和法律守護的價值聯繫在一起，我們看到的會是甚麼呢？從原始社會的法，到資本主義的法，從伊斯蘭法，到儒教社會的法，法律的形態各種各樣，法律守護的價值也不盡相同，這些不同的法律和價值同人性是甚麼關係？我們經常聽到類似這樣的說法，某種制度是反人性的，這類說法可能是有意義的，但也是有條件的。比如我們說奴隸制度是反人性的，估計反對這種說法的人不多。但在盛行奴隸制的社會，比如古代希臘和羅馬社會，恐怕很少有人會這麼想。而且，我們大概也不能說，建立在奴隸制基礎上的法律跟人性無關。我們只能說，生活在今天的我們認為這樣的制度是反人性的。只是這樣一來，我們就必須承認，今人對人性的看法跟古人的不同。這種說法合乎邏輯，但也引出新的問題，比如，人性到底是普遍的、不變的，還是相對的、可變的？進一步說，我們談論的究竟是客觀存在的人性還是不同時代的人對人性的看法？做這樣的區分好像能幫助我們把問題說清楚，但仔細

想一下也未必。一方面，因為確實存在人性這個東西，所以我們才能談論人性，但是另一方面，離開活生生的人對人性的認識和表達，人性究竟是怎麼回事我們又怎麼知道呢？我個人的看法是，人性就是人類走上歷史舞臺以後所表現出來的樣子，包括你、我以及所有人喜歡和不喜歡的一切。所以也可以說，人類過去和現在所有法律制度和體現於其中的價值，都是人性的表現。人性有多少種面貌，人類的制度和價值就有多少種樣態。當然這是簡單的說法，實際情況要複雜得多。比如，人性可以有制度的表達，反過來，制度也可以限制人性的表達，甚至參與塑造人性。這麼說就接近你的問題了。既然人類的法律都與人性有關，而且二者之間有複雜的互動關係，那是不是說有些法律制度更符合人性，更有利於人性的表達？事實上，在解釋近代以來西方社會發展所帶來的世界範圍的現代化、也包括西方法律制度的傳播這類現象的時候，很多人就是按照這個思路去考慮的，不僅如此，按這個思路所做的解釋似乎也很有說服力。這裡，我們就看到了西方文明的「軟實力」。不是軍事，也不是貿易，而是人心，讓人「心悅誠服」，而這本身似乎就證明它是更符合人性的。不過問題還是沒有解決。

首先，說今天的法律體系和法律原則更符合人性，其實包含了若干假設。一是假定存在一種不變的人性，或者至少是存在一種被普遍認可的關於人性的認識；二是假定歷史上的其他法律制度，不管出於哪種社會和文明，都不那麼符合人性；三是假定符合人性的就是好的；四是假定歷史是進步的。這些假定這裡沒辦法去談，我只能說，它們首先是問題，而不是答案，因此都需要說明、討論和分析，立論要有根據，結論要有論證。

　　其次，武力和貿易。歷史上，西方法律體系的擴張同武力有關，也同貿易有關。你看中國近代史就一目瞭然。條約體系是法律，是在中國最早建立的近代法律體系，但這套制度正是靠軍事征服建立起來的。還有貿易，對西方人來說，法律服務於商業利益，天經地義，鴉片戰爭就是這樣來的。當然，在後殖民時代，武力、貿易、法律的關係好像不是這樣了。但那並不意味着它們之間沒有聯繫了，只不過這種聯繫的方式更複雜了。

　　第三，財產權、契約自由，這些近代西方法確立的基本原則最能體現現代社會的價值，也是西方法最具有普世性的部分，在這個意義上，說它們更符合人性也可以。但這些建立在人性基礎上的價值並不是赤裸裸的，而是深深嵌在特定的政治、經濟制度和文化裡面的。這一點，看法律與資本主義的關係就很清楚。作為一種生產方式和經濟形態，資本主義同近代法的關係實在太密切了。如果沒有所有權原則、契約自由原則，以及這些原則後面的個人主義、個人自治這些觀念，資本主義就無法產生，更不能發展。在全球化的今天，能夠把全球供應鏈生產、大小企業、公司、市場和無數消費者聯繫在一起，靠的就是這些東西，它的另一面，就是現代社會中無數個人的追求、夢想和自我實現。但所有這些東西都意味着甚麼呢？這涉及前面提到的關於人性為善的假定。

　　我們說一種制度更符合人性，隱含的意思當然是肯定的。因為更符合人性，所以被更多人接受，這種解釋聽上去也很合理。但這件事很複雜，上面已經說了，這裡只問一個問題：符合人性是個不證自明的辯護理由嗎？問得更通俗一點，符合人性的就是好的嗎？天主教有所謂「七宗罪」，傲慢、嫉妒、暴怒、懶惰、貪婪、暴食

和色慾，這些都是宗教上的罪，放在今天屬於個人自由，只要沒有侵害他人權利，誰也管不了。上世紀 90 年代，有人拍了一部影片，就叫《七宗罪》（Seven），裡面講一個連環殺手連殺 6 人，死者有妓女、律師、因為貪食而肥胖不堪的人等，他們分別是色慾、貪婪和暴食的代表。從法律的角度看，殺人者有罪，被害者無辜。但在殺人者看來，那些人罪有應得，他所做的，是以上帝之名去阻止人性的墮落。撇開電影的具體情節不談，這裡涉及對人性的認識，對生活意義的理解，對甚麼是好的社會以及法律在其中應當發揮甚麼作用的看法，這些都是重大問題，而人們在這些問題上的意見分歧其實是很廣泛很深刻的。很可能，在一些人眼裡，實現「更符合人性的制度」是正道，是進步，在另一些人眼裡，卻是墮落，是不歸路。而在這兩個極端當中，還會有各種不同意見。對現代法律體系、現代社會、現代性以及它們與人性的關係怎麼看，如何評價，說到底取決於人們所取的立場和標準。現實生活中，需要我們做出這類判斷和評價的地方很多。比如，今年的疫情，還有各地頻發的「自然災害」，可以、也應該被視為一種關於人類存續危機的徵兆，而這種危機正是現代工業文明促成的。這個意義上，這也是現代文明、現代法律的危機。

　　講了這麼多，恐怕還是沒有回答你的問題。不過我覺得，剛才就人性這個話題發的這番議論，對於更好地思考這個問題應該還是有幫助的吧。

四、儒學復興與「重思中國」

李禮：狄百瑞先生（William Theodore de Bary，2016 年經其本人正名，漢譯名為「狄培理」）曾特別討論了中國歷史上的憲政主義傳統，人們對此頗有爭議，您是否認可？

梁治平：你說的是他那本《亞洲價值與人權：儒家社群主義的視角》（*Asian Values and Human Rights: A Confucian Communitarian Perspective*）吧？那裡有一章是專門講「中國憲政主義」（Chinese Constitutionalism）的。這個講法可能超出了很多人的接受範圍。因為我們在講憲政主義的時候，通常假定這是一個純粹的近代西方概念，跟中國沒關係，甚至，按一種流行的觀點，中國是所謂東方專制主義的典型，那不正是憲政主義的反面嗎？不過，單就概念講，這個說法是不是成立，取決於我們使用的定義。有一個美國學者寫了本講憲政的書，書名是《憲政古今》，從憲法的古代概念一直講下來，包括古羅馬的憲政，還有中世紀的憲政。如果換個視角，是不是也能談中、西的憲政或者東、西的憲政呢？當然，除了定義，還有研究的策略。為甚麼要講「中國的憲政」？這不是定義問題，而是立場和旨趣的問題，它與理論有關，與時代的思潮有關。

　　狄百瑞教授是漢學家，不是法學家，也不是政治學家，但他關心政治和法律問題，他還寫過一本書講中國的自由主義，可見他希望打通中、西文化與社會。當然，他並不是想證明，西方有的東西

中國都有，他講中國的憲政主義是在中國的脈絡裡講，而他之所以用到「憲政主義」這個詞，是因為他認為這個概念可以恰當地用來指稱中國歷史上的某些現象和過程，那就是政治過程中的權力分配和權力制衡，以及具有這種功能的一套制度安排。所以他先講漢代儒家意識形態對法家思想的矯正，講漢以後逐漸確立的社會與國家的關係，倫理與政治的關係，習俗與法律的關係，後面重點講黃宗羲天下為公論，特別是他關於學校和置相的議論，一直講到梁啟超。從比較的觀點看，這些問題跟上面提到的麥基文在《憲政古今》裡談的問題「庶幾近之」，具有可比性。

李禮：這和現代新儒家尋找的儒家憲政，區別究竟有多大？因為它們聽起來有一些類似，不過當代新儒家的立場、立意還是不一樣的。

梁治平：是的，講儒家憲政繞不開這些東西。不同的是論者的出發點。狄百瑞是漢學家，他的問題意識要在漢學的知識傳統中尋找。中國學者不同，新儒家講儒家憲政要放在復興儒學尤其是政治儒學的背景下才好理解，他們的問題意識更具有內在性。而在他們之前，這些問題是以另一種方式提出來的。比如，侯外廬先生把黃宗羲講的學校和置相同西方的議會和內閣類比，說黃宗羲已經提出了近代民主思想，他的問題意識來自馬克思主義史學。記得李澤厚也有類似說法，這應該與他的西體中用思想有關。當然，他們都沒有用「儒家憲政」這個詞，但講的事情是差不多的。

除了上面這幾種，還有自由主義的版本。比如北大張千帆教授

有篇文章，他要證明中國過去的禮高於普通法律，具有憲法性質。所以，禮治不是人治，它代表了一種中國的憲政傳統。張千帆是憲法學者，受過系統的西式訓練，而且他在提出這個觀點的同時仍然堅持自由主義的立場，這很說明問題。總之，你會看到，講「中國的憲政主義」有可能引起多方共鳴，而且在切入這個問題的時候，重疊的東西也不少，只不過，各家關切不同，最後要達到的目的也是不一樣的。

李禮：我覺得您對新儒家也會「有理解之同情」吧，在此基礎上，您會覺得他們哪些地方有問題？

梁治平：你說的是所謂大陸新儒家吧？這裡面其實也很複雜，我了解有限，尤其是一些細節的東西，只能大而言之。大陸新儒家（姑且用這個詞吧）崛起也就 20 多年吧，但很快就在思想界佔據了顯要位置。造成這種情形的原因很複雜，這個過程中的誘惑也多，難免魚龍混雜，泥沙俱下。跟這有關的一個問題是學術與政治、思想同權力的關係。歷史上的儒家學說也好，儒生群體也好，都是在政治意識形態和權力場的中心，今天的儒學復興雖然條件不同，也離不開這樣的背景。在這個微妙的問題上，我們也聽到了一些對新儒家人物的非議。

另外，新儒家淵源於儒學、儒教，容易有派別意識，這種東西處理不好就可能流於封閉。闡述儒家義理沒有問題，推重儒家價值也沒有問題，但有些人喜歡自說自話，或者套用儒家舊說來規範世界，或者斷言儒家思想能夠拯救世界，就顯得有些可笑。用一

位朋友的說法，這類論述屬於先知式的，客氣一點，我們可以存而不論。

李禮：您對儒學復興的前景怎麼看？儘管大家普遍感覺這個東西好像離自己很遠了，但有很多呼籲，認為這關係到中國的文化重建。

梁治平：儒學復興有社會的層面、知識的層面、政治的層面，也有思想的層面。思想層面又有廣義和狹義之分。狹義的儒學復興可以上面提到的新儒家代表。新儒家或者說「現代儒生群體」，有一種自我意識，就是要弘道，要接續儒家道統，把它重新樹立起來。新儒家的出現對思想界是一個衝擊，原先的左、右兩派都要回應它，同時也想利用它，這樣一來，過去的思想生態就改變了。我覺得這是一件好事情，因為它為人們帶來一個新的思考面相，而這個面相本身也很重要。

這些年，學術界對傳統思想的關注增加了很多，部分地跟這種變化有關。這就涉及廣義的儒學復興。剛才提到的張千帆的研究也許可以幫助我們理解這種現象。不久前復旦大學孫向晨教授出版了一本書，叫《論家：個體與親親》。孫教授不是新儒家，而且他的專業是西方哲學，那他為甚麼要來討論「家」和「親親」這類主題，他的問題意識是甚麼？簡單地說，他假定中國文明有一套自己的邏輯，中國人的文化認同就建立在這套邏輯的基礎上面，中國哲學如果不能正視和回應這種具有文化本體性質的問題，那就變成了無根的哲學。所以，他把「家」看成中國哲學的思考對象，把它當作中

國文化的本體來思考，找出它固有的邏輯，看它在今天還有甚麼樣
的意義？

　　這方面更有代表性的例子是趙汀陽。他的「天下體系」論很有
影響，這個概念跟傳統思想尤其是儒家思想的關係很密切，這就不
用說了。更有意思的是他的一個判斷，他說中國思想現在到了一個
轉折時刻，以前做的都是「檢討中國」，現在是要「重思中國」、「重
構中國」。「檢討中國」的意思是自我批評，甚至是自我否定，「重
思中國」就是要改變這種局面，要重新確立自我。怎麼確立自我？
一個很重要的辦法就是到歷史、文化、傳統中去尋找。我覺得他這
個講法像是一個宣言，代表了當代中國思想的一個大轉變，這種轉
變的表現形式很多，從廟堂到民間，從官宣到社交媒體，到處都能
看到。從積極方面說，讓思想和學術能夠紮根於中國自己的歷史文
化傳統，是有意義有價值的。但是這種轉變也可能帶來消極的甚至
是危險的後果。

李禮：消極、危險的後果，主要是指甚麼？

梁治平：比如狹隘的民族主義，甚至思想上的「義和團」。剛才
提到的思想學術界的一些現象，像是自說自話、誇張、自大、簡單
化、先知式的論斷，都是很糟糕的，它們很容易變成口號，助長民
粹主義，或者為權力所用，加劇思想的兩極化。這裡說的當然不只
是新儒家，而是更大思想轉向過程中的問題。這些年，中國所處的
國際環境也不好，不管這種局面是怎麼造成的，它一旦形成，就會
反過來影響思想市場，強化那種二元對立的思想。在這種時候，理

性的、反思的、開放的態度和做法就更顯得重要了。

五、當代中國法治的「內部批評」和討論上的困境

李禮：您把清末修改法律也就是 20 世紀初到四十年代，作為中國法律現代化運動第一個階段，把 1980 年代之後作為第二階段，當下呢？進入一個新階段了嗎？

梁治平：相對於這裡提到的兩個階段，我並不認為當下代表了一個新階段。但這也不等於說其中沒有甚麼值得注意的變化。2014年的十八屆四中全會，是中共歷屆全會裡第一個以法治為主題的，這件事本身就值得關注。當時我寫了一篇長文，題目是「論法治與德治：對當代中國法治運動的一個內在觀察」。這篇文章跟我以前寫的很多東西不太一樣，它的分析對象是官方話語和文本。文章題目裡兩個關鍵詞「法治」和「德治」，都出自十八屆四中全會通過的《決定》，而我的「論」，就是要探究，出現在這個官方文本裡的「法治」和「德治」究竟是甚麼意思？它們出自哪裡？針對甚麼？後面的問題意識是甚麼？作為現實問題的解決方案，它們是不是能夠奏效？等等。我在討論這些問題的時候，採用了一種內在視角，或者一種我稱之為「內在批評」的立場。它區別於另外兩種常見的做法，一種是講求政治正確、亦步亦趨的註解式「研究」，這種「研究」可以說是「內在的」，但它跟研究對象沒有距離，甚至就是研

究對象的一部分，這其實是官宣的另一種形式。另一種可以叫做教條式批評。這是一種批評，但不是內在的，而是外在的，因為它已經有了一套標準，一套基本不考慮中國歷史和現實的教條的、外在的標準，按照這樣的標準來講中國，同樣不能增進我們對中國社會的認識和了解。「內在批評」不一樣，這種立場既是「內在的」，同時又是「批評的」。所謂內在，就是要循着社會發展的內在邏輯，從社會行動者的角度去看問題，從他們的主張入手展開討論。而所謂批評，不是簡單的否定之謂，而是與研究對象保持距離，對它做理性的省視和分析。從這樣的立場出發，我就不會像許多法律人那樣對「德治」這樣的概念嗤之以鼻，也不會避諱像「黨的領導」「中國特色」「社會主義」這類說法。相反，我要說明這些說法的實際含義是甚麼，為甚麼會這樣，這些說法到底有甚麼意義，現實中是不是可能，在甚麼意義上可能，等等。我在這樣做的時候，並不是假定這些概念和說法都是不證自明、無可置疑的。相反，它們是我審視和分析的對象，通過這種分析，我希望揭示出這套概念、說法、主張和話語的邏輯，合理的和不合理的，清楚的和不清楚的，一致的和不一致的，進而發現真實的問題和解決問題的途徑。這樣做的時候你就會有一種現實感，會發現甚麼東西改變了，哪些改變是有意義的，甚麼東西是可能的，困境是甚麼，希望又在哪裡。要確定我們處在甚麼階段，也需要弄清楚這些問題。

李禮：大家經常討論的現代憲政，其實要求人們有一種認真對待憲法的態度乃至信仰，這種藏於無形的觀念形態可以說是它的文化基礎。那麼構成憲政文化基礎的觀念形態和信仰體系又緣何而生？

在西方，人們可以向歷史上的「更高法」或者「超驗正義」的觀念中去求索，在中國呢，如何可能？

梁治平：一個民族的法律要能夠持久和有效，必須具有正當性，確切的說，是要生活在這個法律秩序中的人民信其為正當。你提到的「更高法」「超驗正義」就是這種正當性依據，是西方近代法律形成過程中的文化要素。那中國歷史上有沒有類似的東西呢？當然有。中國人講法律的時候，總是「天理、國法、人情」一起講，因為天理高於國法，是國法的正當性依據。你也可以說，「天理」就是中國歷史上的「高級法」「超驗正義」。

當然，哲學和宗教意義上，「天理」不是超驗的，你也可以說它不是一個超驗觀念，但這只是說明，中國和西方的「高級法」形態不同，中國歷史上有自己的「高級法」觀念，中國傳統的法律有自己的文化和信仰基礎。嚴復當年也說過，西方人講的「法」，如果翻譯成漢語，包括了理、禮、法、制四個字。這裡，和「制」並列的「法」指狹義的法，而廣義的法還包括「理」和「禮」。有人認為，相對於狹義的法，禮具有「憲法」性質。如果是這樣，我們以往對中國古代法律秩序的認識就太簡單太偏頗了。總之，中國和西方各有自己的歷史、文化和發展路徑，有差異，也有類同。從差異方面講，我不認為中國會自動發展出西方近代的政治法律制度，就好像中國不會發展出近代資本主義一樣。但這不等於說，中國的制度與文化就是西方的反面，價值上完全對立。它只是不同而已，這種不同是相對的。上面講的「高級法」就是一個很好的事例。而這意味着，在中國與西方已經高度融合的今天，中國社會的發展，

它的現代化，包括政治和法律制度的發展，還是會有也應該有自己的特點。

李禮：我個人覺得您對傳統的理解，更多的是學理上對傳統的深入挖掘和文化上的溫存。但困境在於，如果圍繞中國特殊論話，很可能造成一些困境，或和其他目的客觀上形成「合謀」，最後可能很糟糕。

梁治平：我可以理解你的這種擔心。但之所以有你說的這種「困境」，很大程度上是因為泛政治化的存在。不但是政治要影響和支配學術，學界中人也有意無意地用政治眼光來看待和評判許多問題。結果，你說中國的現代化會有自己的特點，就可能被歸入具有政治意味的中國特殊論裡面了，這是一件很糟糕的事情。

其實，一個國家，尤其是具有深厚歷史文化底蘊的國家，無論怎麼發展，總不能完全脫離它過去的軌跡，這是一個改變不了的事情。不用說非西方國家，就是西方文明內部，不同國家之間也是這樣的。當然，批評者可以說，中國特殊論跟這些都不一樣，它根本就不承認普世價值。如果這樣說，問題就有點複雜了。首先，在需要說理和論證的地方，普世價值這樣的大詞通常沒甚麼用。相反，問題上升到這樣的高度，道理就用不上了。其次，退一步講，說中國特殊論完全不承認「普世價值」恐怕也太簡單化了。就說中國憲法吧，它是特殊論的，還是普世價值的？回答顯然不是二選一的。拋開這些複雜問題不談，因為反對具有特定政治含義的中國特殊論，連帶着懷疑、否定和拒絕所有對中國特性的探究，既不合理，

也不明智，因為這等於放棄了對一些重大問題的思考。所以，問題恐怕不是能不能談特性，而是怎麼談。上面講到的「內在批評」就是一種談法，因為這個「內在」視角既可以用在當代社會，也可以用到歷史、文化中去。

李禮：近代以來，中國人嘗試過許多不同的「救國」和「治國」方案，您認為這些方案大多具有某種總體性特徵，並且極易於變成意識形態、教條或者標語、口號。您覺得，中國今天的「法治」面臨的主要困難在何處？

梁治平：法治是一種制度安排，也是一種秩序類型，要實行法治，實現它特有的功能，需要滿足的條件很多。但就中國當下情形而言，執政黨對法治的認識，還有它實行法治的誠意和決心，恐怕是最重要的了。

六、現代性與現代中國

李禮：您如何理解現代性？它被質疑，但也被認為必須進入。記得您曾經說過，未來的中國是開放的，必須我們自己去定義。那麼您如何理解「現代中國」？

梁治平：甚麼是現代性？這個問題人言言殊，有人鼓吹，有人批判，

在中國也是這樣，只是思想和討論的水平還不高。鼓吹的一方常常思想簡單，目光短淺，看不到其中的複雜性，尤其是被掩蓋的黑暗面。批評的一方往往矛頭向外，讓人不能不質疑他們的批判立場，甚至懷疑他們的動機。但是不管怎麼樣，這件事都跟「現代中國」的問題有關。因為對現代性的認識和態度，會影響甚至決定現代中國的樣態，後者不但歷史更短，更局部，而且也更不確定，更具開放性。

但是反過來，現代中國的構建與實現，也可能改變我們對現代性的理解。畢竟，像中國這樣的國家被捲入現代化，是一件具有歷史意義的重大事件，它最後提出的現代化方案如何，可能會重新定義現代性。這個意義上說，現代性不但是一項未完成的事業，也是一個開放的事業。因此，對於現代性也好，現代中國也好，社會實踐主體的思想能力、認識能力、反思能力以及批判力和想像力怎麼樣，肯定是很重要的。

李禮：最後我想提一下您那篇《在邊緣處思考》，很多人對它印象深刻。您為何那麼早就退出「主流」，自居邊緣？您如何評價當下中國的法學圈或學界？

梁治平：說「退出主流，自居邊緣」，好像這件事是有意為之。其實不是。當年讀書主要靠自學，基本上是隨性而為，後來着手作文，也是有感於心，不得不發。直到有一天，因為某個契機，回過頭來看看走過的路，發現自己的經歷和所處位置，無論思想方法、為學路徑、日常活動，還是任職機構，用「邊緣」二字形容最恰切，所以就有了那篇文字，那個題目。

當然，一旦這麼說了，自我意識裡面有些東西也變得更清晰了。不過，我也沒有從此就為邊緣而邊緣。實際上，後來有很多次「重回」「主流」的機會，甚至有一次一隻腳已經跨進「主流」的門檻了，但在最後一刻我又逃離了。其實也沒甚麼特別的理由，只是剎那間有一種感覺，覺得自己不屬於那種地方，一旦這樣決定了，就頓感輕鬆。當然，我這裡說的只是機構。現在想來，即使當時重回機構上的「主流」，我那種「在邊緣」的立場和姿態也不會有甚麼改變，因為這是一種精神狀態，一種個人的存在方式。但就個人性情而言，一種有着更大自由的更單純的「邊緣」狀態顯然更適合我，所以，我就這樣一直「自居邊緣」了。

如何評價中國的法學界甚或學界？這從何說起呢？一位名重學界的朋友連有沒有「學」「界」都表示懷疑，我沒有那麼極端，也不認為自己有資格做這樣的判斷。畢竟我所見所聞都很有限，也沒有就這些「界」做系統深入的研究。當然，我也就這類問題發過一些議論，有些是多年之前。有意思的是，不久前有一位高校青年教師還跟我提到我多年前的一篇舊文，感歎說那裡面對法學界的批評現在讀來依然切中肯綮。老實講，聽他那麼說我都有點意外。一來時間夠久了，差不多 20 年了吧；二來這 20 年裡面發生的變化也有許多值得肯定之處，當然，有些問題甚至是結構性、制度性的問題也是這段時間裡形成的。拙文得到那位教師的呼應，可能這也是原因之一。最後，如果你還是希望知道我的看法，那就推薦一篇 10 年前的訪談稿供你參考吧。這個訪談稿收在我的自選集、2013 年出版的《法律何為》裡，題目是「答法學院同學 20 問」。2020 年出版的《觀與思：

我的學術經歷與旨趣》收錄了這篇談話的刪節版。那裡關於法學
界和學界的一些看法，儘管不完整，大體可以反映我今天的依
然是不完整的看法。

第十七章

葛兆光 ｜ 未來會如何看待我們這個時代

「我們並不能因為現代西方已經過於現代化，進入了後現代，然後他們自己對現代性進行質疑，我們也時空錯位，跟着對『現代』一起質疑，那就錯了。」

葛兆光

上海復旦大學文史研究院及歷史系特聘資深教授，博士生導師。1950 年 4 月生，1982 年北京大學本科畢業，1984 年北京大學研究生畢業，1992 年任清華大學人文學院教授。主要研究領域是中國宗教、思想和文化史。主要著作有《禪宗與中國文化》《道教與中國文化》《中國思想史》（兩卷本，1998，2000）《增訂本中國禪思想史 —— 從 6 世紀到 10 世紀》《宅茲中國 —— 重建有關中國的歷史論述》《想像異域 —— 讀李朝朝鮮漢文燕行文獻札記》等。2017 年獲全國最高人文社會科學獎 —— 吳玉章獎歷史考古類一等獎。曾獲第一屆「中國圖書獎」（1988）、第一屆 Princeton Global Scholar（2009）、第三屆 Paju Book Award（韓國，2014）、第 26 屆「亞洲·太平洋」大獎（日本，2014）等。

一、時代劇變與晚清民國學術

李禮：當您回顧晚清民國學術和學人時，多次用「時勢」或「形勢比人強」這個說法。對這段歷史，您提出幾大關節點為其要害，也說到「時局刺激」。那麼在十九世紀末二十世紀上半葉，對學術或書齋中的學者而言，最關鍵的「勢」是甚麼？其中變化何在？

葛兆光：我在回顧晚清民國學術的時候，之所以用「時勢」或者「形勢比人強」這個說法，這是因為在我看來，學術史的轉型也好，或者學術有大成就也好，基本上「時勢」——或者改個說法叫「時代背景」——大概是最重要的。「天才總是成群地來」，一定有個時勢問題。我記得，兩年前在巴黎看博物館，印象最深的就是，為甚麼這些著名的藝術家和藝術品都集中出現在某個時代，比如說路易十四時代？為甚麼文藝復興偏偏在這個時代出現？我覺得「時勢」很重要，在中國同樣也是這樣。現代中國的學術轉型，或者學術產生重大變化的契機，都跟時代劇變有很大關係。

我們不妨看幾個例子。

第一個例子是，中國學術從傳統到現代轉型的第一波，其實應該是嘉慶、道光年間的西北史地之學，這實際上跟當時整個清帝國出現了新狀況有很大關係。乾隆年間，大概在 1759 年前後實現清王朝版圖最大化，這個時候，清王朝在西北方向，把喀什噶爾（今新疆喀什）、葉爾羌（今新疆莎車）、伊犁甚至唐努烏梁海（今俄羅斯圖瓦）那一帶都納入大清帝國，那麼，這個擴大後的版圖如何

維繫？這些族群和宗教如何管理？這是一個很重要的事情。你知道，明代連嘉峪關外都不是中國了，明代以後，大清帝國把這個龐大帝國建起來，但是，那個地方曾經是俄羅斯帝國、準噶爾王國，再加上大清帝國一個交叉的地方，要了解、維繫和控制這個地方，刺激了對西北歷史地理的再認識。在強盛的乾隆時代可能危機感不是太大，但是到了嘉慶、道光年間，其實大清帝國的勢力衰落了，俄羅斯不斷在這個地方製造問題，如何管理這個相對陌生的地方，就刺激了中國學者所謂對西北史地的特殊關心。特別是，清帝國的歷史淵源中，除了滿洲還有蒙古，所以，對蒙元史的認知也顯得格外重要，如果要回頭對蒙元史重新認識的話，必須對從中國、中亞到西亞的歷史有重新認知，剛好那個時候歐洲，包括俄羅斯，以及波斯有關蒙古史的新資料出來，對重新認識這個廣大區域的歷史和地理有很大刺激。你可以回頭看當時歐洲的東方學，在 19 世紀一個特徵是甚麼？就是不光關注中國，也關注中國周邊，所以，後來有所謂「西域南海之學」。日本的東洋學也是如此，明治時代日本學者和歐洲東方學互相競爭互相刺激，對中國本部之外的西域、西藏、滿蒙、南海都格外有興趣。所以我說，從學術史上看，從清朝後期的西北史地之學，到當時的西洋人的東方學，到日本人的東洋學，實際上是一個大的潮流，才推動學術往這個方向走。當然，中國的問題是，這些所謂「西北史地之學」，在嘉慶、道光以後，一直到咸豐、同治這一段時間，雖然在少數學者中間很興盛，陳寅恪就說，那個時代，經學喜歡講公羊，史學喜歡談論西北，但問題是，西北史地之學後來並沒有跟當時中國重大的國家、民族、國際關懷聯在一起，因此它變成書齋裡的「絕學」了。這就有一個學術

史的曲折，這跟時代大背景有很大的關係。

第二個例子是 20 世紀 20 年代，「五四」以後，出現了研究白話文學、研究小說和研究禪宗史，你把這幾個「焦點」連在一起，顯然它與「啟蒙」和「國語」運動有關。過去傳統的文學或語言研究者，轉去發掘歷史上的白話文，發掘下層民眾說話的資料，也就是小說、戲曲、歌謠，發掘白話的源頭 —— 胡適就追究到禪宗語錄。這跟胡適、陳獨秀在五四時代的大想法有沒有關係呢？有關係。放大了說，這是基於對一個現代世界大潮流的理解，他們覺得，現代世界主流是民族國家的形成，西方人認為，民族國家形成過程中，一個很重要的要素就是國語的形成。胡適從美國回來的路上，非常仔細地讀薛謝爾（Edith Helen Sichel）的《文藝復興》（*The Renaissance*），胡適的日記裡記載得很清楚，還有詳細的摘錄。他從閱讀中感到，一個國家能夠成為現代民族國家，一個最要緊的因素就是有國語，他認為，歐洲文藝復興最重要的成果，就是形成各國的國語，慢慢形成民族國家，所以，他才從白話文開始推動新文化運動。這個大背景就刺激了學術方向的變化。你知道，我們傳統學術裡，原本對小說、戲曲、語錄並不關心，對禪宗也只不過把它當做精神和信仰，並不認為禪宗語錄的語言形式會有多大的意義，可是，胡適花那麼大的力氣推動小說、語錄的研究潮流，包括撰寫過去忽視的白話文學史，一個很強烈的動因是，白話就是國語，國語就是現代中國成為民族國家的條件，當時跟他的文學研究配合的，還有語言學界的國語運動。

第三個例子，就是到了抗日戰爭的時候，你會看到，邊疆研究成了一個很大的潮流，為甚麼那個時候那麼多人講邊疆和邊政，然

後「邊疆」還變成一個敏感詞，比如傅斯年就寫信給顧頡剛說，不要用「邊疆」這個詞，因為一用「邊疆」這個詞，那個地方就變成只是邊緣地區了，這對中國領土的大小與合法有影響。同樣，顧頡剛的學術轉向在那個時候也很明顯，早期推動古史辯運動的他，是瓦解中國歷史傳統的激進學者，把「三皇五帝到如今」的脈絡給瓦解掉了，可那個時候就轉過來提倡「中華民族是一個」，這就是「時勢」。另外，你說 1949 年以後，難道對學術沒有巨大影響嗎？以我自己的研究來說，我為甚麼八十年代去研究禪宗和道教，這跟當時的「文化熱」也有很大的關係。

二、衰落與刺激：西方與中國的思想史研究

李禮：您關於禪宗的一本書，那時非常暢銷。當然，那個時候出版體制沒有對接市場，作者的收益並不大。

葛兆光：《禪宗與中國文化》是很暢銷。其實，最開始我並不做禪宗，我在大學讀書的時候，主要是在做史學史、文獻學，後來 1984、85 年才去做道教研究、禪宗研究，這個時代背景是甚麼呢？顯然也跟當時也就是一九八〇年代對傳統文化的研究和批判有關。在追求現代化的大背景裡，出現「文化熱」，那時很多人都沿着魯迅「國民性批判」的路數，我們會覺得中國的禪宗也好，道教也好，都是傳統裡面會造成人的壓抑、內向和保守的文化因素。當

然，現在看來這有點把罪過太多地歸咎於傳統文化了，但問題是在那個時代，這是追求富強、追求現代化的時代大潮流。恰恰可能是因為心中有理想和感情，筆下常帶感情的寫法，與當時的大潮流相呼應，所以這本書在當時很暢銷。我想，《禪宗與中國文化》估計印了近十萬冊。《道教與中國文化》的數量肯定不如《禪宗與中國文化》，原因一個是相對還寫得比較專業，另外一個也許是因為中國讀書人對禪宗的興趣，始終要比對道教的興趣大的多。

我一直反省說，那時候寫這兩本書，其實內心是矛盾的。一方面，八十年代大的時代潮流，是批判傳統文化，追求現代文化，那個時代大家的立場和理想相當單純，受時勢的影響和推動，當然學術研究就往這個方向走；但另一方面，我是中國人，在北京大學學古典文獻，習慣在古典資源裡面尋找自己的精神食糧，有時候也覺得禪宗的超越世俗的精神、清幽的美感體驗也蠻不錯，因此，內心充滿矛盾，所以你可以看到，「時勢」時時在影響你的研究。八十年代之後，到了 1995 年出版《中國禪思想史——從六世紀到九世紀》，稍後又出版《屈服史及其他——六朝隋唐道教的思想史研究》，對於禪宗和道教的理解，對於歷史和文獻的分析，顯然就和以前不一樣了，這就是「時勢」的影響。包括我九十年代做思想史研究，寫《中國思想史》，其實很明顯也有時代的因素，我原來曾經寫過一篇《思想史為甚麼在中國還很重要》的演講稿，那是去普林斯頓大學擔任 Global Scholar 的時候，給的第一個公開演講，就是討論思想史為甚麼在現在的中國還很重要，而西方的思想史研究衰落得很快，為甚麼呢？其實，中國的思想史研究要解決的，要探索的，雖然是古代的東西，但實際上也是一個屬於現在時的立場、

方向和取徑問題。所以，你看現在的中國學界，無論是左、中、右，都對思想史格外有興趣。

李禮：我想問一下，您認為西方思想史研究已經衰落的判斷，現在有無改變？

葛兆光：最近好像有些變化。思想史研究在西方衰落，可能有一個專業的背景，經過現代學院制度洗禮和規定，學者的學術研究跟學者的政治關懷之間是需要分開的，特別是歷史學領域，你不能「借古諷今」，一般來說，你不能在裡面摻入太多個人的政治和社會關懷，那是學術紀律。不像我們前三十年，政治意識形態和學術研究糾纏在一起，也不像我們八十年代「文化熱」，可以把各種政治關懷都摻到學術論著裡面。這在西方是學術紀律所不允許的。所以，歷史學作為一個專業領域，個人的政治、社會與文化關懷，不宜太多表現（當然也並不是沒有）。因此思想史研究可能會越來越專業化，技術化、學院化，與大的關懷連接不起來。然而，學術研究又需要不斷花樣翻新，需要陌生化。所以，思想史之後，社會史、文化史等興起，這是一波一波的學術潮流，思想史研究在西方就漸漸凋零。

　　但是，最近西方好像又出現了一些回歸，比如說，劍橋的斯金納（Quentin Skinner）做思想史，影響就很大，哈佛大學的阿米蒂奇（David Armitage），最近和人合作寫了一本《歷史學宣言》（*The History Manifesto*），在學界也很轟動。他是做思想史的，是斯金納的學生。他們在兩個方面推動思想史研究領域的改變。一方面，

他把思想史不在局限於一個國家之內，而是做國際思想史，這就有了新的視野；另外一方面，他們強調歷史學和介入現在生活和社會的重要性。這使得思想史不再是一個冷冰冰的、單純技術的研究領域，而是一個有關懷的東西。所以，我感覺最近好像西方的思想史研究又開始活過來了。

我在 1990 年代開始做思想史，肯定是覺得中國必須得重新從思想、觀念和信仰的根部，去檢討現代思想是怎麼由傳統思想轉變過來的，它有甚麼問題，如何影響我們現在的世界觀和價值觀。你知道，中國有個習慣，不能止於「器」，必須進乎「道」，不能局限於「用」，還得奠定於「體」，光講社會、政治、制度、經濟，不講到思想、觀念和文化是不成的，就像林毓生先生說的，中國總是習慣於在思想文化上解決問題，不然好像就沒有「一針見血」似的。

三、為何要討論「現代中國」

李禮：您是否承認，對中國學者來說，研究思想史必須與當下相關，或者說介入現實是理所應當的，研究思想史如果不關心當下的民眾生活或國家狀態，是沒有意義或生命的？這和西方學界似乎並不一樣。

葛兆光：我們的研究課題、研究興趣和研究對象，當然與當下的

某種關懷有關，也和時勢有關，但是我也一再提醒說，作為一個學者，要小心翼翼地區分開學術與政治，是直接去批判、迎合或者討論，還是說，你是在探尋問題或思想的來源？我在《餘音》那本書裡講，學術研究跟政治關切之間，有一些不同，我最近在香港出的那本《歷史中國的內與外》裡面也強調，我們做歷史的人，只是一個診斷病源的醫生，但不是動手術、開藥方的醫生，我們只是把歷史、把問題攤給你看，怎麼處理是政治家的事情，我們做不到。

我當然覺得，應該有人直接介入社會和政治，大聲呼籲，就像古代說的以「木鐸」或近代說的以「警世鐘」一樣去喚醒民眾、針砭時弊，但是學者採取的策略則不同，他有另外一種表達社會關懷的方式。余英時先生有一句話說，「我對政治只有遙遠的興趣」，但這不是說他沒有興趣，沒有關懷。我自己也有一句話，就是我並不去和政治「近身肉搏」。說老實話，投身政治要有很大的勇氣，也要很大的能耐，還要社會給他較大的空間，我們沒有這個能力，也沒有這個條件，就像周一良先生說的，我們「畢竟是書生」。但是，話說回來，無論如何我總覺得，所有學術變化，學術研究，肯定與這個「時勢」是離不開，我說「形勢比人強」，就是說我們學者不大能夠改變時勢，但是時勢在不斷刺激我們的問題意識、研究興趣和研究方法。

李禮：那麼您覺得中國當下的「時勢」在何處？或者說今天中國的「真問題」是甚麼？

葛兆光：這個問題比較敏感。我不敢說中國的現代問題都可以通

過學術研究去反映或討論，但是，從個人關心的問題來講，我坦率地說，肯定有當下的很多問題在刺激我。比如，我現在討論「中國」，那麼為甚麼要討論「中國」？我寫了三本書來討論「中國」，你不覺得這背後都有一些現實問題嗎？這一問題是，現代中國這個國家，跟西方的現代國家形態不太一樣。它有類似西方現代國家的一面，也有傳統東方帝國的一面，很多問題糾纏在一起，這跟我們晚清民國以來的這個國家轉型有很大關係。孔飛力（Philip A. Kuhn）有一本書講現代中國的起源，這本書我覺得非常了不起，但我也有一點兒不滿足的地方，就是現代中國的形成，並不僅僅是他講的那幾條，其實我更注重的是，現代中國的轉型還應當討論疆域、民族、認同和國家這些問題，現在中國如果包括這麼大的疆域，包括那麼多的族群的話，它是怎麼從帝國轉型的，它真的轉型了嗎？就是說，現代中國這種國家形態，是一個甚麼樣的特殊形態，是中國現代國家形態是特殊的，還是西方現代國家是特殊的？自從威斯特伐利亞條約以來，西方的民族國家或者現代國家這種形式，已經成為這個國際秩序中所謂正常的，那麼，中國這種特殊的國家形態，就帶來了很多問題，這就是我們現在面對的很多內外困境的來源。這是一個歷史過程的結果，所以需要歷史學家去研究和說明。

這就是我們研究「中國」的問題意識。我想說的是，肯定「時勢」或者說「時代背景」對我們做學術有很大影響，這是毫無疑問的。我們也想把作為職業的學術和作為關懷的思想分開，這個分開本來應當是一個現代理性，也是一種職業分工，但是在中國，我們沒辦法把專業研究和現實關懷分開，這種糾纏，好像一直是中國學者的宿命。

李禮：學術與思想難以分離，是否一直是中國知識分子所要背負的傳統？

葛兆光：也許是吧。在中國歷史傳統中，中國文人往往認為，你如果只是成為專業學者或者技術人才，總是沒有做到理想狀態。這確實是一個傳統，中國傳統知識分子覺得，最好是能夠「坐而論道」，甚至能夠「得君行道」。這個傳統有好的一面有壞的一面，它一方面促成中國知識分子「心懷天下」，關注現實的精神，但另一方面也可能刺激出某些知識分子進入廟堂，當「帝王師」的企圖。中國現在的情勢，逼得我們只好在學術研究裡面，摻入我們的一些關懷，表達我們的一些思考。當然，學者裡面也有另一個表達方式，有的學者有兩枝筆，你知道，八十年代出來的學者裡，有很多人是兩枝筆在寫文章的，一枝筆寫學術論著，很冷峻很專業的論著，一枝筆在寫隨筆，飽含關懷和感情的隨筆。

李禮：對，比如楊奎松老師，您自己是否也算如此？

葛兆光：我寫得很少，因為我寫的基本上都是學術文章。只是在學術史這方面的隨筆比較多，你看到《餘音》那本書裡面就是，但是基本上在我看來，這不算學術論文，基本上不算，雖然也有一些註釋，這只是幫助讀者繼續尋找線索用的。

李禮：那您現在能拿出多少精力來寫兩枝筆中的另外一枝筆？

葛兆光：現在越來越少，做學術的多一些。

四、學術遺忘：「半是無意，半是有意」

李禮：一批前輩學人不少已被學術史遺忘，您認為這種遺忘「半是無意，半是有意」。有意之說，能否進一步展開，給予更多解釋？

葛兆光：學術遺忘的背後當然是政治因素，這就是政治判斷時時在影響學術判斷，因為中國傳統裡面，總是不完全以學術論學術的，往往要知人論事，以德論才。其實，帶來一個後果，就有一些以成敗論英雄，以順逆論學問。明清之際的錢謙益就是一個例子，你可以想想，陳寅恪為甚麼寫《柳如是別傳》？現代史上的汪精衛也是一個例子，你可能看到前段時間，余英時先生給汪精衛《雙照樓詩詞集》寫的序，汪精衛是漢奸，但是並不妨礙說他的詩詞不錯，這可以分開討論的。作為學術史研究，你能不能把政治、人品和學問分開來判斷，如果能分開，也許就好的多；可是，在中國很難完全做到這一點。傅斯年 1945 年光復後回到北京，他就把凡是在偽北大任職的統統開除，當然一方面民族大義是在那兒，沒得說，但是另外一方面也有點決絕，似乎不分青紅皂白，他到臺大當校長，也有這種做法。我的一個學生最近在研究淪陷時期北平的史學界，那裡面情況複雜多了，在那個北平淪

陷的形勢下，就連最有骨氣的洪業也說，日本人佔領了北平，你不做事你沒飯吃，但是，做事並不一定是為侵略者做事，你做研究你還得吃飯，那怎麼辦呢？所以，我們過去對一些有成就的學者的「無意遺忘」，很多是受到政治立場的判斷，或者說道德立場的判斷，從這一點上看就是「有意遺忘」。如果從學術史角度看，本來有些學者是很有成就，很有影響或者說很重要的，但是又有時候被忽略了。

有人覺得，現在有一個「去政治化」的趨向，我倒不覺得，我反而覺得 1949 年以後，中國一直是一個「過度政治化」的時代。對於學術史的「遺忘」，如果是 1949 年以後，我們可以大體歸納出三種原因來，一種是政治原因，比如說胡適，在解放後，（對）胡適不僅要把他遺忘，而且要批臭；第二種是王朝原因，有些是遺老，好像就學術就落後了，其實有的遺老在學術上很先進的，像王國維就是這樣的；還有一個就是思想原因，導致有些人被邊緣化，你比如說柳詒徵、繆鳳林他們，其實他們東南大學一系在民國學術裡都很有影響，跟北大、清華、燕大和史語所等主流學術可以相提並論。到了 1980 年代重新回過頭來討論學術史的時候，為甚麼有人一直在講要重回民國學術，接續香火，其實就是說有很多有價值的學術被有意無意地遺忘了。

當然，這裡要有一個小小的說明，就是有時候發掘過去學術史上的邊緣人物，有時候會越發掘越邊緣，走偏了也有可能。其實，我個人看法是，從學術史的角度來講，從傳統學術向現代學術轉型，晚清民國學術史裡最有影響力的，或者說，改變中國學術生態格局和問題意識最大的，還是梁啟超、胡適這一脈絡，這是有人

所謂的「主流學者」。對於這樣的學者，當然也有異議，但說老實話，整個晚清民國學術這種巨大變化，從波瀾壯闊的大改變來看，還是梁啟超、胡適這一脈下來還是主流。

李禮： 提到胡適，許多人認為在學術史上高估了他，但是您的看法似乎與此相反，認為胡適還是被低估了？

葛兆光： 我覺得學術的高低，並不一定以具體的個案研究對錯為標準，從個別的學術成果和作為典範的學術研究結果而言，當然王國維、陳寅恪這些學者很了不起。但是，你從掀翻一個時代，改變一代學術來講，那胡適的影響力還是相當大的。其實，對於胡適的很多研究成果，我們都應當重新認識其意義。我做過禪宗史，我對胡適禪宗史研究的評價是，可能每一個具體問題上他都可能有錯，但是他給你一個「典範」，甚麼是「典範」？就是他開了一條路，你就得沿着那個路子走，中國哲學史研究也是，白話文學史也是，小說考證也是，你看現在研究《紅樓夢》，好多後來者，不是都在胡適的延長線上嗎？

李禮： 他開啟了很多新的研究風氣。

葛兆光： 過去說，「但開風氣不為師」，可是開了風氣，就自然成為引路的導師。所以我覺得，我們判斷學術史意義應該有另外一套標準。第一，是誰或者是誰的研究，給學術史轉型做了最大的推動，使得傳統學術轉型到現代學術；第二，是誰影響了最大批的學

者，投入到這一個轉型的學術潮流裡面，第三，才是說誰提供了具體的研究典範讓人家去追蹤和模仿。所以，我覺得一九九〇年代開始出現「學術史熱」，但是，說老實話還是藉着學術史談思想、談政治，還不完全是談學術，因為學術史的評價，應當另有一套標準。比如說，王國維你就不能總討論他跳昆明湖這事兒，你得去討論他的甲骨文和早期中國史研究有甚麼意義，他的蒙元遼金史研究有甚麼意義，這才是真正的值得討論的，而不是說討論他作為遺老怎麼樣，如果用那些內容來討論，那只是在討論他個人生命史的意義，而不是在學術史上討論他的意義。

李禮：您有沒有打算動筆寫胡適，或他的相關研究？

葛兆光：胡適的研究太多了，研究他需要有一個現代史的深厚基礎，現在那麼多人研究胡適，我攙合甚麼？我想，如果能夠把胡適學術這方面的成就了解清楚，能夠提出胡適不僅在思想上，在學術上也仍然值得肯定，這就夠了。我最近寫了一篇很長的文章，叫做《仍在胡適的延長線上》，主要講胡適的禪宗史研究，因為我對這個領域還有點兒研究，所以可以稍加討論。我覺得，胡適開創的對禪宗的歷史學和文獻學研究方法，是中國學界這一領域真正的典範，而且至今我們還沒有走出胡適的延長線，所以，胡適在學術上已經過時這個說法不完全對。在這篇論文裡，我甚至還談到所謂「後現代」理論對於禪宗史的研究，其實，有的學者搞了那麼多新理論，結果歷史研究的結論還是跟胡適一樣，所以依我看，在學術上胡適也沒有過時。

五、啟蒙尚未完成，無法回到傳統

李禮：您的著述，不少關涉中國傳統文化和古典文學，筆下也多有溫情。請問您是否在某種意義上也是一位文化保守主義者？

葛兆光：我覺得需要聲明一點，就是說，我絕不是文化保守主義者，我指的是現在流行意義上說的「文化保守主義」。

李禮：是否可以多說一點？很多人想了解您在所謂思想譜系上，屬於或靠近哪邊更近一些？畢竟您研究範圍比較廣，既有很多現實關懷，又對禪宗、道教多有涉及，看得出對傳統文化有所依戀。

葛兆光：我講到過「分化」，「分化」是一個很重要的詞。我覺得，政治立場跟文化偏好不應該齊步走一二一，政治立場或者政治關懷，和文化興趣或者學術領域，不應該簡單地綁在一起，應當可以理性地分開。同情地了解和研究傳統文化，就一定要「文化保守」嗎？如果僅僅對傳統文化持有溫情，就一定要變成「主義」嗎？而文化保守主義，就一定要變成政治保守主義嗎？甚麼都綁在一起，這就麻煩了。我一直說，五四以來的啟蒙尚未完成，所以現在遠不是回到傳統的時候。現在的「文化保守主義」這個詞，有時候範圍很寬，比如說有些大陸所謂「新儒家」的人，也就是基本上接近於「原教旨」那種做法，我絕對不能接受，可他們認為自己就是「文化保守主義」。

　　我覺得，這裡有一個問題要注意。就是看你要不要承認，晚清、民國尤其是五四以來啟蒙的價值，走出中世紀那種「啟蒙」是不是正面的？還要不要繼續？我覺得，肯定啟蒙，這並不妨礙古典作為一個教養，作為一種知識，作為一種能夠培養你的理性的一種資源，這並不矛盾。有人批評胡適，但是，胡適是一個把傳統丟了的人嗎，也不是。胡適一再強調說他不是主張「全盤西化」，而是「充分現代化」，但是胡適也提倡「整理國故」呀，他研究禪宗，研究古代小說，研究古代文學史思想史，考證《水經注》，你如果拿他早年關於崔述、戴震、章學誠的研究論著來看看，難道現在自稱「文化保守主義」的那些人，就能比得上他的舊學修養嗎？

李禮：說到這，能否聊聊新文化運動？您的研究似乎可以延長到此，關於新文化運動和其中的各種思想資源，您肯定有所思考。

葛兆光：我一般不太願意去談自己的知識不太夠的領域，五四運動、新文化、啟蒙主義，這些都是我用功不夠的地方。只能簡單說說我的感覺，當然可能都是一些老生常談。我覺得，晚清民初的中國在一個特別背景下，也就是中國面臨危機，所以就像史華慈寫嚴復那本書用的標題「追求富強」一樣，這個「富強」成為「共識」或者「國是」，大家都在想中國怎麼樣才能富強？很多研究近現代史的學者都指出，從晚清到五四，中國知識人在各個方面摸索，從器物到制度，從政治到文化，不斷推進，中國知識人總覺得應該從根本上來解決這個問題，甚麼是根本呢？就像林毓生先生說的，是「思想文化」，按照中國傳統觀念，這才是「道」，才是「本」。所

以，「五四」確實是一個要掙脫傳統、擁抱現代的運動，而且本身還包含着要在新時代新世界建立現代國民國家的理想。在這裡，對傳統的批判有很多道理，顯然，這裡確實有余英時先生所說的「激進化」問題，但總的來說，這是一個走向現代的必然過程，我們並不能因為現代西方已經過於現代化，進入了後現代，然後他們自己對現代性進行質疑，我們也時空錯位，跟着對「現代」一起質疑，那就錯了。

我覺得，歷史很難有是或非，它往往是一個「時勢」。「五四」本身的起因是反對「二十一條」，說起來應當是一個愛國主義或者說是民族主義運動，但是，後來它和新文化、啟蒙思潮結合在一起，所以它既包含「救亡」，也包含「啟蒙」，這個方向本身並沒有錯。只不過後來局勢大變，確實是「救亡壓倒了啟蒙」，而後來的「救亡」有和「革命」掛上鈎，越來越激進化，和「啟蒙」越走越遠。所以，從「九一八」到「七七事變」，從國共內戰到抗美援朝，從「三反」「五反」到「反右」「文革」，一直到後來，中國都在往這個方面疾走，結果是「救亡」的愛國主義被「革命」的政治意識形態綁架，變成了一個被弘揚的主旋律，反而「啟蒙」的這一面，要一直到八十年代以後，才重新被發掘出來，當時大家呼籲說，仍然要繼續啟蒙，我覺得這個說法還是對的。

甚麼時候都得啟蒙，都得脫魅，現代中國至今還在未完成的啟蒙過程中。所以，我想你剛才提到「文化保守」這個話題，我再回過頭來講一講「分化」。我想強調，政治和文化可以分開，專業和關懷可以分開，個人和社會可以分開，所以，在個人的興趣、修養、愛好上，對傳統文化或者古典知識有興趣，並不妨礙在政治或

社會上持啟蒙主義或者自由主義的立場。所以，我始終不喜歡「文化保守主義」這個稱號，也不知道這個稱號還會落在我的頭上。有些人也許特別喜歡這個稱號，我記得，以前龐樸先生就把自己定位為「文化保守主義」者，其實，龐先生在二十世紀八十年代難道不也是啟蒙思潮的一個代表人物嗎？他有關「一分為三」之類的哲學論述，不也是讓我們走出舊意識形態的理論嗎？但是後來有一批人，把傳統文化與啟蒙思潮、把中國情懷和普遍價值對立起來，特別標榜自己是「文化保守主義」，好像這樣一來，就一定要批判啟蒙思想和普世價值，這就把「文化保守主義」固化和狹隘化了。研究傳統文化，對古典知識有溫情，就一定是「文化保守主義」？我想，這是過於把政治和文化、專業和關懷、個人和社會綁在一起了。

李禮：人們注意到，晚清民國一批學人當中，很多人政治上雖然激進，中晚年仍轉向文化上的「保守」。

葛兆光：這也許是文化習慣和自身修養，因為在傳統時代，一般來說都受過古典知識的熏陶。但是我仍然要說，不應該把對古典知識、修養和文化，看成是一種立場特別是政治立場。我一直在講，中國的古典知識、傳統文化就像一個倉庫，現在很多人說回到古代，也就是想回到倉庫裡。這個倉庫太大了，倉庫裡的東西要經過挑選，而挑選甚麼，則要有現實因素的刺激，然後有目的地去挑挑選選，還要對這些東西進行「創造性的詮釋」，舊傳統才變成新東西。所以，舊傳統變成新文化，要經過這樣的一個脫胎換骨的過

程，而不是像現在某些自稱傳統派或者保守主義說的，說回到孔子時代就回到孔子時代？別說那個時代的鄉村社會、宗族結構、君主制度，已經崩潰到你沒法回去了，就連你的日常生活也沒法回到那個所謂的禮樂時代，你叫他們走走給大家看，他們能不能像孔子時代的士大夫走步？古人說，「佩玉有衝牙」，走路的時候，佩玉得有節奏地撞擊出聲音來，他會嗎？光是留下兩撮鬍子，穿上對襟衣服，朝着至聖先師牌位跪拜，就算是回到孔子時代了嗎？

李禮：看來您對現在大陸新儒家的理念相當不認可。

葛兆光：是的。我實在不認可大陸現在的所謂「新儒家」，特別是對那些荒唐的政治訴求，尤其不感興趣，所以我最近也花了一點兒時間，寫了一篇長文進行批評，今年三月到哈佛大學去講過一次，也許最近會發表出來。我覺得，他們的政治訴求實在是異想天開，但我猜想，他們也很精明，基本上就是在揣摩和迎合某種政治趨勢，其實看上去很理想的語言下面，是非常現實的訴求。過去，我寫過一篇關於「天下」的文章，我覺得他們說的甚麼「天下」、或者「天下體系」這些玩意兒，完全沒有歷史根據，說得好一點兒是一個烏托邦式的想像，說得不好一點兒，那就是某種迎合政治意識形態的投名狀。

李禮：您平時跟他們有所交往嗎？

葛兆光：沒有甚麼交往。我覺得他們很奇怪，他們腦袋裡總是想

像自己像聖賢，胸脯上好像總是掛着徽章，難道把「為往聖繼絕學，為萬世開太平」那幾句大話掛在嘴邊，就可以證明他們回到孔子那兒了嗎。

六、學術史回顧：中國與海外中國學

李禮：晚清民國時期國際漢學界的狀況，您的一些著作多有涉及。對今天的海外漢學家和他們的中國研究，特別是這幾十年來的研究範式、題材，您如何評價？這種變化與中國學術自身的發展是否存在一種隱約的關照與互補？

葛兆光：現在學術也全球化了，中國學界與海外學界的關係更密了。從學術史的角度來講，中國學界跟海外中國學之間的關係，我覺得有三點很重要。

第一點，我覺得應該像陳寅恪說的，學問要「預流」，就是說，你要參與國際學術對話，了解國際學術界的興趣、問題和關懷在哪裡？而且也要成為國際學術多聲部合唱裡面的一個聲部，而不僅僅是基於國族立場或意識形態，「別求新聲」或「故作反調」，有意搞出一些所謂不和諧音，我不認為這是正常的態度。其實，清代後期西北史地之學、晚清民初的四裔之學，既是國族危機時代的反映，也是跟當時的歐洲東方學、日本東洋學對話的學問，這裡面包括沈曾植、羅振玉、王國維，他們涉及的一些新學問，就是「預

流」的學問。你知道，「預流」這個詞是陳寅恪給陳垣《敦煌劫餘錄》寫的序裡面提出來的，「敦煌學」在二十世紀頭二三十年就是一個國際學界特別關注的學問，敦煌發現的資料，刺激了國際東方學界對中外交通、宗教交流、各種語言的新知識，所以它是當時的「預流」學問，西洋學者、東洋學者，中國學者，都在裡面合作和競爭，大家都奮力在擊楫中流，大家都爭着立在潮頭。我一直認為，有關中國的學問是國際共享的，不是哪一個國家獨有的，所以，我一直不喜歡「國學」這個詞。比如像我們現在提倡的「從周邊看中國」，也引起很多國際學界同行的關心，這就很好，那麼，我們和國際學界就能夠在這個問題上，有共同的興趣，有相近的話題，有共享的資料，這樣就能夠進行對話。

但是，我也要說第二點，剛才我說了，有合作當然也有競爭。我們也得承認。這個競爭只要是理性的、正常的學術比賽，沒甚麼關係。我們還是以陳寅恪為例吧。當年，陳寅恪寫信給傅斯年談內亞、蒙古的研究，就說史語所一定要買齊那些歐洲出版的有關中亞、蒙古的論著和資料，你不買這些論著和資料，我們怎麼和歐洲學者、日本學者比賽？他又說，史語所一定要把大內檔案買下來，這些明清檔案不能由外國人掌握和研究，因為「國史之責託於洋人，以舊式感情言之，國之恥也」。中國學術要跟西洋、東洋站在同一個起跑線上，加上自己的努力，才能把「解釋中國」的解釋權掌握在自己手上。應該說，學術沒有國界，但學者有自尊和立場。陳寅恪大概是一個很典型的例子。

我在《餘音》裡面舉過一個例子，1936 年有一次學術評獎，有人提名德國的福蘭閣（Otto Franke），他是柏林普魯士科學院院

士，著有《中國通史》五卷，在常人眼中幾乎已是大師，可是，陳寅恪卻寫信給傅斯年表示反對，說此公「在今日德國情形之下，固是正統學人」，但是「僅據其研究中國史成績言，則疑將以此影響外界，誤會吾輩學術趨向及標準」，這話的背後，顯然有一種中國學者的學術自尊意識。所以，他 1929 年給北大歷史系畢業生題詩中就說，「群趨東鄰受國史，神州士夫羞欲死」，甚麼意思？就是說年輕人如果學中國史，還要跑到外國去學，中國歷史學家不是會羞死嗎？為了捍衛中國學術的自尊，難免就要進行學術競爭了。

七、中國學界面臨的困難

李禮：您心裡是不是覺得，現在可能很多地方還不如那個時候？

葛兆光：也許是吧。其實，那個時候學者談論學術競爭的口氣，其實還是很理性很平等的，它是充滿君子風度的比賽，也是很有自尊的平等。比如說，傅斯年說，要讓「科學的東方學之正統在中國」，還說我們要把漢學中心，從西京和東京拿回來，西京是法國巴黎，東京就是日本京都。但這並不是說，傅斯年就是純粹排外的民族主義學者，他對伯希和（Paul Eugène Pelliot）、對高本漢（Bernbard Karlgren）這些真有學問的西方學者，還是很尊重的，雖然有競爭，但是這只是「比賽」。用現在體育界的話說，就是「場上是對手，場下是朋友」。

第三點就是超越。你必須得超越，可是，你怎麼能夠超越？其實，我覺得當國門打開，現在中國學界就面臨很多挑戰，我不知道現在學者是不是已經很滿足，在中國研究裡，反正我們能在國內充老大，哪怕充老二也行。可是，你是不是得走出國門？國際中國學界提出的有些問題，你是不是得回應？而且回應的方式，你是不是能讓國際學界接受？比如，我們講費正清提出來的「衝擊—反應」論，我們到底怎麼理解的？如果不作深入分析，常常會簡單化，要麼就是完全接受「衝擊—反應」模式，要麼就是貶斥「衝擊—反應」模式已經過時，而柯文的「從中國發現歷史」就是時髦了，我們就得跟着「從中國發現歷史」，這樣行嗎？

又比如說，現在很多人討論美國的「新清史」，學界也有些奇怪，要麼就是跟着新清史，要麼就是猛批新清史。其實，新清史提出的問題你有過關心嗎？新清史的學術淵源和時代背景你清楚嗎？他們為甚麼要強調把清史放在全球史背景中？為甚麼要把傳統清史研究的中心和邊緣稍微挪動一點？為甚麼要強調多種語言文獻的歷史研究？你要跟新清史辯論或對話，怎麼辯論怎麼對話？我們要想一想，這些年來，有關中國的歷史研究，為甚麼「話題」都是東洋人或西洋人在提，我們能不能提出「話題」來，讓他們也來回應？

我覺得，其實並不是不可以。比如我們現在討論有關「中國」的問題，傳統中國的歷史變化，使得現代中國在族群、疆域、國家等方面相當特別，你怎麼理解？現在，我們提出的這些問題他們也開始認真回應了，最近我就看到一些相關討論。如果他們要看你的研究，也要回應你的問題，不止是他們「衝擊」，我們「回應」，這樣也許就會成為良性的學術互動。也就是說，你既能預流、又能

366

對話又有競爭，然後你還能提出一些讓他們不能不回應的話題，這樣就形成一個中國學界和國際學界互動的關係。

其實，說句老實話，在這方面我們現在恐怕還不如晚清民國。

李禮：這方面您有自己的切身感受嗎？

葛兆光：當然，我自己身處其中，也能感覺到，如果要讓別人尊敬你，正視你，一定要有共同話題，有自己角度和立場，要有互相理解的邏輯和概念，這才是一個正常的中外學術交流。我覺得中國的學術界，其實並不是沒有條件與國際學界對話，最大問題是學術背後的政治意識形態。這種政治意識形態影響下，很長時間形成的邏輯、概念和立場，使得我們習慣的學術研究方式和表達方式，讓人家覺得很奇怪，好像卯對不上榫一樣，因為你那套跟他那套不一樣。特別是，因為這套政治意識形態話語往往把學術變成某種政治現狀的學術詮釋，因此，你的研究對他們來說，不僅沒有用，而且很難理解。所以，為甚麼有外國學者跟我說，你們那裡成千上萬的雜誌，可是我大多數都不要看，特別是我們的學報，好像沒有太大的影響力。

當然，還有我們長期形成的敘述方式，好像也形成了一些固定套數，學術論文的教科書化，使得我們的學術論著往往有以前說的「八股氣」，讓人很不容易讀下去。同時，我們也沒有主動地把一些看法，用英文、日文、法文表達出來，倒是日本有一個傳統，他們會努力地把自己的研究，翻譯成英文給國際學界，這是有道理的。在這一點上，我們做的不夠好，現在我們所謂「走

出去」，可是很多「走出去」的論著，並不是國際學界關注的，甚至還有不少是「宣傳」大於「研究」的，所以，表面看，走是走出去了，但是實際上呢？影響力很小。所以，我覺得這是我們現在的問題，並不是說中國學者沒有能力，而是中國學者處在一個特別的環境下。

李禮：如果從未來看今天，目前中國處於學術史的一個甚麼時代？能否說一下您的大概感受。

葛兆光：我不知道。在我看來，學術史對任何時代都會很公平。晚清民國學術大轉型，當然是一個重要時代，學術史會留下來的，也可以濃墨重彩地寫。但是，現在學術界的這種狀況，1949 年以後，到「文革」、到現在，我們看到的學術狀況，也許會覺得不理想，但是我跟你說，從做思想史或學術史的角度來講，不理想的時代，照樣是一個值得研究的時代，你要仔細想想，為甚麼學術研究會不理想？這背後有很多值得深思的歷史呢。我以前寫《中國思想史》，為甚麼特別寫一章「盛世的平庸」，為甚麼特意要討論「無畫處皆是畫」？就是這個道理。

李禮：為甚麼不理想，能否具體說一下？

葛兆光：回顧需要有距離。對於我們這個時代，因為還沒到百年後，也許現在我還說不好。我個人覺得，從八十年代初我們進入學術界以後，我們始終在艱難地掙扎，這是一個極度政治化的時代，

也許，將來學術史對這個時代，最重要的是關注學術研究怎麼回應政治環境的波動和變化，在艱難中前行。這就回到你提的第一個問題「時勢」，「時勢」怎樣造成學術史的這個狀況。學術跟政治的關係，可能是將來討論這一段學術史的時候，最有價值或者說最能找到問題的一個關節點。

八、歷史寫作不是寫給自己看的

李禮：據我了解，您對 1895 年的歷史意義非常看重。1895 年到 1919 年這一段思想與學術，您有一本書《西潮又東風》。但您原來寫《中國思想史》，為甚麼到 1895 年就斷掉了？有沒有想法再往後寫？

葛兆光：這是我的問題，因為能力不夠。我在大學學的是古典文獻專業，一直做的是中國傳統時代的歷史、文獻和宗教，要我來寫 1895 年以後的思想史，需要接觸的現代資料浩如煙海，需要思考的角度和問題也太複雜，我自覺不大能夠把握得住。

李禮：在這個您覺得非常重要的年代，如果有幾個大的關鍵「問題」，會是甚麼，有沒有思考過？

葛兆光：從 1895 到 1919，是中國近現代史上的關鍵時期，這是

張灝先生提出來的觀點。有關這個關鍵時期，我記得，我們給張先生 70 壽辰合作的祝壽文集，大家都曾圍繞着這個問題在討論。但是我覺得要把握這個時代的關鍵問題，還是要現代史學者來發言，我不大能準確和深入說明這個時代，所以，我寫的《中國思想史》就到 1895 年為止。坦率說，原來我還設想過寫第三卷，就是從 1895 到 1989，這是我理解中的中國的「二十世紀」。

李禮：當時的設想有沒有提綱？

葛兆光：有提綱，但是擱在那裡就沒有再動了。因為我發現，二十世紀歷史是一個無底洞，資料太豐富，問題太複雜。我現在都想不起來了，擱了十幾年了，我 2000 年寫完後，曾經開始想第三卷，可是一想，頭緒想不清楚，而且確實很難。要寫完整的歷史或思想史很難的，我很佩服霍布斯鮑姆（Eric Hobsbawm），能寫出《帝國的年代》（*The Age of Empire:1875-1914*）、《資本的年代》（*The Age of Capital: 1848-1875*）、《革命的年代》（*The Age of Revolution: Europe 1789-1848*）和《極端的年代》（*The Age of Extremes: The Short Twentieth Century, 1914-1991*）四部曲。我總覺得，20 世紀的歷史和文獻，對於我這種原來只是古典知識訓練的人來說，實在是太困難了。

李禮：關於歷史寫作，我印象比較深的是，您在《古代中國文化講義》裡好像說對的，寫作彷彿要帶人去古代中國旅行。我想知道，這種歷史寫作風格來源自何處？

葛兆光：那本書是我給清華大學時上課寫的講稿。在歷史學界，我可能有點兒特殊。第一，我在中文系讀過書，中文系出身的人，當然比較重視寫作，而且我的老師一再告誡，我記得很清楚，他說，文章是寫給別人看的，不是給你自己看的。你要讓人家看下去，你就要注意寫得清晰、流暢、有層次，我發現現在有些學者寫文章，就跟自言自語似的，彷彿對著牆在說話，他不管你聽得懂聽不懂，看得懂看不懂，這怎麼行？

第二，我的很多論著，都是先寫講稿，然後才整理成書的，你要給大學生講課，乾巴巴地照本宣科，別人能聽得進去嗎？所以你寫講義的時候，總要考慮節奏、故事、趣味，你說的那本《古代中國文化講義》就是這麼來的；

第三，你要知道，我進大學讀書的時候，已經年紀很大了，在這之前，我已經寫過很多東西了，多少有一些寫作經驗。

李禮：之前寫的都是甚麼類型的內容？

葛兆光：劇本、詩歌、小說，我都寫過。雖然我們後來受訓練，要按照學術規範寫文章，但有時候積習難改，總覺得你要寫得乾巴巴的，多沒意思。就像勞倫斯・斯通（Lawrence Stone）說的，歷史不能沒有敘述。你看西方的歷史寫作，有很多是很好看的，畢竟歷史就是「他（她）的故事」。這對我也有影響，比如說我寫的《想像異域》這本書，就是講朝鮮燕行使的那一本，我本來並不是想寫一本研究型論著，而是想寫一本類似史景遷（Jonathan Spence）那樣講故事的書。

最關鍵的，還是當一個歷史研究者寫作時，如果他是帶有關懷和感情來進行寫作的，那麼，他的寫作跟那種教科書式的寫作是不一樣的，所謂梁啟超那樣的「筆端常帶感情」的文風，關鍵不是文筆而是感情，從我寫《禪宗與中國文化》開始，一直到最近我寫《歷史中國的內與外》。其實，我們的歷史與文化研究總是有一些關懷和感情在裡面的。儘管我常常引用余英時先生的話說，對政治只有遙遠的興趣，但是，當這個過度政治化的時代，政治始終在糾纏和折磨你的時候，你不能不在歷史研究中伸出頭來看一看現實，又低下頭去，把對現實的感受帶入歷史分析。

李禮：我個人很喜歡您在《天涯》上寫的那些文章，比如《陰晴不定的日子》，從歷史上的某一天寫起，縱橫捭闔和歷史勾陳，那其實很費功夫。

葛兆光：當然這是學者寫隨筆。不過，就算是隨筆，你也看出學者改不掉的毛病和習慣。我寫有關王國維去世那一天的這篇隨筆，我還是要費勁去查看各種雜誌、報紙，收集那一天前後的歷史資料，了解那一天前後，北京甚至全國的形勢，看看王國維前後左右的學者在幹甚麼，甚至還要看看這一天之後日本方面的反應。

說起來，我每天的最多時間，基本上是用在閱讀文獻、收集資料上，如果要為了寫隨筆專門去收集資料，我沒有那麼多閒暇，除非特別想寫的題目，我才會抽空去準備。所以，我寫那些隨筆，其實也挺費事、挺累，因此寫得也不多，後來集成《餘音》這麼一

本，你看從 1995 年到 2015 年，總計也不過就是二三十篇，有的還
只是急就章。

李禮：記得一位前輩先生評價現在的年輕學者時說，經常覺得缺
少一個感情的「情」字。1950 年代生的這批學者，包括您在內，
會不會是抱有強烈人文主義關懷的最後一批人？

葛兆光：我覺得沒那麼悲觀，以後還會有人繼續這種歷史寫作風
格的。將來的歷史寫作，未必會按照原來那種乾巴巴的教科書寫
法，只要時代給這些歷史寫作者一點兒自由空間。比如說，如果你
寫歷史人物的傳記，寫傳記怎麼可能乾巴巴的？如果你要寫歷史故
事，你也不可能乾巴巴的。應該說，現代西方歷史研究中強調敘事
的風格，加上中國傳統《史記》的「寓褒貶於敘事」的寫法，還是
會影響到下一代年輕學者。

　　隨着我們看外面的歷史論著越來越多，變化也是一定會出現
的。其實，1980 年代黃仁宇的《萬曆十五年》影響很大，你說他
寫的有多好嗎？也不一定，但他就是完全不同於中國大陸的教科書
式的歷史寫法，所以那個時候很多讀者才覺得新鮮，覺得原來歷史
還可以這麼寫。

後　記

　　這一組訪談完成於過去幾年，對話內容時間跨度較大。坦率地說，用任何題目涵蓋可能都略顯勉強。但「古今之變」的思考確實貫穿其中。實際上，這樣的問題被提給了多數接受訪談的學者，他們並非都是嚴格意義上的歷史學家，但歷史卻是其研究的重要維度，比如趙鼎新教授的歷史社會學，梁治平先生的法律史等。實際上，本書十幾位學者對歷史和當下的判斷並不相同，甚至「立場」頗有差異，但這正是魅力所在，他們從自己不同視角對中國「古今之變」的打量，讓這種思考別開生面，讀來頗能給人啟發。

　　如果說他們有甚麼共同點，那就是隱約間的忐忑。這也許是所有關心中國未來的人的相似之處。它既來自回首往事，更來自思忖當下。但沒有人能對未來給出答案，這一兩代人注定要背負這種不安的感覺前進。誰也說不清楚，近代以來過多的壞運氣是否還會繼續纏繞這個多災多難的國家。

　　本文收錄的內容有一些為首次刊發，有一些則曾刊發於《東方歷史評論》（包括新媒體）、《上海書評》等，特別需要說明的是對兩位日本學者的訪談。佐藤慎一先生的書面訪談，曾和許知遠對佐藤先生進行的現場訪談整合後，收入《東方歷史評論（11）：潰敗的前夜：從甲申到甲午》，《晚清中國知識精英的圖景：佐藤慎一

訪談》（採訪：許知遠、李禮，翻譯：馬宏健）。

　　本書僅收錄我對這位學者的書面訪談內容，由北京社科院學者陳言女士重新翻譯。那次訪談得到日本笹川基金會胡一平女士大力幫助，在此再次致謝；對狹間直樹教授的訪談，分別圍繞《日本早期的亞洲主義》《東亞近代文明史上的梁啟超》兩書展開，是兩次訪談的綜合。其中書面採訪譯者為社科院近代史研究所高瑩瑩女士，現場訪談翻譯為北京外國語大學邵建國教授，他對部分問題亦有貢獻。年輕學者苗褘琦女士則承擔這次訪談的翻譯、整理。因編排格式原因，上述情況無法在本書正文一一標註，在此向幾位友人特別致謝。

　　最後需要說明的是，本書的內容除了來自單獨專訪，部分對談是在事前有所溝通的情況下，以一對一的沙龍訪談形式在書店進行，包括單向空間、彼岸書店、曉風書屋、大夏書店。訪談整理刊發時已對順序、口語等做了調整、合併，內容亦有所刪節，最後文章的大、小標題不少為這次新加，由此帶來的問題、差錯自然由本人完全承擔，也藉此感謝相關師友的寬容。

李禮

2021 年 3 月

責任編輯　　張俊峰
書籍設計　　彭若東
排版印務　　馮政光

書　　名　古今之變：現代中國的困惑 —— 歷史學家訪談錄

作　　者　李　禮

出　　版　香港中和出版有限公司
　　　　　Hong Kong Open Page Publishing Co., Ltd.
　　　　　香港北角英皇道 499 號北角工業大廈 18 樓
　　　　　http://www.hkopenpage.com
　　　　　http://www.facebook.com/hkopenpage
　　　　　http://weibo.com/hkopenpage
　　　　　Email: info@hkopenpage.com

香港發行　香港聯合書刊物流有限公司
　　　　　香港新界荃灣德士古道 220-248 號荃灣工業中心 16 樓

印　　刷　陽光 (彩美) 印刷有限公司
　　　　　香港柴灣祥利街 7 號萬峯工業大廈 11 樓 B15 室

版　　次　2021 年 10 月香港第 1 版第 1 次印刷

規　　格　32 開 (147mm×210mm) 384 面

國際書號　ISBN 978-988-8763-31-3